LA VIDA TAL COMO ES

LA VIDA TAL COMO ES

Enseñanzas sobre Zen

CHARLOTTE JOKO BECK
STEVE SMITH

Traducción
Adriana de Hassan

GRUPO
EDITORIAL
norma

Bogotá, Barcelona, Buenos Aires, Caracas,
Guatemala, Lima, México, Panamá, Quito, San José,
San Juan, Santiago de Chile, Santo Domingo

Beck, Charlotte Joko.
    La vida tal como es / Charlotte Joko Beck ; traducción Adriana de
Hassan. -- Bogotá: Grupo Editorial Norma, 2006.
    416 p. ; 18 cm.
    Título original : Nothing special : living zen.
    ISBN 958-04-9253-0
    1. Budismo zen 2. Espiritualidad 3. Meditación 4. Filosofía
oriental I. Arias de Hassan, Adriana., tr.I. Tít.
294.3927 cd 20 ed.
A1078226

    CEP-Banco de la República-Biblioteca Luis Angel Arango

Edición original en inglés:
NOTHING SPECIAL. LIVING ZEN
de Charlotte Joko Beck.
Una publicación de Harper San Francisco,
división de HarperCollins Publishers, Inc.
10 East 53rd Street, New York, NY 10022
Copyright © 1993 por Charlotte Joko Beck.

Copyright © 1995 para América Latina
por Editorial Norma S. A.,
Apartado Aéreo 53550, Bogotá, Colombia.
Reservados todos los derechos.
Prohibida la reproducción total o parcial de este libro,
por cualquier medio, sin permiso escrito de la Editorial.
Impreso por Carvajal S. A. — Imprelibros
Impreso en Colombia — Printed in Colombia
Mayo, 2006

Dirección editorial, María del Mar Ravassa G.
Edición, Patricia Torres Londoño

ISBN 958-04-9253-0

Contenido

Prefacio

Vivir el Zen no es una cosa especial: es vivir la vida tal como es. El Zen es la vida misma, nada más. "No debemos poner ninguna cabeza por encima de la nuestra", afirmaba el maestro Rinzai. Cuando buscamos la realización de nuestras fantasías en el Zen (o en cualquier otro camino espiritual), nos separamos de la tierra y del cielo, de nuestros seres queridos, del dolor físico y emocional, e incluso, de las propias plantas de nuestros pies. Esas fantasías nos aíslan durante un tiempo; pero la realidad termina inmiscuyéndose en miles de formas y la vida se nos convierte en una carrera angustiosa, una desesperación silenciosa, un melodrama confuso. Desesperados y obsesionados, luchando por "algo especial", buscamos otro tiempo y lugar: *no* aquí, *no* ahora, *no* esto. Cualquier cosa que no sea esta vida ordinaria, esta vida que no es... "nada especial".

Vivir el Zen significa dar marcha atrás en ese camino que nos aleja de la nada, para abrirnos al vacío del aquí y el ahora. Lenta y dolorosamente nos reconciliamos con la vida. El corazón se aflige; la esperanza muere. "Las cosas son siempre tal y como son", anota Joko. Pero esta tautología vacía no es un mensaje de desesperación sino una invitación a la dicha. Cuando mueren los sueños del ego y dejamos de luchar por un resultado, retornamos a un estado mental simple. Descubrimos tesoros inesperados en el jardín de la experiencia cotidiana. En estado de ingenuidad, viviendo lo que somos, pasamos de una vida centrada en el ego, a una vida centrada en la realidad y abierta al asombro. Abandonando el pensamiento mágico y despertando a la magia de cada momento, reconocemos en el vacío dinámico la gracia de esa cosa nada especial... vivir el Zen.

A través de su vida y sus enseñanzas, con su propia presencia, Joko Beck es la expresión misma de esa ausencia que es vivir el Zen. Tal como anota Lenore Friedman, en sus encuentros con maestros budistas en América: "En su simplicidad absoluta, Joko personifica la cualidad Zen del 'nada especial'. Ella está sencillamente allí, en cada momento". La claridad escueta de Joko llega lejos. Su pensamiento ha tocado las fibras más sensibles de innumerables lectores en el mundo entero. *El Zen de cada día: Amor y trabajo* aplicó el conocimiento del Zen a la vida diaria, teniendo en cuenta los ritmos de la realidad occidental contemporánea. Y este nuevo libro amplía el alcance de las enseñanzas de Joko. Con mayor madurez y énfasis en la práctica, este libro es útil no solamente para quienes desean comprender mejor el desarrollo del Zen en Occidente, sino también para aquellas personas que están decididas a transformar sus vidas.

Agradezco el generoso apoyo de muchos discípulos y amigos devotos de Joko, sin cuya ayuda este libro quizás no se habría hecho realidad; la orientación sabia y entusiasta de John Loudon, editor en jefe de Harper San Francisco; y la invaluable asistencia de mi secretaria Pat Padilla. Pero, una vez más, mi mayor alegría ha sido poder colaborar con Joko, quien con su compasión sazonada de sabiduría, continúa sirviendo a cada vida que toca.

Steve Smith
Claremont, California

I

Lucha

Remolinos y aguas estancadas

Los seres humanos somos como remolinos en el río de la vida. En su fluir, un río choca contra las piedras, las ramas o las irregularidades del terreno, haciendo brotar espontáneos vórtices aquí y allá. El agua que entra en un remolino pasa rápidamente y retoma su cauce, y aunque entre eventualmente en otros remolinos, nunca detiene su camino. Aunque por momentos parezca constituir un ente diferente, el agua de esos vórtices es el mismo río; la estabilidad del remolino es sólo transitoria. Del mismo modo, la energía del río de la vida forma entidades vivas —un ser humano, un gato o un perro, árboles y plantas—, pero después lo que hizo brotar el remolino cambia, y éste desaparece ingresando de nuevo en la corriente principal. La energía que constituyó cada remolino se desvanece, y el agua sigue su camino; quizás sea atrapada de nuevo y se convierta momentáneamente en otro remolino.

Sin embargo, preferiríamos pensar que nuestra vida no es así. No deseamos vernos como simples formaciones transitorias, remolinos en el río de la vida. El hecho es que tomamos forma durante un tiempo; pero después, cuando las condiciones son propicias, nos desvanecemos. No hay nada de malo en ello; es parte natural del proceso. No obstante, queremos creer que este pequeño remolino que somos no es parte del río.

Queremos pensar que somos permanentes y estables. Gastamos toda nuestra energía en tratar de proteger esa supuesta individualidad, y para hacerlo, trazamos linderos artificiales. Como resultado, acumulamos un exceso de equipaje que entra dentro de nuestro remolino, pero que no puede salir de allí para seguir fluyendo. Así, múltiples cosas taponan nuestro remolino y el proceso se desordena. El río necesita fluir con libertad y en forma natural; si nuestro remolino se estanca, ponemos una barrera a la energía del río. Él ya no puede ir a ninguna parte, y los remolinos vecinos pueden recibir menos agua a causa de nuestros desesperados esfuerzos por retenerla. Lo mejor que podemos hacer por nosotros mismos y por la vida es mantener el agua de nuestro remolino transparente y siempre en movimiento, de manera que sólo sea un entrar y salir, siempre fluyendo. Cuando el remolino se obstruye, creamos problemas mentales, físicos y espirituales.

La mejor forma de servir a los otros remolinos es dejar que el agua que penetra en el nuestro, transite con facilidad y rapidez hacia cualquier otra cosa que necesite entrar en movimiento. La energía de la vida busca transformarse con celeridad. Si logramos ver la vida de esta forma, sin aferrarnos a nada, la corriente se limitará a fluir. Y cuando algún desecho entre en nuestro pequeño remolino, si la corriente es constante y fuerte, el desecho girará durante un tiempo, pero luego continuará su camino. Sin embargo, no es así como vivimos la vida. Al no reconocer que somos simples remolinos en el río del universo, nos consideramos entidades independientes que necesitan proteger sus linderos. El simple hecho de decir "Me siento herido" establece un lindero al definir a un "yo" que exige protección. Cuando entra basura en nuestro remolino, hacemos grandes esfuerzos para evitarla, para expulsarla o para controlarla de alguna manera.

El noventa por ciento de una vida humana típica se consume en el intento de ponerle límites al remolino. Estamos siempre en guardia: "Ella podría lastimarme", "Esto podría salir mal", "De todas maneras él no me agrada". Ésta es una forma completamente equivocada de utilizar nuestra vida; pero aun así, esto es lo que todos hacemos en distinta medida.

Las preocupaciones económicas reflejan nuestra lucha por mantener los linderos: "¿Qué tal si mi inversión sale mal? Podría perder todo mi dinero". No queremos que nada atente contra nuestra provisión de dinero; todos pensamos que tal cosa sería terrible. Entonces nos protegemos y nos angustiamos, nos aferramos a nuestras posesiones y taponamos nuestra vida. El agua que debería entrar y salir para ser útil, se estanca. El remolino que levanta una presa a su alrededor para aislarse del río, se estanca y pierde vitalidad. La práctica del Zen consiste en no quedarse atrapado en lo particular, y verlo tal como es: una parte del todo. Sin embargo, gastamos la mayor parte de nuestra energía creando pozos de agua estancada. Ése es el resultado de vivir atemorizados. El temor existe porque el remolino no comprende lo que es: nada más que el río mismo. Hasta no vislumbrar esa verdad, todas nuestras energías irán en la dirección equivocada. Creamos muchos pozos estancados, los cuales son caldo de cultivo para la contaminación y la enfermedad. Los pozos que buscan protegerse por medio de presas comienzan a pelear entre sí: "Hueles mal. No me agradas". Los pozos estancados causan muchos problemas. La frescura de la vida desaparece.

La práctica del Zen nos ayuda a ver la forma en que hemos producido estancamiento en nuestra vida. "¿Es posible que nunca me haya dado cuenta de mi rabia?" Así, lo primero que descubrimos en la práctica es el estancamiento que hemos creado con nuestros pensamientos egocéntricos. Los problemas más grandes se deben a las actitudes que no podemos reconocer en nosotros mismos. La depresión, el temor y la rabia que no admitimos producen rigidez. Cuando reconocemos la rigidez y el estancamiento, el agua comienza a fluir de nuevo, poco a poco. Por consiguiente, el aspecto fundamental de la práctica es estar dispuestos a ser la vida misma; es decir, las sensaciones que llegan y crean nuestro remolino.

A través de los años nos hemos entrenado para hacer todo lo contrario: para crear pozos estancados. Ésa es nuestra falsa realización. De este esfuerzo constante se derivan todas nuestras dificultades y nuestro distanciamiento de la vida. No sabemos cómo ser íntimos, cómo ser el río de la vida. Un remolino protegido entre muros no está cerca de nada. Atrapados en un sueño egocéntrico sufrimos, como dice uno de nuestros votos diarios*. La práctica es una forma de invertir lentamente ese proceso. Para la mayoría de los estudiantes, éste es el trabajo de toda una vida. El cambio suele ser doloroso, especialmente al principio. Cuando estamos acostumbrados a la rigidez y a la inflexibilidad controlada de una vida protegida, no deseamos que penetren corrientes nuevas dentro de la consciencia, por refrescantes que éstas sean.

La verdad es que no nos gusta mucho el aire puro. No nos agrada el agua fresca. Necesitamos mucho tiempo para ver la forma como nos defendemos y manipulamos la vida en nuestras actividades diarias. La práctica nos ayuda a ver con mayor claridad estas maniobras, aunque no es placentero reconocerlas. Aun así, es esencial observar lo que hacemos. Cuanto más

---

*El texto completo del voto dice así: "Atrapados en un sueño egocéntrico: sólo sufrimiento. / Aferrados a pensamientos egocéntricos: exactamente el sueño. / Cada momento, la vida tal como es: el único maestro. / Ser sólo este momento: el camino de la compasión."

practicamos, con mayor facilidad reconocemos nuestros patrones defensivos. Pero el proceso nunca es fácil ni indoloro, por eso no deben embarcarse en él quienes aspiran a encontrar con rapidez y facilidad un lugar de descanso.

Ésta es la razón por la cual el crecimiento de los centros Zen me preocupa. Son muchos los que buscan una solución fácil e indolora para sus dificultades. Yo prefiero los centros pequeños, limitados a quienes están listos a trabajar y dispuestos a hacerlo. Por supuesto, no espero de los principiantes lo mismo que espero de los veteranos; se aprende a medida que se avanza. Sin embargo, cuanto más grande sea el centro, más difícil será impartir una enseñanza limpia y rigurosa. Lo importante no es el número de estudiantes que logremos atraer a un centro, sino poder mantener una práctica sólida. En consecuencia, soy cada vez más estricta en la enseñanza. Éste no es el sitio indicado para quienes buscan una paz artificial, la dicha absoluta o algún otro estado especial.

Lo que se obtiene a través de la práctica es un estado más agudo de vigilia. Un estar más despiertos, más vivos. Un conocimiento tan profundo de nuestras propias tendencias dañinas, que no tenemos necesidad de buscarlas en los demás. Aprendemos que no está bien gritarle a alguien sólo porque nos sentimos alterados. La práctica nos ayuda a detectar los puntos de estancamiento de nuestra vida. A diferencia de los arroyos que bajan veloces de las montañas, con maravillosas corrientes de agua que entran y salen, nosotros frenamos en seco cuando pensamos cosas como: "No me agrada... En realidad me lastimó" o "Mi vida es muy difícil". En verdad, lo único que existe es el permanente fluir del agua. Lo que nosotros identificamos como nuestra vida no es otra cosa que un pequeño desvío, un remolino que brota repentinamente y luego se desvanece. Algunas veces los desvíos son diminutos y brevísimos: la vida gira en un solo sitio durante uno o dos años y luego desaparece. La gente a veces se pregunta por qué mueren los niños. ¿Quién sabe? No conocemos la razón. Es parte de esta eterna corriente de energía. Cuando podemos unirnos a ella, encontramos la paz; cuando enfocamos todos nuestros esfuerzos en la dirección contraria, no estamos en paz.

ESTUDIANTE: ¿Es bueno que cada uno escoja una dirección concreta en la vida y ponga en ella su mira, o es mejor tomar las cosas tal y como vienen? ¿Fijar metas específicas puede bloquear el flujo de la vida?

JOKO: El problema no está en tener metas, sino en la forma como nos relacionamos con ellas. Todos necesitamos fijarnos algunas metas. No hay nada de malo en eso. Fijarse metas es parte de la condición humana; los problemas surgen de la forma como lo hacemos.

ESTUDIANTE: ¿La mejor forma es tener metas pero sin aferrarse al resultado final?

JOKO: Así es. Uno sencillamente hace lo necesario para llegar a la meta. Cuando alguien desea conseguir un título profesional, por ejemplo, debe matricularse en un programa académico y asistir a clase. El punto está en promover la meta cumpliéndola en el presente: haciendo esto o aquello, a medida que se va necesitando, aquí y ahora. En algún momento nos graduaremos o conseguiremos lo que buscamos. Por otra parte, si solamente soñamos con la meta y no prestamos atención al presente, probablemente no podremos continuar nuestra vida, y nos estancaremos.

Cualquiera que sea la opción que escojamos, el resultado nos dejará siempre una lección. Si prestamos atención y nos mantenemos alerta, sabremos cuál debe ser el siguiente paso. En este sentido, no hay decisiones erróneas. En el momento mismo en que tomamos una decisión, nos enfrentamos a nuestro siguiente maestro. Es probable que tomemos decisiones que nos hagan sentir mal; podemos lamentarnos por lo que hicimos, pero aprenderemos de eso. Por ejemplo, no existe una persona ideal para casarnos, ni una forma ideal de vivir la vida; en el momento en que nos casamos con alguien, se nos presenta toda una serie de oportunidades nuevas para aprender, las cuales constituyen el combustible para la práctica. Eso es cierto no solamente con relación al matrimonio, sino a cualquier relación. En la medida en que practiquemos con lo que se presente, el resultado será casi siempre satisfactorio y valdrá la pena.

Estudiante: Cuando me fijo una meta, tiendo a "meter a fondo el acelerador" y a olvidarme del flujo del río.

Joko: Cuando el remolino trata de independizarse del río, como un tornado que queda fuera de control, puede causar mucho daño. Aunque vemos en la meta un estado futuro al cual debemos llegar, la verdadera meta siempre es el momento presente, este momento. No hay forma de aislarse del río.

Estudiante: Dentro del marco de la analogía del río y el remolino, ¿cuál es la diferencia entre la vida y la muerte?

Joko: Un remolino es un vórtice, con un centro alrededor del cual gira el agua. A medida que nuestra vida transcurre, el centro se va debilitando cada vez más. Cuando está en su punto más débil, simplemente desaparece y el agua vuelve a ser parte del río.

Estudiante: Desde ese punto de vista, ¿no sería mejor ser siempre parte del río?

Joko: Siempre somos parte del río, ya sea que formemos o no un remolino. No podemos evitarlo. Sin embargo, no somos conscientes de ello porque no vemos más allá de nuestra forma individual.

ESTUDIANTE: Entonces ¿es una ilusión pensar que la vida y la muerte son dos cosas distintas?

JOKO: Eso es cierto en términos absolutos, aunque desde nuestro punto de vista humano, la vida y la muerte son dos cosas distintas. Cada una de estas afirmaciones es cierta en niveles diferentes: no hay vida y muerte y hay vida y muerte. Cuando conocemos solamente la segunda opción, nos aferramos a la vida y le tememos a la muerte. Pero cuando vemos las dos opciones, el golpe de la muerte se mitiga en gran medida.

Si esperamos el tiempo suficiente, todos los remolinos acabarán por desvanecerse. El cambio es inevitable. He vivido en San Diego durante mucho tiempo, y he observado los peñascos de La Jolla por años. Ellos están cambiando; el litoral de hoy no es el mismo que conocí hace treinta años. Lo mismo sucede con los remolinos; también cambian y con el tiempo se debilitan. Algo claudica y el agua corre veloz; no hay nada de malo en ello.

ESTUDIANTE: Cuando morimos, ¿retenemos algo de lo que fuimos, o todo desaparece?

JOKO: No voy a responder a esa pregunta. La práctica le permitirá vislumbrar la respuesta.

Estudiante: Usted ha descrito algunas veces la energía de la vida como una inteligencia original que somos. ¿Tiene límites esa inteligencia?

Joko: No. La inteligencia no es una cosa, ni una persona. No tiene linderos. Tan pronto como le asignamos límites a algo, lo colocamos dentro de la esfera de las cosas; de la misma manera en que el remolino cree estar separado del río.

Estudiante: Otro de los votos que hacemos en el centro Zen habla de un "campo infinito de bienaventuranza". ¿Corresponde ese campo al río, a la inteligencia original que somos?

Joko: Sí. La vida humana es sencillamente una forma asumida temporalmente por esa energía.

Estudiante: Sin embargo, en la vida es preciso que existan linderos. Me es muy difícil conciliar esto con lo que usted está diciendo.

Joko: Algunos linderos son inherentes a lo que somos; por ejemplo, todos tenemos una cantidad limitada de tiempo y energía. Debemos reconocer nuestras limitaciones en este sentido. Pero esto no significa que debamos trazar linderos artificiales y defensivos para bloquear nuestra vida. Incluso siendo pequeños remolinos, podemos reconocer que somos parte del río y no estancarnos.

El capullo del dolor

¿Qué es lo que honramos cuando hacemos la venia*
en el dojo?** Una de las formas de responder a esta
pregunta es pensar en qué es lo que nosotros realmente
honramos en nuestra vida, tal y como lo demostramos
a través de nuestros actos y pensamientos. La verdad
es que no honramos la naturaleza de Buda, ni al Dios
que todo lo abarca, incluyendo la vida y la muerte, el
bien y el mal y todos los contrarios. El hecho es que
nada de eso nos interesa. Ciertamente no deseamos
honrar a la muerte, al dolor o a la pérdida; pero, en
cambio, erigimos un dios falso. La Biblia dice: "No
honrarás a otros dioses"; pero eso es precisamente lo
que hacemos.

¿Cuál es ese dios que erigimos? ¿Qué es en realidad
lo que honramos y a lo cual prestamos atención en todo
momento? Podríamos llamarlo el dios de la comodidad,
la complacencia y la seguridad. Por adorar a ese dios,
destruimos nuestra vida. Por adorar al dios de la comodidad y la complacencia, la gente literalmente se
mata con las drogas, el alcohol, la velocidad, la teme-
ridad, la ira. Las naciones veneran a este dios en una

---

*Acción de unir las manos verticalmente delante de sí e inclinarse. Es
el símbolo de la unidad del espíritu con la existencia. [N. del editor.]
**Lugar en el que se practica la meditación Zen. [N. del editor.]

escala mucho más grande y destructiva. Hasta tanto no veamos con total sinceridad que éste es el objetivo real de nuestras vidas, no podremos descubrir quiénes somos en realidad.

Tenemos muchas formas de enfrentar la vida, muchas formas de venerar la comodidad y la complacencia. Todas provienen de una misma fuente: el temor de encontrar algún tipo de desagrado. Si sentimos la necesidad de tener orden y control es porque tratamos de evitar el desagrado. Si podemos lograr lo que queremos y nos enfurecemos cuando no es así, entonces creemos que podremos sobrevivir y acallar el temor a la muerte. Si podemos complacer a todo el mundo, imaginamos que no habrá nada desagradable en nuestras vidas. Esperamos que siendo las estrellas del espectáculo —brillantes, maravillosas y eficientes— podremos tener tantos admiradores que no habrá necesidad de sentir nada. Si podemos retirarnos del mundo y sólo entretenernos con nuestros sueños, fantasías y altibajos emocionales, creemos que podemos escapar al desagrado. Si podemos resolverlo todo, ser tan inteligentes como para diseñar un plan o un orden perfecto, un acuerdo intelectual total, quizás no nos sintamos amenazados. Si podemos someternos a una autoridad que nos diga lo que debemos hacer, entonces podemos poner en manos de otro la responsabilidad de nuestra vida y deshacernos de ese peso; no tenemos que sentir la angustia de tomar una decisión. Si nos dedicamos a vivir intensamente, buscando todo tipo de sensaciones agradables, emociones y diversión, quizás podamos evitar el dolor. Si podemos decirles a los demás lo que deben hacer, mantenerlos subyugados y bajo control, quizás no puedan lastimarnos. Si podemos escapar en la dicha, ser "budas" irresponsables descansando al sol, no tendremos que asumir ninguna responsabilidad por las cosas desagradables del mundo; podremos ser sencillamente felices.

Todas estas son versiones de los dioses a los cuales adoramos. Se trata del dios de la ausencia del malestar y el desagrado. Sin excepción alguna, todos los seres lo veneran en algún grado. Al hacerlo perdemos contacto con la verdadera realidad; y al perder ese contacto nuestra vida se precipita hacia el abismo, y el mismo desagrado que tratábamos de evitar puede llegar a abrumarnos.

Éste ha sido el problema de la humanidad desde el principio de los tiempos. Todas las filosofías y religiones son intentos por manejar ese temor esencial. Solamente cuando esos intentos fallan, estamos listos para iniciar la práctica con seriedad; y ellos fallan porque los sistemas que adoptamos no están basados en la realidad. Pese a nuestros esfuerzos febriles, no pueden funcionar. Tarde o temprano nos damos cuenta de que algo está mal.

Por desgracia, a veces agravamos nuestro error esforzándonos más, o cubriendo nuestro antiguo sistema defectuoso con otro igual. Por ejemplo, nos atrae la posibilidad de entregarnos a alguna falsa autoridad o gurú para que dirija nuestras vidas, en un intento por encontrar algo o a alguien fuera de nosotros que se ocupe de nuestro temor.

Ayer una mariposa entró por mi ventana y se quedó revoloteando un rato en mi habitación. Alguien la atrapó y la soltó afuera. Eso me hizo pensar en la vida de una mariposa: comienza su vida como un gusano que se mueve lentamente y casi no ve; con el tiempo el gusano se construye un capullo, y allí, en la oscuridad y el silencio, permanece durante un largo tiempo; por último, después de lo que parecería una eternidad de tinieblas, surge en forma de mariposa.

La historia de la vida de la mariposa es semejante a nuestra práctica; sin embargo, tenemos nociones erradas sobre ambas. Por ejemplo, imaginamos que porque las mariposas son bellas, la vida en el capullo también es bella. No nos damos cuenta de todo lo que debe soportar el gusano para convertirse en mariposa. Así mismo, cuando comenzamos la práctica no nos damos cuenta de la larga y difícil transformación que nos espera. A través de nuestra búsqueda de las cosas externas, debemos ver a los dioses falsos del placer y la seguridad. Debemos dejar de consumir una cosa y buscar otra —de esa manera tan miope que nos caracteriza— y simplemente relajarnos dentro del capullo, en la oscuridad del dolor que es nuestra vida.

Esa práctica exige muchos años de nuestra vida. A diferencia de la mariposa, nosotros no salimos del capullo de una vez y para siempre. A medida que giramos dentro del capullo del dolor, podemos tener destellos de la vida como mariposas que revolotean bajo el sol. En esos momentos percibimos la absoluta maravilla de nuestra vida, algo que nunca reconocemos cuando somos unos pequeños gusanos preocupados por nosotros mismos. Sólo comenzamos a conocer el mundo de la mariposa cuando entramos en contacto con nuestro propio dolor, y esto significa dejar de adorar al dios de la comodidad y la complacencia. Debemos renunciar a la ciega obediencia que rendimos a nuestro sistema de evitar el dolor, y darnos cuenta de que no es posible escapar al desagrado, aunque corramos más rápido o nos esforcemos más. Cuanto más rápidamente huyamos del dolor, más pronto éste nos alcanzará. ¿Qué haremos cuando aquello en lo cual depositamos la responsabilidad de dar significado a nuestra vida ya no funcione?

Algunas personas jamás abandonan esa falsa búsqueda. Con el tiempo pueden morir de una sobredosis, hablando en sentido real o figurado. En la lucha por conseguir el control aceleramos a fondo, nos esforzamos, presionamos a los demás y nos asfixiamos noso-

tros mismos. Sin embargo, no es posible controlar la
vida. A medida que escapamos de la realidad, el dolor
aumenta. Este dolor es nuestro maestro.

"Sentarse" en *zazen** no tiene por objeto encontrar
un estado de felicidad y dicha absolutas. Estos estados
podrán ocurrir mientras estamos "sentados", cuando
hayamos experimentado realmente nuestro dolor una
y otra vez, hasta que, finalmente, simplemente solta-
mos. La entrega y el hecho de abrirnos a algo fresco
y nuevo son consecuencia de la experiencia del dolor,
y no de encontrar un sitio para aislarnos de él.

La *sesshin*** y la práctica diaria equivalen a envol-
vernos dentro de ese capullo de dolor. No lo hacemos
a disgusto. Al principio quizás estemos dispuestos a
dejarnos envolver por un solo hilo, del cual nos liberaremos después. Una vez más nos dejaremos envolver,
y de nuevo nos liberaremos. Con el tiempo aceptaremos
"sentarnos" con esa porción de nuestro dolor durante
un rato. Después, tal vez, podremos estar dispuestos
a tolerar dos o tres hilos. A medida que nuestra visión
se aclare, podremos "sentarnos" dentro de nuestro
capullo y descubrir que ése es el único espacio donde

---

*En la meditación Zen el practicante se sienta sobre un cojín que levanta
la postura con el fin de poder poner las rodillas contra el suelo y poder
estirar la columna vertebral. [*N. del editor.*]

**Retiro intensivo de meditación Zen.

hemos tenido paz alguna vez. Y cuando nos sintamos totalmente deseosos de permanecer en él; cuando estemos dispuestos, en otras palabras, a que la vida sea como es, a abrazar tanto la vida como la muerte, el placer y el dolor, lo bueno y lo malo, y a sentirnos a gusto tanto en lo uno como en lo otro, el capullo comenzará a deshacerse.

A diferencia de la mariposa, nosotros oscilamos entre el capullo y la mariposa muchas veces. Este proceso sucede durante toda nuestra vida. Cada vez que destapamos áreas que no hemos resuelto, debemos construir otro capullo y descansar tranquilamente en él hasta que termine el período de aprendizaje. Cada vez que el capullo se rompe y damos un paso más, somos un poco más libres.

El primer paso esencial para convertirnos en mariposa consiste en reconocer que, como gusanos, no llegaremos a ninguna parte. Debemos ver a través de nuestra búsqueda del falso dios de la comodidad y el placer. Debemos ver con toda claridad a ese dios. Debemos renunciar a la idea de que tenemos derecho a algo, de que la vida nos debe esto o aquello. Debemos abandonar, por ejemplo, la idea de que podemos obligar a los demás a amarnos, haciendo cosas por ellos. Debemos reconocer que no es posible manipular la vida para satisfacernos, y que encontrar fallas en nosotros mismos y en los demás no es una forma eficaz de ayudar a nadie. Lentamente nos vamos despojando de nuestra arrogancia.

La verdad es que la vida dentro del capullo es frustrante y dolorosa, y nunca la superamos del todo. Esto no significa que permanezcamos sumergidos en el dolor desde el amanecer hasta el anochecer; significa que estamos descubriendo constantemente lo que somos, lo que realmente hacemos en la vida. Y la verdad es que eso duele; pero no hay posibilidad de libertad sin ese dolor.

Hace poco escuché una cita de un atleta profesional: "El amor no es placer compartido; es dolor compartido". Ésa es una buena forma de entenderlo. No cabe duda de que podemos disfrutar de una salida y una cena con nuestra pareja, por ejemplo; no estoy cuestionando el valor de compartir los momentos agradables. Pero si realmente deseamos tener una relación más íntima y genuina, debemos compartir con nuestra pareja aquello que más nos asusta compartir con otra persona. Al hacerlo, damos a la otra persona la libertad de hacer lo mismo. Pero en lugar de eso, preferimos proteger nuestra imagen, especialmente frente a alguien a quien deseamos impresionar.

Compartir el dolor no significa decirle a nuestro compañero cuánto nos irrita; ésa es una forma de decir: "Estoy enojada contigo", y no nos ayuda a derrumbar a nuestro falso ídolo y a abrirnos a la vida como mariposas. Lo que sí nos sirve para abrirnos es compartir nuestras debilidades. Algunas veces encontramos parejas que han cumplido con esa difícil tarea a lo largo de toda la vida. Durante el proceso han envejecido juntas, y podemos sentir la enorme placidez y el sosiego que comparten. Esto es hermoso y muy raro. Sin esta cualidad de sinceridad y vulnerabilidad, las parejas no se conocen realmente; son sólo dos máscaras que viven juntas.

Algunas veces, podemos tratar de evitar entrar en el capullo del dolor dejándonos arrastrar hacia un estado borroso, nebuloso, un estado de inercia vagamente placentero, que puede prolongarse durante horas. ¿Cuál es la pregunta correcta que debemos hacernos cuando esto sucede?

ESTUDIANTE: ¿De qué estoy huyendo?

ESTUDIANTE: Podría preguntar "¿Qué estoy sintiendo en este momento?"

JOKO: Ambas son buenas preguntas. Lo curioso es que decimos que deseamos conocer la realidad y ver nuestra vida como es; sin embargo, cuando comenzamos a practicar, o asistimos a una *sesshin*, inmediatamente encontramos la forma de evitar la realidad retirándonos a un estado nebuloso de ensoñación. Ésa es sólo otra forma de rendir culto al falso dios de la comodidad y el placer.

Estudiante: ¿No hay una falla en ese intento de buscar el sufrimiento y concentrarse en él?

Joko: No tenemos que buscarlo; ya existe en nuestra vida. Todo el tiempo tenemos dificultades por alguna razón; nuestra "búsqueda" tiene por objeto escapar de ellas. Hay un sinnúmero de formas de las que se vale la gente para escapar o ponerse una coraza de seguridad; pero a pesar de nuestros esfuerzos, la coraza se rompe. Entonces nos preocupamos todavía más y hacemos un esfuerzo mayor. Llegamos al trabajo y descubrimos que el jefe ha pasado mala noche, o nos llaman a decirnos que nuestro hijo tuvo problemas en la escuela. La coraza está constantemente bajo ataque; no hay forma de estar seguros de que pueda permanecer intacta. Nuestra vida se derrumba porque no podemos soportar ninguna oposición a la forma como deseamos que sean las cosas.

El dolor está presente en nuestra vida en todo momento. No solamente sentimos nuestro propio dolor sino el de las personas que nos rodean. Tratamos de aumentar el grosor de nuestros muros, o evitamos a la gente que está sufriendo, pero aun así, el dolor no desaparece.

Estudiante: Supongamos que estoy "sentado" y no siento dolor. En realidad estoy bastante a gusto. ¿Será útil recordar momentos dolorosos de la vida, o pensar en las situaciones sin resolver y tratar de manejarlas?

JOKO: Eso no es necesario. Si estamos atentos a lo que sucede en nuestra mente y en nuestro cuerpo en este momento, tendremos con qué trabajar.

Cuando estamos totalmente despiertos en el momento presente, "sentarse" puede ser placentero. Pero no debemos tratar de buscar eso ni de escapar del dolor, porque así traeremos al falso dios a la práctica, y rehusaremos verlo como en realidad es.

ESTUDIANTE: Con el tiempo me he dado cuenta de que lo que comienza a surgir cuando estoy "sentado" no es tanto el placer o el dolor, o algo intermedio, sino sencillamente interés. Miramos la experiencia con un poco de curiosidad.

JOKO: Sí, ése es un buen punto.

ESTUDIANTE: ¿Estamos hablando, entonces, de la diferencia entre lo absoluto y lo relativo? ¿Podemos decir que lo absoluto es prestar atención a todo y lo relativo es buscar únicamente el placer y la comodidad? ¿Podría decirse que relajarse dentro del capullo del dolor es un medio para llegar a lo absoluto?

JOKO: Yo no diría que es "un medio para llegar a lo absoluto", puesto que siempre estamos allí. Pero optamos por no reconocer que estamos allí y dejamos por fuera parte de nuestra experiencia. Lo absoluto siempre abarca el dolor y el placer. El dolor no tiene nada de malo en sí; sencillamente no nos agrada. No hay un absoluto que sea más grande que lo relativo; son sólo dos caras de la misma moneda. El mundo de las apariencias, de la gente, los árboles y las alfombras, y el mundo absoluto de la nada pura e inescrutable, de la energía, son la misma cosa. En lugar de perseguir un ideal de una sola cara, debemos inclinarnos ante lo absoluto que está en lo relativo, y también ante lo relativo que hay en lo absoluto. Debemos honrarlo todo.

Sísifo y el peso de la vida

La mitología griega cuenta la historia de Sísifo, rey de Corinto, quien fue condenado por los dioses al Hades y al castigo eterno. Incesantemente, Sísifo debía empujar cuesta arriba una enorme roca, que al llegar a la cima de la colina, se despeñaba de nuevo hasta el suelo. El esfuerzo de llevar la roca hasta la cima sólo le servía para verla caer de nuevo, una y otra vez, hasta la eternidad.

Al igual que todos los mitos, esta historia contiene una enseñanza. ¿Cómo entienden ustedes este mito? ¿De qué se trata? Al igual que el *koan**, tiene muchos aspectos.

ESTUDIANTE: El mito me sugiere que la vida es un ciclo. Hay un comienzo, una parte intermedia y un final, y todo comienza de nuevo.

ESTUDIANTE: Me hace pensar en la práctica del Zen como en el acto de pulir un espejo, pulirlo y pulirlo. Debemos hacerlo hasta que nos demos por vencidos y podamos simplemente vivir el momento.

ESTUDIANTE: El castigo de Sísifo es terrible sólo en la

---

*Pregunta paradójica tradicional, que no se presta al análisis racional y se utiliza para profundizar la meditación.

medida en que él tiene la esperanza de que algún día terminará.

ESTUDIANTE: El mito me recuerda una acción obsesiva: estar atrapado en un ciclo repetitivo de comportamientos y pensamientos.

ESTUDIANTE: Sísifo representa a alguien que lucha con la vida y sus cargas, y trata de liberarse de ellas.

ESTUDIANTE: La historia se parece a nuestra práctica. Si vivimos cada momento sin pensar en una meta o en llegar a alguna parte, o en lograr algo, entonces sencillamente vivimos. Hacemos lo que tenemos que hacer en cada momento: empujar, ver cómo cae la roca, y volver a empujar.

ESTUDIANTE: Creo que la historia de Sísifo representa la idea de que no hay esperanza.

ESTUDIANTE: La naturaleza de mi mente es no quedar satisfecho con mis logros, e interesarme más en el desafío de llegar a alguna parte. Una vez que he logrado algo, ello ya no significa mucho para mí.

ESTUDIANTE: Sísifo es mi propio yo. Todos somos Sísifos tratando de hacer algo con nuestra vida, pero diciendo "no puedo". El "no puedo" es la roca.

JOKO: Una pregunta que me viene a la mente es: ¿Qué significa hacer el mal? Es interesante que alguien hubiera juzgado a Sísifo por hacer el mal y lo hubiera condenado a un lugar especial llamado el Hades. Pero dejando de lado estas cuestiones, si logramos ver que sólo existe este momento, entonces el hecho de empujar la roca cuesta arriba y el hecho de verla caer de nuevo son, en cierto sentido, la misma cosa. Según nuestra interpretación corriente, la tarea de Sísifo es difícil y desagradable; sin embargo, lo único que sucede es el acto de empujar la roca hasta la cima, y luego verla caer, una y otra vez. Al igual que Sísifo, todos nosotros estamos haciendo únicamente lo que tenemos que hacer en cada momento. Pero a esa actividad le agregamos juicios e ideas. El infierno no está en empujar la roca, sino en pensar en ello, en crear ideas de esperanza y desencanto, en pensar en si algún día podremos lograr que la roca se quede en la cima: "¡Me he esforzado tanto! Quizás esta vez la roca se quede quieta".

Nuestros esfuerzos sí hacen que las cosas se realicen, y al hacerlo, nosotros pasamos inmediatamente al momento siguiente. Tal vez la roca sí se quede en la cima por un momento; tal vez no. Ninguno de los dos sucesos es bueno o malo en sí. El peso de la roca, la carga, está realmente en la idea de que la vida es una lucha, de que debiera ser diferente de como es. Cuando sentimos que nuestra carga es desagradable, buscamos formas de escapar. Una persona puede beber para olvidar que debe empujar la roca; otra manipula a los demás para que le ayuden a empujar; muchas veces tratamos de pasarle la carga a otra persona para evitar el trabajo.

¿Cuál sería el estado de despertar* para el rey Sísifo? Si empuja la roca durante unos cuantos miles de años ¿de qué podría darse cuenta finalmente?

ESTUDIANTE: De ser uno con el acto de empujar en cada momento.

JOKO: Limitarse a empujar la roca y abandonar la esperanza de que su vida sea diferente de como es. La mayoría de nosotros imaginamos que en el estado de despertar nos sentiremos mucho mejor que cuando empujamos una roca. ¿Alguna vez han despertado en la mañana y han dicho: "¡Ni siquiera deseo pensar en todo lo que debo hacer hoy!"? Pero la vida es como es; y nuestra práctica no consiste en hacer que la vida sea más placentera, aunque ésa sea una esperanza muy humana. A todos nos agradan las cosas que nos hacen sentir bien; nos agrada, en particular, la persona que nos hace sentir bien, y si nuestra pareja no nos hace sentir a gusto, suponemos que es preciso cambiar las cosas, que esa persona debe cambiar. Porque somos

---

*En la tradición budista se usa la palabra iluminación. Esta iluminación es la revelación de nuestra realidad original, oculta por la ignorancia en que vive el ser humano hasta esta experiencia. Por el aspecto "fantástico" que puede tener la palabra iluminación, preferimos usar, en nuestra traducción, la palabra despertar —despertarse de la ignorancia. [*N. del editor.*]

humanos, pensamos que la meta en la vida es sentirnos bien. Pero si nos limitamos a empujar la roca del momento y a tomar consciencia de lo que sucede dentro de nosotros a medida que empujamos, nos transformaremos lentamente. ¿Qué significa transformarse?

Estudiante: Más aceptación, menos juicios, más calma y una actitud de apertura frente a la vida.

Joko: La "apertura frente a la vida" y la "aceptación" están un poco lejos de describirlo, pero la verdad es que es difícil encontrar las palabras exactas.

Estudiante: El despertar tiene algo que ver con llegar a cero, a "ninguna parte".

Joko: Pero ¿qué significa esa "ninguna parte" para un ser humano? ¿Qué es esa "ninguna parte"?

Estudiante: El ahora.

Joko: Sí, ¿pero cómo lo vivimos? Supongamos que me levanto con dolor de cabeza en la mañana y me espera un trabajo intenso durante el día. A todos nos ha sucedido. ¿Qué significa "estar en cero" en una situación como ésa?

Estudiante: Significa sencillamente estar aquí con todos mis sentimientos y todos mis pensamientos; sólo estar aquí, sin agregar nada.

Joko: Sí, y aunque agreguemos algo más, será parte del

paquete, parte de la vida como es en ese momento.
Parte del paquete es "No quiero vivir este día". Cuando
ése es el pensamiento cuya existencia reconozco, entonces sencillamente estoy empujando la roca. Vivo el
día difícil y al terminar, me acuesto a dormir. ¿Qué me
espera al día siguiente? De alguna manera, la roca rodó
cuesta abajo mientras dormía, y así yo debo comenzar
de nuevo a empujar, empujar y empujar. "Odio esto...
sí, sé que lo odio. Me gustaría que hubiera una salida,
pero no la hay o, por lo menos, no la veo por ahora".
Es perfecto por ser como es.

   ¿Qué sucede con el peso de la vida cuando vivimos
realmente cada momento? Si somos totalmente lo que
somos en cada segundo, comenzamos a experimentar
la vida en forma de gozo. Entre nosotros y una vida
llena de gozo se interponen nuestros pensamientos,
nuestras ideas, nuestras expectativas y nuestras esperanzas y temores. No es que debamos estar totalmente
dispuestos a empujar la roca; podemos desear no hacerlo,
siempre y cuando que reconozcamos esa falta de voluntad y simplemente la sintamos. Está bien no tener
la voluntad de hacerlo; una parte importante de toda
práctica seria es "No deseo hacerlo". Y no lo hacemos.
Pero la cosa cambia cuando la falta de voluntad se
transforma en un esfuerzo por escapar: "Bueno, creo
que comeré otro pedazo de pastel de chocolate", "Lla-
maré a mis amigos para hablar de cuán terrible es la

vida", "Me acurrucaré en un rincón a lamentarme de mi vida y a compadecerme de mí mismo". ¿Cuáles son otras formas de escapar?

ESTUDIANTE: Entregarse a las ocupaciones hasta agotarse.

ESTUDIANTE: Dejar todo para después.

ESTUDIANTE: Mi forma de escapar es enfermarme temporalmente.

JOKO: Sí, a veces hacemos eso; nos resfriamos, nos torcemos un tobillo, o atrapamos una gripe.

Cuando asignamos un nombre a nuestros pensamientos, tomamos consciencia de lo que hacemos para escapar. Comenzamos a ver las mil y una formas como tratamos de evitar vivir este momento, de empujar nuestra roca. Desde el momento en que nos levantamos hasta la hora de acostarnos, estamos haciendo algo; empujamos la roca todo el día. La causa de la infelicidad está en nuestro juicio sobre lo que hacemos. Podemos juzgar que somos víctimas: "Es por la forma como me tratan".

Nuestra práctica consiste en ver que sólo estamos empujando, ver ese hecho fundamental. Nadie se da cuenta de esto en todo momento; yo, ciertamente, no lo hago. Pero he observado que las personas que llevan un tiempo practicando el Zen, comienzan a ver su carga con un cierto sentido del humor. Después de todo, la idea de que la vida es una carga es apenas un concepto. Simplemente hacemos lo que hacemos, minuto a minuto. Sabemos que la práctica ha rendido fruto cuando sentimos la vida menos como una carga y más como una fuente de gozo. Eso no significa que no haya tristeza, pero la dicha está exactamente en la experiencia de la tristeza. Si no vemos ese cambio con el tiempo es porque todavía no hemos comprendido el sentido de la práctica; el cambio es un barómetro muy confiable.

En la vida surgen cargas constantemente. Criar niños puede ser una carga; las enfermedades, los accidentes, las dificultades pueden sentirse como cargas. No podemos vivir como seres humanos sin enfrentar dificultades, las cuales podemos optar por sentir como "cargas". La vida se torna entonces en extremo pesada.

ESTUDIANTE: Acabo de recordar un concepto de la psicología: la "carga amada".

JOKO: Sí, aunque "la carga amada" no puede limitarse a ser un concepto mental; debe transformarse en nuestro propio ser. Son muchos los conceptos y los ideales maravillosos que existen, pero si no se convierten en lo que somos, pueden llegar a ser una carga espantosa. No basta con comprender algo intelectualmente; a veces es peor que no comprenderlo en absoluto.

ESTUDIANTE: Me resulta difícil aceptar la idea de que empujamos una roca cuesta arriba en todo momento.

Tal vez sea porque en este preciso momento siento que todo está bien.

Joko: Eso puede ser cierto. Algunas veces las cosas resultan tal y como las deseamos. Podemos estar viviendo una relación maravillosa; o todavía estamos muy contentos con nuestro nuevo empleo. Pero hay una diferencia entre el hecho de que todo marche bien y el verdadero gozo. Supongamos que estamos en uno de esos períodos agradables, en los cuales tenemos una buena relación con alguien o un buen trabajo, y todo es maravilloso. ¿Cuál es la diferencia entre la sensación de bienestar, la cual se basa en las circunstancias, y la dicha? ¿Cómo podemos distinguirlas?

Estudiante: Porque sentimos temor ante la posibilidad de que termine.

Joko: Y ¿cómo se manifiesta ese temor?

Estudiante: Mediante la tensión física.

Joko: Siempre habrá tensión física cuando la sensación de bienestar sea sólo una felicidad egoísta, común y corriente. El gozo no conlleva tensión, porque lo acepta todo tal y como es. Algunas veces, incluso mientras empujamos la roca, podemos vivir períodos agradables. ¿Cómo acepta la dicha esa sensación de bienestar?

Estudiante: Sencillamente como es.

JOKO: Sí. Si estamos en un período agradable de la vida, debemos disfrutarlo, pero sin aferrarnos a él. No obstante, lo que normalmente sucede es que nos preocupa perderlo y tratamos de no dejarlo ir.

ESTUDIANTE: Sí, me he dado cuenta de que cuando me limito a vivir y disfrutar, estoy bien. Pero cuando me detengo a pensar: "Esto es maravilloso", comienzo a preocuparme: "¿Cuánto durará esta situación?"

JOKO: Ninguno de nosotros escogería ser Sísifo; aunque, en cierto sentido, todos lo somos.

ESTUDIANTE: Tenemos rocas en la cabeza.

JOKO: Sí. Cuando nos preocupamos por nuestra roca mental, la carga de la vida se hace muy pesada. De lo contrario, nuestra vida es apenas lo que sea que estemos haciendo. La forma de aceptar con gusto el hecho de vivir la vida como es, de alzar la carga todos los días, es ser sólo la experiencia de alzar, alzar y alzar. Ése es el conocimiento que se obtiene a través de la experiencia, y de él puede emanar, posteriormente, la comprensión intelectual.

ESTUDIANTE: Si supiera que la roca debe caer una y otra vez, pensaría: "Bueno, veamos con cuánta rapidez puedo llegar arriba esta vez. Quizás pueda mejorar mi propio tiempo". Lo convertiría en un juego, o crearía de alguna manera un significado importante en mi mente.

Joko: Pero si hacemos esto por toda la eternidad, o, incluso, durante toda la vida, ¿qué sucederá con ese significado importante que hemos creado? Esa creación es puramente conceptual, y tarde o temprano se derrumbará. Ése es el problema del "pensamiento positivo" y de las afirmaciones; no podemos mantenerlas por siempre. Esos esfuerzos nunca son el camino hacia la liberación. En realidad, ya somos libres. Sísifo no estaba preso en el Hades, soportando un castigo eterno; de hecho, ya era libre porque estaba haciendo simplemente lo que hacía.

Respondiendo a la presión

Después de la sesión de práctica recitamos el verso del *Kesa**: "Amplia es la túnica de la liberación, un campo informe de bienaventuranza. Llevo sobre mí la enseñanza universal, salvando a todos los seres sensibles". La frase "un campo informe de bienaventuranza" es particularmente evocativa; evoca lo que somos, que es la función de todo servicio religioso. El punto de la práctica Zen es ser lo que somos, un campo informe de bienaventuranza. Las palabras suenan muy bien, pero hacerlas realidad en nuestra propia vida es difícil y confuso.

Veamos cómo manejamos la presión o la tensión emocional. Lo que para una persona representa gran presión, puede no representarlo para otra. Para una persona tímida, llegar sola a una fiesta llena de gente podría ser muy tensionante; para otra, lo sería estar sola o tener que cumplir plazos; mientras que para otra, tener una vida lenta, aburrida y sin plazos que cumplir significaría una gran presión. Tener un hijo recién nacido, un nuevo amor o una nueva amistad podría ser la causa de la tensión. También podría serlo el éxito; algunas personas manejan bien el fracaso pero no así el éxito.

---

*Hábito del monje Zen. [*N. del editor.*]

La presión es aquello que nos produce tensión, que nos genera angustia.

Todos respondemos a la presión con diferentes estrategias. Gurdjieff, un intérprete del misticismo Sufi, ha dicho que nuestra estrategia es nuestro "rasgo característico". Debemos aprender a conocer ese rasgo característico, la forma básica en que manejamos la presión. Cuando hay presión, una persona tiende a ensimismarse, mientras que otra se esfuerza más por ser perfecta o llegar a ser una estrella. Hay quienes responden a la presión trabajando arduamente, mientras que otras personas lo hacen trabajando menos. Algunas se evaden, y otras tratan de ejercer control. Algunas se agitan y hablan mucho; otras se tornan más silenciosas que de costumbre.

Descubrimos nuestro rasgo característico a través de la observación de lo que hacemos cuando estamos bajo presión. Cada día trae algún suceso que puede generarnos presión. Cuando las cosas van mal, lo único que sentimos en la vida es la presión. En otras ocasiones, hay muy poca presión y pensamos que todo va bien. Pero la vida siempre nos impone un cierto grado de presión.

El patrón típico de nuestra respuesta a la presión se origina desde una edad muy temprana. Cuando en la infancia encontramos dificultades, el tejido liso de la vida comienza a arrugarse; y parece que estas arrugas formaran un saquito en el cual encerramos nuestro temor. La forma como escondemos el temor —el saquito que representa nuestra estrategia— es nuestro rasgo característico. Mientras no logremos controlar este "rasgo característico" y sentir nuestro temor, no podremos ser ese todo liso y sin costuras, el "campo informe de bienaventuranza"; y en vez de eso estaremos arrugados y llenos de protuberancias.

A lo largo de una vida de práctica, el rasgo característico cambia casi completamente. Por ejemplo, yo solía ser tan tímida que si tenía que entrar en un sitio donde había diez o quince personas, en una pequeña reunión, me quedaba afuera caminando durante un cuarto de hora mientras reunía el valor para entrar. Pero ahora, aunque las fiestas grandes no son mis predilectas, me siento a gusto en ellas. Hay una gran diferencia entre estar tan asustado que no se es capaz de entrar en una sala, y sentirse a gusto. No estoy diciendo que la personalidad esencial cambie; nunca seré "el centro de la fiesta", aunque llegue a tener ciento diez años. Sólo me agrada ver cómo se divierten los demás y hablar con pocas personas; ésa es mi forma de ser.

Muchas veces cometemos el error de suponer que podemos reentrenarnos por medio del esfuerzo intelectual y el autoanálisis. Podríamos pensar que la práctica del Zen es estudiarnos a fondo para aprender a pensar de manera diferente, de la misma forma que aprendemos a jugar ajedrez, a cocinar o a hablar francés. Pero no es así. La práctica del Zen no es como aprender historia antigua o matemáticas o alta cocina; porque cuando se trata de nuestro rasgo característico —la forma como tendemos a enfrentar la presión— la contracción emocional es generada precisamente por la forma equivocada como utilizamos nuestra mente. No podemos utilizar nuestra pequeña mente para corregir las fallas de esa pequeña mente. El problema es colosal: aquello que investigamos es justamente nuestra herramienta de investigación. La forma distorsionada como pensamos, distorsiona nuestros esfuerzos para corregir tal distorsión.

No sabemos cómo enfrentar el problema. Sabemos que algo anda mal porque no nos sentimos en paz y buscamos toda clase de soluciones falsas. Una de esas "soluciones" es entrenarnos para pensar de manera positiva; pero ésa es apenas una estrategia de la pequeña mente. Porque al programarnos para pensar de manera positiva, no hemos avanzado en la comprensión de nosotros mismos, y por eso seguimos encontrando dificultades. Cuando criticamos nuestra mente y nos decimos: "No estás pensando bien, de manera que te obligaré a no pensar" o "Como has pensado todas esas cosas destructivas, ahora debes tener pensamientos buenos y positivos", todavía seguimos utilizando la mente para tratar sus propios problemas. Los intelectuales tienen mucha dificultad en asimilar este punto, puesto que se han pasado la vida utilizando la mente para solucionar problemas y, como es natural, abordan la práctica del Zen de la misma manera. (¡Nadie lo sabe mejor que yo!) Pero esa estrategia jamás ha funcionado y nunca funcionará.

Sólo hay una forma de escapar de este círculo y de poder vernos claramente: debemos salir de la pequeña mente y observarla. Aquello que observa no piensa, porque el observador puede observar el pensamiento. Debemos observar la mente y ver qué es lo que hace. Debemos ver la forma como ella produce su cúmulo de pensamientos egocéntricos, creando tensión en el cuerpo. El proceso de salir y dar un paso hacia atrás para observar no es complicado, pero para quienes no están acostumbrados a él puede parecer nuevo y extraño e, incluso, atemorizante. Con la persistencia, sin embargo, se hace cada vez más fácil.

Supongamos que nos quedamos sin trabajo. Nuestra mente produce un tumulto de pensamientos que generan diversas emociones. Nuestro rasgo característico sale a flote para tapar nuestro temor e impedirnos enfrentarlo directamente. Si nos quedamos sin trabajo, lo único que debemos hacer es salir a buscar otro, si es que necesitamos el dinero; pero eso no es siempre lo que hacemos.

Cuanto más observamos nuestros pensamientos y

nuestras actuaciones, más tiende nuestro rasgo principal a desvanecerse. Mientras más se desvanece, más
dispuestos estamos a experimentar el temor que lo creó
en primer lugar. Por muchos años, la práctica consiste
en fortalecer al observador. Con el tiempo nos sentimos
dispuestos a aceptar lo que venga, sin resistencia, y el
observador se desvanece. Dejamos de necesitar al
observador; podemos ser la vida misma. Cuando el
proceso culmina viene la realización, el estado de buda;
aunque hasta ahora no he conocido a nadie que haya
completado el proceso.

"Sentarse" es como la vida diaria: lo que surge mientras
estamos "sentados" es el pensamiento al cual deseamos
aferrarnos, nuestro rasgo característico. Si nos gusta
evadir la vida encontraremos, en medio de la práctica,
alguna manera de evadir el hecho de estar "sentados".
Si nos agrada preocuparnos, nos preocuparemos; si nos
agrada soñar despiertos, soñaremos despiertos. Cualquier cosa que hagamos cuando estamos "sentados" es
como un microcosmos del resto de nuestra vida. Estando "sentados" vemos lo que estamos haciendo en la
vida, y nuestra vida nos muestra lo que hacemos cuando
estamos sentados.

Para transformarnos no basta con pensar que debemos ser diferentes. La transformación comienza cuando
interiorizamos lo expresado en el verso del *Kesa*: "Amplio es el campo de la liberación". Nuestra misma vida

es un amplio campo de liberación; un campo informe de bienaventuranza. Cuando llevamos sobre nosotros las enseñanzas de la vida, observando nuestros pensamientos, sintiendo lo que recibimos cada segundo a través de nuestros sentidos, entonces estamos realmente comprometidos con nuestra salvación y la de todos los seres sensibles, por el solo hecho de ser lo que somos.

ESTUDIANTE: Mi "rasgo característico" parece cambiar de acuerdo con la situación. Cuando estoy bajo presión, reacciono con rabia y deseos de controlarlo y dominarlo todo; sin embargo, en otra situación podría mostrarme retraído y callado.

JOKO: Aunque no lo parezca, las distintas formas de reaccionar a la presión, en todos los casos, se originan en el mismo enfoque básico frente al temor. Siempre hay un patrón subyacente que se expresa de una u otra forma.

ESTUDIANTE: Cuando estoy bajo presión, especialmente cuando me siento criticado, me esfuerzo por hacer las cosas bien; trato de no limitarme sólo a reaccionar, sino de "sentarme" con la angustia y el temor. Durante este último año, sin embargo, me he dado cuenta de que cuando me siento criticado, detrás de mis esfuerzos por hacer las cosas bien hay un sentimiento de rabia. En realidad deseo atacar; soy como el tiburón asesino.

JOKO: La ira ha estado ahí siempre; ser una buena persona y hacer las cosas bien es una manera de enmascararla. Hay un tiburón asesino en cada uno de nosotros; ese tiburón asesino es el temor no asumido. La forma de ocultarlo es aparecer tan amables, trabajadores y maravillosos que nadie pueda ver cómo somos realmente; es decir, personas muertas de miedo. Al destapar estas capas de ira es importante no hacer manifestaciones externas; no debemos descargar la ira en los demás. En la verdadera práctica, la ira es solamente una etapa pasajera; pero durante un tiempo, nos sentimos más incómodos que cuando comenzamos. Esto es inevitable, porque en la medida en que nos hacemos más sinceros, nuestro falso estilo superficial va desapareciendo. El proceso no es interminable, pero sí puede ser muy molesto mientras dura. En ocasiones podemos explotar, pero eso es mejor que escapar o tapar nuestra reacción.

ESTUDIANTE: Con frecuencia veo con más facilidad los patrones de conducta de los demás que el mío propio. Cuando se trata de una persona a quien quiero, siento la tentación de corregir la situación. Siento como si estuviera viendo que un amigo se ahoga, sin lanzarle el salvavidas. Sin embargo, cuando intervengo siento que me estoy inmiscuyendo en algo que no me incumbe.

Joko: Ese punto es importante. ¿Qué significa ser un campo informe de bienaventuranza? Todos vemos a otros hacer cosas nocivas. ¿Qué debemos hacer?

Estudiante: ¿No basta con reconocerlo y estar ahí?

Joko: Sí, ésa es por lo general la mejor respuesta. En ocasiones los demás vienen a nosotros en busca de ayuda; si la piden sinceramente, está bien responder. Pero muchas veces nos apresuramos a dar consejo. Muchos de nosotros tendemos a querer arreglarlo todo. Una antigua regla del Zen es no responder hasta que no hayamos sido interrogados tres veces. Si una persona realmente desea nuestra opinión, insistirá. Pero nos apresuramos a dar nuestra opinión cuando nadie la desea. Lo sé, porque yo lo he hecho.

El observador no tiene emociones; es como un espejo. Todo pasa sencillamente frente a él, sin que él haga juicios. Siempre que juzgamos, agregamos otro pensamiento al que debemos poner un nombre. El observador no critica; juzgar no está entre las cosas que hace el observador. Éste solamente mira o refleja, como un espejo. Si ante él pasa basura, es basura lo que refleja; si ante él pasan rosas, refleja rosas. El espejo sigue siendo espejo, un espejo vacío. El observador ni siquiera acepta; sólo observa.

Estudiante: ¿Acaso el observador no es realmente parte de la pequeña mente?

JOKO: No. El observador es una función de la consciencia que surge solamente cuando un objeto llega a nuestra experiencia, hasta nuestros sentidos. Si no surge un objeto (como sucede en el sueño profundo), el observador no está presente. Finalmente el observador muere cuando somos *solamente* consciencia y dejamos de necesitarlo.

Nunca encontramos al observador por mucho que lo busquemos. Aun así, aunque no podemos localizarlo jamás, es obvio que podemos observar. Podríamos decir que el observador es una dimensión diferente de la mente, pero no un aspecto de la pequeña mente, la cual está en el nivel lineal ordinario. Todos somos consciencia. Nadie ha observado nunca a la consciencia; pero eso es lo que somos, un "campo informe de bienaventuranza".

ESTUDIANTE: Siento como si cualquier sensación desagradable sirviera para anclarme en el presente y concentrar mi atención en el aquí y el ahora.

JOKO: Un antigua máxima dice que los extremos en que se debate el ser humano son la oportunidad de Dios. Cuando las cosas son placenteras, tratamos de aferrarnos al placer. Al tratar de aferrarnos al placer, lo destruimos. Sin embargo, cuando estamos "sentados" y verdaderamente quietos, el malestar y el dolor nos traen de regreso al presente. El ejercicio de "sentarnos" hace más obvio

nuestro deseo de escapar o evadirnos. Cuando lo practicamos bien, no hay lugar a donde ir; pero tendemos
a no aprender esto a menos que estemos incómodos.
Cuanto menos conscientes somos de nuestro malestar y
nuestros esfuerzos por escapar, mayor es la confusión
que se crea en el mundo exterior —desde guerras entre
naciones hasta peleas entre individuos y discusiones con
nosotros mismos; todos esos problemas se presentan
porque nos separamos de nuestra experiencia. El malestar y el dolor no son la causa de nuestros problemas;
la causa está en no saber qué hacer con ellos.

ESTUDIANTE: Hasta el placer tiene un componente de
malestar. Por ejemplo, es un placer disfrutar de la paz
y la tranquilidad, pero luego surge la sensación incómoda de que puedan comenzar de repente el ruido y
el estrépito.

JOKO: El placer y el dolor no son otra cosa que polos
opuestos. El gozo es estar dispuestos a que las cosas sean
como son. En el gozo no hay polaridad; si comienza el
ruido, sencillamente comienza; si termina, termina.
Ambas cosas son parte del gozo. Pero como deseamos
aferrarnos al placer y ahuyentar el dolor, desarrollamos
una estrategia de fuga. Cuando en la infancia nos sucede
algo desagradable, desarrollamos un sistema —un rasgo
característico de manejar el malestar— y vivimos la vida
a partir de él, en lugar de verla como es.

El tablero central de circuitos

En la vida común y corriente todos llevamos con nosotros lo que podríamos llamar un tablero de circuitos imaginario: un tablero eléctrico que nos sacude cada vez que encontramos algo que percibimos como un problema. Podemos imaginarlo con millones de salidas de corriente, todas ellas a nuestro alcance. Siempre que nos sentimos amenazados o alterados, nos conectamos a él y reaccionamos ante la situación. Este tablero central representa la forma básica como hemos escogido sobrevivir y obtener lo que deseamos en la vida. Desde niños descubrimos que la vida no es siempre como queremos y que muchas veces las cosas salen mal desde nuestro punto de vista. No queremos que nadie nos contradiga y no deseamos sentir malestar, por tanto, creamos una reacción defensiva para bloquear la posibilidad de sufrir. Esa constante reacción defensiva es lo que representa nuestro tablero central. Siempre estamos conectados a él, pero lo notamos especialmente en los momentos de tensión y amenaza. Como hemos decidido que la vida común y corriente —la vida tal como es en realidad— no es aceptable para nosotros, tratamos de oponernos a lo que sucede.

Todo esto es inevitable. Nuestros padres no eran seres totalmente iluminados o budas, y también otras personas y acontecimientos contribuyeron a diseñar la forma como vivimos nuestra vida. Cuando niños, no éramos lo suficientemente maduros para manejar las diferentes situaciones con sabiduría; de manera que sencillamente nos conectábamos a nuestro tablero central y hacíamos un berrinche, perdíamos el control, o nos aislábamos. Desde ese momento, no vivimos la vida por el simple hecho de vivirla, sino para satisfacer las necesidades de nuestro tablero de circuitos. Aunque suena ridículo, eso es lo que hacemos.

Una vez establecido el tablero, siempre que nos sucede algo desagradable —aunque sea una mirada airada— nos conectamos a él. El tablero nos ofrece un número ilimitado de tomas, y a lo largo de un día podemos conectarnos mil veces. Como resultado, desarrollamos una noción muy extraña de la vida. Supongamos, por ejemplo, que Gloria me dice algo en tono descortés. El hecho escueto es que ella me ha dicho algo; quizás ella y yo tengamos un problema, pero la verdad es que sencillamente ella sólo me ha dicho algo. Sin embargo, yo me siento distanciada de Gloria inmediatamente. En lo que a mí concierne, ella está equivocada: "Después de todo, hay que ver lo que hizo. En realidad es una persona muy desagradable". Ahora estoy de pelea con Gloria. Pero la verdad es que mi problema no es con Gloria; ella no tiene nada que ver con él. Si bien es cierto que ella ha dicho algo, mi enojo no se debe a eso sino al hecho de haberme conectado al tablero.

Percibo mi tablero como un tipo de tensión desagradable, y como no quiero tener nada que ver con esa sensación, me lanzo a la guerra contra Gloria. Pero el causante de mi sufrimiento es el tablero central.

Si el incidente es menor, al poco tiempo lo olvido y me conecto a alguna otra salida del tablero. Pero si el incidente es mayor, tomo medidas drásticas. Recuerdo a un amigo de la familia a quien, durante la Gran Depresión, despidieron de un puesto en el que había estado cuarenta años. Subió al tejado y se lanzó al vacío; no comprendía su vida. Es cierto que había pasado algo, pero eso no justificaba un suicidio. Sin embargo, él se conectó a su tablero y fue tan fuerte el sufrimiento que no pudo soportarlo.

Siempre que algo serio nos sucede en la vida, recibimos un fuerte choque de nuestro tablero central. No sabemos qué hacer con el choque. Aunque viene de dentro de nosotros mismos, suponemos que viene de afuera, "de allá". Algo o alguien nos ha tratado mal; somos las víctimas. Con Gloria, es obvio que el problema es ella, "¿quién más podría ser. Nadie más me ha insultado hoy. ¡Tiene que ser ella!" Al reaccionar, comienzo a tramar la venganza: "¿Qué puedo hacer para desquitarme? Lo mejor es no dirigirle la palabra nunca más. Si va a ser así conmigo, no la quiero como amiga. Ya tengo suficientes problemas. No necesito de Gloria". Pero el verdadero origen de mi sufrimiento no es Gloria;

ella hizo algo que no me agradó, pero su comportamiento no es la fuente de mi dolor. La fuente de mi dolor es mi tablero imaginario.

Al "sentarnos" tomamos poco a poco mayor consciencia de nuestro cuerpo y nos damos cuenta de que permanece tenso. Por lo general, la contracción es fina y sutil, e invisible para los demás; pero cuando nos alteramos de verdad, la contracción se intensifica. Algunas personas llegan a estar tan tensas que los demás lo perciben; depende de la historia particular de cada quien. Aunque una persona haya tenido una vida relativamente feliz y fácil, la contracción física está siempre presente, como una tensión menor.

¿Qué podemos hacer al respecto? Lo primero es tomar consciencia de que esa contracción existe; pero para ello suelen necesitarse años de práctica de *zazen*. Durante los primeros años, al "sentarnos" generalmente manejamos los pensamientos más grandes que surgen a partir de los problemas aparentes que tenemos con el universo. Esos pensamientos enmascaran la contracción subyacente. Debemos enfrentarlos y calmar la vida hasta un punto en que nuestras reacciones emocionales no sean tan turbulentas. Cuando la vida se torne más calmada y normal, tomaremos consciencia de la contracción subyacente que ha estado allí todo el tiempo. Entonces, podremos ser más conscientes de esa contracción cada vez que algo salga mal en nuestra opinión.

La práctica no se relaciona con los sucesos pasajeros de nuestra vida; la práctica tiene que ver con el tablero central de circuitos. El tablero registra los sucesos pasajeros; según esos sucesos y la forma como el tablero los registre, damos a nuestras reacciones el nombre de alteración, ira, depresión, etc. No son los sucesos los que dan lugar al dolor, sino el tablero. Por ejemplo, si el marido y la mujer pelean, piensan que lo hacen el uno con el otro; sin embargo, la pelea no es entre los dos, sino de cada uno de ellos con su propio tablero central. La pelea ocurre cuando la persona se conecta a su tablero como reacción a la otra. Así, cuando tratamos de resolver un disgusto enfrentando a nuestra pareja, no llegamos a ninguna parte; nuestra pareja no es el origen del problema.

Otro factor que agrava la confusión es que en realidad nos agrada nuestro tablero. Él nos hace sentir importantes. Cuando no comprendo mi tablero, puedo exigir atención peleando con Gloria, desquitándome con ella para que sepa cómo son las cosas. Al comportarme de esta manera mantengo mi tablero, en el cual veo un escudo contra el mundo. He confiado en él desde que era muy pequeña y no deseo deshacerme de él. Si abandonara mi tablero, me encontraría de manos a boca con mi terror; pero en lugar de eso, prefiero pelear con Gloria. De eso se trata la práctica de "sentarse": de enfrentar el terror y estar con la tensión del cuerpo, ya sea menor o mayor. Pero ninguno de nosotros desea hacer eso; queremos manejar nuestros problemas a través del tablero central de circuitos.

Nuestros problemas nunca son con los demás, sino con nuestro propio tablero eléctrico. Si tenemos un tablero con muchas tomas, casi cualquier excusa es válida. Nos agrada el tablero; sin él nos sentiríamos aterrorizados, como nos sentíamos cuando éramos niños.

El punto central de la práctica es hacer amistad con el tablero. No se trata de deshacerse de él de una vez por todas; estamos demasiado apegados a él como para llegar hasta allá. Pero a medida que la mente se aquieta de verdad y comienza a preocuparse menos por luchar contra el mundo; cuando cedemos nuestra posición en alguna batalla sin sentido; cuando no tenemos que pelear constantemente porque vemos la pelea tal y como es, entonces mejora nuestra capacidad para simplemente "sentarnos". En ese punto comenzamos a reconocer el verdadero problema: esa antigua creación hecha de sufrimiento —el dolor del niño que se da cuenta de que la vida no es como desearía que fuera. Esa pena está oculta detrás de la ira, el temor y otros sentimientos por el estilo. No hay otra forma de escapar del dilema, sino regresar por el camino andado y experimentar esos sentimientos. Pero eso es algo que no nos interesa hacer, y es precisamente lo que dificulta la práctica de *zazen*.

Cuando volvemos al cuerpo, no es para destapar un gran problema que se desarrolla en nuestro interior. Para la mayoría de nosotros, la contracción física es tan sutil que casi no podemos detectarla; pero existe. Cuando nos limitamos a "sentarnos", acercándonos cada vez más a sentir esa contracción, aprendemos a descansar en ella durante períodos cada vez más largos: cinco o diez segundos y, con el tiempo, treinta minutos o más. Puesto que el tablero es nuestra propia creación y carece de realidad esencial, con el tiempo comienza a deshacerse aquí y allá. Después de asistir a una *sesshin*, es posible que durante un tiempo desaparezca; luego, puede regresar. Si comprendemos la práctica, después de algunos años de "sentarnos" el tablero se tornará cada vez más delgado y menos dominante. Podrán producirse agujeros momentáneos en él; pero en sí mismos esos agujeros carecen de importancia, puesto que el tablero por lo general se activa tan pronto como tenemos un encuentro desagradable con alguien. Personalmente no me interesa crear agujeros en el tablero; el verdadero trabajo consiste en disolverlo lentamente en su totalidad. Sabemos que el tablero está funcionando cuando nos sentimos molestos con algo o con alguien. No cabe duda de que el mundo externo nos presenta diversos problemas que tenemos que resolver; algunos de ellos muy difíciles. Pero no son los problemas los que nos molestan; el desasosiego proviene de estar conectados al tablero. Cuando eso sucede, no hay serenidad ni paz.

Este tipo de práctica: trabajar directamente con el tablero, con nuestra contracción subyacente, puede ser más difícil que la práctica del *koan*. En la práctica del *koan* uno siempre tiene un incentivo o premio para pasar al siguiente *koan*. No hay nada malo en ello y yo misma utilizo algunas veces los *koanes* con mis alumnos. Pero aun así, ese enfoque no es tan fundamental como el del tablero que existe en cada uno de nosotros. ¿Somos conscientes de eso? ¿Sabemos lo que eso significa para la práctica? ¿Qué tan en serio tomamos nuestras dificultades con los demás y con la vida? Cuando estamos conectados al tablero, la vida está llena de desesperanza. Todos, incluida yo misma, estamos conectados en distinta medida. Con los años he aprendido a reconocer mejor cuándo estoy conectada. Podemos sorprendernos conectados si observamos el permanente tono de reproche que hay en la forma como hablamos con nosotros mismos y con los demás.

Cuando dejamos pasar estos reproches por nuestra mente sin cuestionarlos, nos trenzamos en una falsa batalla y llegamos precisamente a donde conducen las batallas falsas: a ninguna parte, o hacia más problemas. Debemos pelear la batalla real: quedarnos con aquello con lo cual no deseamos quedarnos. La práctica exige valor, y el valor se desarrolla con la práctica; pero no existe una solución rápida y fácil. Incluso después de "sentarnos" por largo tiempo, cuando nos enojamos sentimos el impulso de atacar a alguien. Buscamos la forma de castigar a los otros por lo que han hecho. Esa actividad no es sentir verdaderamente la ira, sino evitarla a través del drama.

Muchas escuelas de terapia estimulan a los pacientes a expresar la hostilidad. Pero cuando manifestamos la hostilidad, nuestra atención sale de nosotros para enfocarse sobre otra persona o cosa y no sobre el problema real. Expresar los sentimientos es algo natural y no es terrible en sí mismo; pero muchas veces nos trae problemas. Cuando se siente de verdad, la ira es muy tranquila; tiene una cierta dignidad; no hay espectáculo, no hay drama. Es sólo estar con esa contracción fundamental que he asemejado a un tablero eléctrico. Cuando realmente nos quedamos con la ira, los pensamientos personales y egocéntricos se alejan y quedamos con la energía pura, la cual se puede utilizar con compasión.

Ésa es toda la historia de la práctica. La persona que puede hacer esto con verdadera constancia, es aquélla de quien decimos que ha despertado. Experimentar momentáneamente la sensación de estar libres del tablero no es haber despertado. La persona que realmente ha despertado es aquélla que puede transformar la energía casi en todo momento. No es que la energía deje de fluir; la cuestión es qué hacer con ella. Si una persona choca contra nuestro vehículo por no prestar atención, no vamos a sonreírle con dulzura. Tendremos una reacción: "¡Maldita sea!"; pero, ¿y luego qué? ¿Cuánto tiempo nos quedaremos con esa reacción? La mayoría de nosotros la conservamos y la agrandamos. Un ejemplo es nuestra inclinación a demandar a los demás por todo. No digo que las demandas no se justifiquen en determinadas circunstancias; a veces son necesarias para resolver un conflicto. Pero muchas demandas tienen otra motivación y son contraproducentes. Si yo expreso mi ira contra Gloria, ella en cierta forma me la devolverá; mi amistad con Gloria podría terminar. Pero cuando desaparezca el elemento personal —la forma como me siento con respecto a ella— sólo quedará la energía. Cuando nos "sentamos" con gran dignidad con esta energía, por dolorosa que sea al principio, éste se convierte con el tiempo en un sitio de gran reposo. Recuerdo una frase de una coral de Bach: "En tus brazos hallo mi reposo". Eso significa descansar en quien yo soy realmente. "Quienes desean molestarme no me encuentran aquí". ¿Por qué no me encuentran aquí? Porque no hay nadie en casa; no hay nadie aquí. Cuando soy energía pura, ya no soy yo. Soy un funcionamiento orientado hacia el bien. Esa transformación es la razón para "sentarnos". No es fácil, y no sucede de la noche a la mañana; pero si nos "sentamos" bien, con el tiempo nos alejamos cada vez más de la tendencia a hacernos daño a nosotros mismos y a los demás. Al "sentarnos", disolvemos el elemento egocéntrico y nos quedamos con la energía de nuestras emociones, pero sin su efecto destructivo.

Las *sesshines*, "sentarnos" con regularidad, y practicar durante toda la vida son la mejor forma de provocar esta transformación. Lentamente nuestra energía cambia y una parte cada vez mayor del tablero se quema. A medida que nuestras preocupaciones egocéntricas desaparecen, perdemos la posibilidad de volver a ser como éramos. Se produce una transformación fundamental.

"En tus brazos hallo mi reposo". Hay verdadera paz cuando descansamos dentro de esa contracción fundamental, sintiendo sencillamente el cuerpo tal y como es. Como dice Hubert Benoit en su libro maravilloso *The Supreme Doctrine*, cuando esté realmente desesperado, dejadme al menos descansar en ese helado lecho. Si descanso en él verdaderamente, mi cuerpo se amoldará y no habrá separación. En ese momento, algo cambia.

II

Sacrificio

El sacrificio
y las víctimas

Cuando escucho a la gente hablar sobre su vida, me sorprende ver que la primera capa que sale a flote durante el ejercicio de "sentarnos" es la sensación de ser víctimas, el sentimiento de haber sido sacrificados por los demás. *Sí*, hemos sido sacrificados por la codicia, la ira y la ignorancia de otros; por su falta de conocimiento de lo que son en realidad. Muchas veces hemos sido víctimas de nuestros propios padres. Nadie tiene a dos budas por padres. En lugar de budas, nuestros padres son eso, padres: imperfectos, confundidos, airados y egocéntricos —como todos los seres humanos. Mis padres me hicieron daño y no cabe duda de que yo también he hecho daño a mis hijos en ocasiones. Hasta los mejores padres del mundo cometen errores con sus hijos, porque son humanos.

En la práctica tomamos consciencia de haber sido víctimas, y eso nos molesta. Sentimos que fuimos lastimados, que han abusado de nosotros, que alguien no nos ha tratado de la manera como debimos ser tratados, y todo eso es cierto. Aunque inevitable, es verdad y duele, o por lo menos así lo parece.

La primera etapa consiste sencillamente en tomar consciencia del hecho de que hemos sido víctimas de otros. La segunda etapa consiste en trabajar sobre los sentimientos que nacen de esa consciencia: la ira, el deseo de desquitarnos, el impulso de querer lastimar a nuestros victimarios. La intensidad de estos deseos varía considerablemente: algunos son leves, otros son poderosos y persistentes. Muchas terapias trabajan con la idea de desenterrar las experiencias de sacrificio que hemos vivido; pero se diferencian en la forma como manejan esas experiencias posteriormente. En la política nos parece que debemos devolver los golpes. Podemos hacerlo u optar por otro camino. Pero ¿cuál podría ser ese otro camino?

A medida que practicamos, tomamos consciencia de la ira que sentimos con respecto a los acontecimientos, de nuestro deseo de desquitarnos, de la confusión, del aislamiento y de la frialdad. Si continuamos practicando (manteniendo la consciencia y dando nombre a nuestros pensamientos), comienza a surgir algo diferente —aunque también doloroso— en nuestra consciencia. Comenzamos a ver no solamente cómo hemos sido sacrificados, sino también cómo hemos sacrificado a otros. Esta noción puede ser todavía más dolorosa que la primera. Cuando actuamos movidos por la ira y el resentimiento y buscamos cobrar venganza, nos damos cuenta de que somos los victimarios de otros, de la misma manera en que también nosotros hemos sido víctimas. Como dice la Biblia, el mal se repite generación tras generación. El proceso de la práctica comienza a madurar cuando nuestro dolor es tan grande por lo que hacemos a los demás, como por lo que ellos nos hacen a nosotros.

Si estamos comprometidos con el propósito de enmienda, debemos expiar nuestro pecado. ¿Qué significa la palabra *expiar*? Significa "estar en paz". No podemos borrar lo hecho en el pasado; lo hecho, hecho está. Sentirse culpable es una forma de sacrificarnos en el presente por haber sacrificado a otros en el pasado. La culpa no ayuda. Pedir perdón muchas veces tampoco equivale a la expiación. Aunque quizás sea necesario, puede no ser suficiente. La práctica religiosa se refiere a la expiación, a practicar con nuestra vida, a ver nuestro deseo de sacrificar a los otros porque estamos movidos por la ira. Debemos ver estos deseos, pero no actuar impulsados por ellos.

El proceso de expiación dura toda la vida. De eso se trata la vida humana: de una expiación interminable. En cambio, sentirse culpable es una manifestación del ego: podemos llegar a sentirnos víctimas (y un poco nobles) si nos perdemos en nuestro sentido de culpabilidad. En la verdadera expiación, en lugar de concentrarnos en la culpa, aprendemos a concentrarnos más en nuestros hermanos, en nuestros hijos, en cualquier persona que sufre. Sin embargo, esos esfuerzos serán auténticos sólo en la medida en que enfrentemos la capa inicial; es decir, la consciencia de todos nuestros pensamientos, nuestros sentimientos y nuestra ira frente a lo que ha sido nuestra vida. Después debemos desarrollar una aguda percepción de nuestro deseo actual de sacrificar a otros. Eso es mucho más importante: no lo que nos han hecho, sino lo que les estamos haciendo a los demás en este momento. *Alguien* debe detener el proceso. ¿Cómo hacerlo? La forma de detenerlo es abandonar los pensamientos amargos sobre el pasado y el futuro, y comenzar a estar aquí con lo que es, haciendo lo mejor posible, tomando consciencia de lo que hacemos. Una vez se aclara ese proceso, lo único que deseamos es romper la cadena, aliviar el sufrimiento del mundo. Si una de cada diez personas de este mundo rompiera la cadena, todo el ciclo se derrumbaría; no tendría suficiente fuerza para sostenerse.

¿Qué tiene esto que ver con la unidad y el despertar? Una persona que ha despertado estaría dispuesta, cada minuto, a ser la víctima necesaria para romper el ciclo del sufrimiento. Estar dispuesto a sacrificarse no significa "ser más santo"; eso sería una simple manifestación del ego. La voluntad de sacrificarse es más sencilla y elemental. Al "sentarnos" y aumentar nuestro conocimiento de nosotros mismos y de nuestra vida, desarrollamos la capacidad de escoger lo que deseamos hacer: podemos elegir si deseamos sacrificar a otra persona. Podemos optar, por ejemplo, por ofender a alguien. Esto podría parecer una nimiedad, pero no lo es.

Podemos escoger la forma de relacionarnos con las personas que nos rodean. No se trata de convertirnos en mártires; optar por ser mártir es, en realidad, otra forma de egoísmo. Y tampoco se trata de acabar con la alegría de vivir. (Ciertamente no queremos estar cerca de personas que jamás se divierten.) El punto principal es tomar consciencia de nuestro sentimiento de haber sido víctimas, y luego comenzar a ver la forma como sacrificamos a los demás. Esa etapa debe quedar muy clara.

Estudiante: En ocasiones, cuando me siento culpable, me dedico a castigarme a mí mismo. ¿Cómo puedo salir de ese estado?

Joko: La autoflagelación es una forma simple de pensar. Podemos tomar consciencia de esos pensamientos y sentir la tensión física que ellos conllevan. Podemos preguntarnos qué es lo que logramos al castigarnos una y otra vez. En cierta forma nos agrada flagelarnos porque ésa es una actividad egocéntrica: nos convierte en el centro de las cosas. Deleitarse en la culpa es una actividad muy egocéntrica.

La promesa
que nunca se cumple

El origen de los problemas humanos es el deseo. Pero no todos los deseos engendran problemas. Hay dos clases de deseos: las exigencias ("Debo tenerlo") y las preferencias. Las preferencias son inofensivas; podemos tener tantas como queramos. El problema son los deseos que *exigen* satisfacción. Es como si sintiéramos sed en todo momento y para calmarla conectáramos una manguera a un grifo en el muro de la vida. Pensamos constantemente que de tal o cual grifo podemos obtener toda el agua que requerimos. Cuando escucho a mis alumnos, me parece que todos tienen sed de algo. Podemos obtener un poco de agua aquí y allá, pero eso sólo nos provoca más. No es nada agradable estar realmente sediento.

¿Cuáles son algunos de los grifos a los cuales tratamos de conectarnos para mitigar la sed? Uno de ellos podría ser un trabajo que pensamos que debemos tener. Otro podría ser el "compañero perfecto", o "un hijo que se comporte como debe ser". Arreglar una relación personal podría parecer la forma de obtener ese trago de agua. Muchos de nosotros también creemos que podríamos calmar la sed de una vez por todas si tan sólo pudiéramos arreglarnos nosotros mismos. No tiene sentido que el yo arregle al yo, pero aun así persistimos en el intento. Lo que consideramos que somos nunca es totalmente aceptable para nosotros: "No hago lo suficiente", "No tengo suficiente éxito", "Siempre estoy de mal humor, de manera que no valgo nada", "Soy mal estudiante". Exigimos un sinnúmero de cosas de nosotros mismos y del mundo; casi todo podría ser objeto de deseo, un grifo al cual conectarnos para finalmente obtener el agua que creemos necesitar. Las librerías están llenas de libros de autoayuda que proclaman diversos remedios para apagar la sed: *Cómo lograr el amor del esposo*, o *Cómo desarrollar la autoestima*, y así sucesivamente. Ya sea que parezcamos sentirnos seguros de nosotros mismos o no, en el fondo sentimos que nos falta algo. Sentimos que debemos arreglar nuestra vida, mitigar la sed. Debemos establecer esa conexión, conectar nuestra manguera al grifo y sacar agua para beber.

El problema es que nada sirve realmente. Comenzamos a descubrir que la promesa que nos hemos hecho —que de alguna manera, en alguna parte, apagaremos la sed— nunca se cumple. No quiero decir que nunca lleguemos a disfrutar de la vida. Son muchas las cosas de la vida que se disfrutan inmensamente: ciertas relaciones, determinados trabajos, ciertas actividades. Pero lo que deseamos es algo absoluto. Deseamos mitigar la sed *para siempre* y tener toda el agua que deseamos en todo momento. La promesa de la satisfacción completa nunca se cumple. No puede cumplirse. Tan pronto como obtenemos algo que habíamos deseado, nos sentimos satisfechos momentáneamente; pero luego surge de nuevo la insatisfacción.

Si hemos pasado años tratando de conectar la manguera a tal o cual grifo, descubriendo una y otra vez que eso no es suficiente, llega un momento en que nos sentimos profundamente descorazonados. Comenzamos a pensar que el problema no está en no poder conectarnos con algo que está allá afuera, sino en que ninguna cosa externa puede, en realidad, satisfacer nuestra sed. Ése es el momento más propicio para iniciar una práctica seria. Ese momento puede ser horrible: darnos cuenta de que nada nos puede satisfacer. Es probable que tengamos una buena relación, un buen trabajo, una buena familia; pero aun así estamos sedientos, y nos damos cuenta de que nada puede satisfacer realmente nuestras exigencias. Podemos incluso darnos cuenta de que tampoco servirá de nada cambiar nuestra vida, reorganizarlo todo. Ese momento de desesperación es en realidad una bendición, un verdadero comienzo.

Algo extraño sucede cuando nos desprendemos de todas nuestras expectativas. Logramos entrever un grifo que nunca antes habíamos visto. Conectamos a él nuestra manguera y descubrimos, para nuestro deleite, que allí sí hay agua. Pensamos: "Ahora sí lo encontré. ¡Lo he hallado!" Y ¿qué sucede? El agua se seca una vez más.

Hemos traído nuestras exigencias a la práctica misma y, por tanto, la sed reaparece.

La práctica debe ser un interminable proceso de desilusión. Debemos ver que todo lo que exigimos (e incluso lo que obtenemos) nos decepciona con el tiempo. Ese descubrimiento es nuestro maestro. Es la razón por la cual debemos tener cuidado con los amigos que están en problemas, y no consolarlos dándoles falsas esperanzas y seguridades. Ese tipo de consuelo, que no es compasión verdadera, sencillamente retrasa su aprendizaje. En cierto sentido, la mejor ayuda que podemos ofrecer a cualquier persona es acelerar su desilusión. Aunque esto suena descarnado, no es maldad en realidad. Nos ayudamos y ayudamos a los demás cuando comenzamos a ver que todas nuestras exigencias están mal orientadas.

Con el tiempo aprendemos a prever la siguiente decepción, a saber que el próximo esfuerzo que hagamos para mitigar la sed también fracasará. La promesa nunca se cumple. Incluso después de años de práctica, buscamos a veces soluciones falsas; pero a medida que vamos tras ellas, reconocemos con mayor rapidez su inutilidad. Esta aceleración ocurre porque nuestra práctica comienza a dar fruto. Una buena práctica necesariamente promueve esa aceleración. Debemos reconocer la promesa que deseamos arrancarles a otros y abandonar el sueño de que ellos pueden calmar nuestra sed. Debemos aceptar que esa empresa es inútil.

Los cristianos llaman a esta aceptación la "noche oscura del alma"; cuando hemos agotado todas nuestras posibilidades y no sabemos qué más hacer. Y entonces sufrimos. Aunque en ese momento nos sentimos desdichados, ese sufrimiento es el momento crucial. La práctica nos conduce a ese sufrimiento fructífero y nos ayuda a permanecer en él. Cuando logramos ese estado, en algún momento el sufrimiento comienza a transformarse y el agua comienza a brotar. Sin embargo, para que eso suceda debemos deshacernos de todos nuestros sueños hermosos sobre la vida y la práctica, incluida la noción de que una buena práctica —o de hecho cualquier cosa— debe conducirnos a la felicidad. La promesa que jamás se cumple se basa en sistemas de creencias, pensamientos egocéntricos que nos mantienen atascados y sedientos. Tenemos miles de esos pensamientos. Es imposible eliminarlos todos; no vivimos lo suficiente para hacerlo. La práctica no exige eliminar todos esos pensamientos, sino sencillamente ver a través de ellos y reconocer que son vacíos y carecen de validez.

Esos sistemas de creencias están en todas partes, como el arroz en una fiesta de bodas. Nos rodeamos de ellos. Por ejemplo, a medida que se aproximan las festividades de Navidad, tenemos la expectativa de que éstas serán agradables y alegres, una época maravillosa del año. Pero después, cuando no se cumplen las expectativas, nos sentimos deprimidos y molestos. En realidad la Navidad será lo que ha de ser, se cumplan o no se cumplan nuestras expectativas. Así mismo, cuando descubrimos la práctica del Zen, podemos cifrar en ella la esperanza de que solucionará nuestros problemas y hará que nuestra vida sea perfecta. Pero la práctica del Zen simplemente nos devuelve a la vida tal como es. De lo que se trata es de que vivamos cada vez más nuestra propia vida. Nuestra vida es sencillamente lo que es, y el Zen nos ayuda a reconocer este hecho. La idea de que "si practico lo suficiente, todo será diferente" es simplemente otra creencia, otra versión de la promesa que nunca se cumple. ¿Cuáles son algunos otros sistemas de creencias?

ESTUDIANTE: Si me esfuerzo, podré llegar a la meta.

JOKO: Sí, ése es un típico sistema de creencias de nuestra sociedad.

ESTUDIANTE: Si soy amable con la gente, nadie lastimará mis sentimientos.

JOKO: Ésa es una creencia que nos desilusiona con frecuencia. La gente será como ha de ser, y nada más. No hay garantías.

ESTUDIANTE: Tengo la creencia de que todos nos esforzamos por hacer las cosas lo mejor posible.

JOKO: Sí, yo comparto esa creencia.

ESTUDIANTE: Si ayudo a los demás, soy una buena persona.

JOKO: Ésa sí que es una trampa, un sistema de creencias muy seductor que nos causa muchos problemas. Claro está que todos debemos hacer lo que es correcto y necesario para ayudar a los demás; sin embargo, en un sentido más profundo, nosotros no podemos ayudar a nadie.

Conviene repasar nuestros sistemas de creencias de esta forma, porque siempre hay alguno que pasamos por alto. En cada sistema de creencias se oculta una promesa. En lo que se refiere a la práctica del Zen, la única promesa con la que podemos contar es que cuando despertemos a la vida, seremos más libres. Si nos damos cuenta de la forma como vemos nuestra vida y la manejamos, poco a poco seremos más libres; no necesariamente más felices o mejores, pero sí más libres.

Todas las personas infelices que he conocido están atrapadas en algún sistema de creencias que encierra una promesa; una promesa incumplida. Las personas que han practicado seriamente durante un tiempo se diferencian sólo por el hecho de que reconocen el mecanismo que genera la infelicidad, y porque están aprendiendo a ser conscientes de él todo el tiempo, lo cual es muy distinto de tratar de cambiarlo o arreglarlo. El proceso en sí es tan simple como podría ser; pero para nosotros, los seres humanos, es extremadamente complicado. No tenemos absolutamente ningún interés en mantener esta consciencia. Deseamos pensar en otra cosa, cualquier cosa; y entonces la vida nos llena de desilusiones permanentes, el regalo perfecto.

Cuando la gente oye esto, siente el deseo de levantarse e irse. Pero la vida los persigue; sus sistemas de creencias continúan causándoles infelicidad. Deseamos aferrarnos a nuestros sistemas de creencias; pero al hacerlo, sufrimos. En cierto sentido, todo funciona perfectamente. Nunca me preocupa si una persona abandona la práctica o entra en ella; eso no importa, el proceso continúa inevitablemente. Es cierto que algunas personas al parecer nunca aprenden nada sobre este proceso; todos conocemos casos de ésos. Pero aun así el proceso continúa, aunque esas personas desconozcan su existencia. La práctica hace que sea más difícil desconocerlo. Después de cierto tiempo de práctica, aunque digamos: "No pienso hacer ese ejercicio, es muy difícil", no podemos evitarlo. Después de un tiempo, sencillamente practicamos. Una vez que se despierta la consciencia, no podemos volverla a dormir.

Los conceptos básicos de la práctica son en realidad bastante simples, pero hacerla y llegar a comprenderla realmente requiere tiempo. Muchos suponen que la comprenden perfectamente al cabo de dos años; pero la verdad es que debemos sentirnos satisfechos si logramos entenderla correctamente después de diez o quince años. En la mayoría de los casos se necesitan veinte años. Es al cabo de ese tiempo cuando la práctica se aclara relativamente, y la hacemos tanto como nos es posible, desde el momento en que nos despertamos por la mañana hasta la hora en que nos acostamos por la noche. Y la práctica continúa incluso durante la noche, durante el sueño. De manera que no hay soluciones mágicas. Sin embargo, a medida que continuamos con la práctica, ésta es cada vez más agradable e incluso divertida. Pueden dolernos las rodillas, podemos enfrentar todo tipo de problemas en la vida, pero la práctica puede ser agradable, aunque sea difícil, dolorosa y frustrante.

ESTUDIANTE: A veces es estimulante. Cada vez que durante la práctica desaparece el dolor, comienzo a reír.

JOKO: ¿Porque ve algo que no había visto antes?

ESTUDIANTE: Sí.

ESTUDIANTE: Usted sugirió que, en cierto sentido, la práctica del Zen no existe. ¿Podría explicarnos eso?

JOKO: Existe la práctica de ser conscientes todo el tiempo; y en ese sentido, la práctica del Zen existe. Pero mientras estemos vivos, siempre estará presente el asunto de la consciencia; no podemos evitarlo. Y en ese sentido, no hay manera de evitar la práctica; es sólo estar vivos. Aunque hay ciertas actividades formales que nos ayudan a despertar (a las cuales podemos denominar práctica del Zen si queremos), la verdadera "práctica del Zen" consiste sólo en estar aquí y ahora, sin agregar nada más.

ESTUDIANTE: Volviendo a la analogía del muro con pequeños grifos incrustados, cuando encontramos un grifo y nos conectamos a él ¿obtenemos algo de agua?

JOKO: Sí, durante un tiempo mitigamos ligeramente nuestra sed. Supongamos, por ejemplo, que usted lleva seis meses esperando poder invitar a salir a una mujer, y finalmente reúne el valor para pedírselo y ella acepta. Durante un momento usted siente un gran regocijo. Eso podría ser equivalente a obtener el agua; pero que usted esté plenamente satisfecho es otra cosa. Tarde o temprano el regocijo desaparecerá y la vida volverá a presentarle otros problemas. Yo estoy hablando de una forma de vida en la cual la vida misma no es un problema. Todos *tenemos* problemas, pero no es problema manejarlos.

En cierto sentido, el Zen es una práctica religiosa. El verdadero significado de *religión* es la unión de lo que parece separado. La práctica del Zen nos ayuda a lograr ese objetivo. Pero no es una religión en el sentido de que exista algo fuera de nosotros que nos cuide y nos ayude. En últimas, no hay otra práctica sino lo que hacemos minuto a minuto.

Puesto que la verdadera práctica y la religión nos ayudan a unir aquello que parece separado, toda práctica debe relacionarse con la ira. La ira es la emoción que nos divide; ella corta todo en dos.

Estudiante: ¿No es muy difícil realizar esta práctica sin compañía? Cuando se derrumba uno de mis sistemas de creencias, me siento traicionado y necesito el apoyo de otras personas.

Joko: "Me siento traicionado" es, obviamente, sólo otro pensamiento. Practicar solo es más difícil, pero no es imposible. Conviene acudir a un centro Zen para recibir las bases, y después mantener contacto desde lejos y venir a "sentarse" con otras personas cuando sea posible. Cuando uno practica solo es como nadar contra la corriente. En una comunidad de personas que practican juntas, hay un leguaje común y un entendimiento mutuo de lo que es la práctica. Sin embargo, la lucha de practicar con un mínimo de apoyo puede ser lo más benéfico para ciertas personas.

La justicia

A medida que nos volvemos más sensibles a nosotros mismos y a las experiencias transitorias de nuestra vida —pensamientos, emociones, sensaciones— comenzamos a ver con claridad que el estrato subyacente de nuestra vida es la ira. Yo nunca creo en las personas que insisten en decir que jamás sienten ira.

Puesto que la ira y sus derivados —depresión, resentimiento, celos, venganza, murmuración, etc.— dominan nuestra vida, debemos investigar minuciosamente el problema de la ira. Porque una vida sin ira sería la tierra prometida que mana leche y miel, el nirvana, una existencia en la cual nuestro propio valor y el de los demás es una realidad felizmente confirmada.

La persona psicológicamente madura maneja los males e injusticias de la vida respondiendo a la agresión con un esfuerzo por eliminar la injusticia y crear justicia. Esos esfuerzos suelen ser dictatoriales, llenos de ira y santurronería. Pero para la madurez espiritual, lo contrario de la injusticia no es la justicia sino la compasión. No es yo contra usted, ni yo corrigiendo el mal y luchando para obtener un resultado justo para mí y para los demás; sino la compasión, una vida que no arremete contra nada y lo realiza todo plenamente.

Toda ira está basada en juicios, ya sean nuestros o de los demás. La idea de que debemos expresar la ira para mantenernos sanos no es más que una fantasía. Debemos dejar que los pensamientos de ira y crítica pasen ante un yo impasible e impersonal. Nada ganamos con expresarlos. Es un error suponer que la ira no manifestada es nociva y que, por tanto, debemos expresarla y lastimar a otros.

La mejor respuesta a la injusticia no es la justicia, sino la compasión o el amor. Uno se pregunta: "Pero ¿qué puedo hacer en esta situación tan difícil? ¡Debo hacer algo!" Sí, pero ¿qué? La práctica debe ser siempre la base de nuestras actuaciones. La respuesta correcta y compasiva no está en la lucha por la justicia, sino en esa dimensión radical de la práctica que "va más allá de toda comprensión". No es fácil. Quizás debamos pasar semanas o meses de dolorosa práctica. Pero la solución vendrá. Ninguna persona puede darnos esa solución; sólo puede dárnosla nuestro verdadero yo, si abrimos de par en par las puertas de la práctica.

No adoptemos una visión psicológica fácil y estrecha de la vida. La dimensión radical a la cual me refiero exige todo lo que somos y todo lo que tenemos. Su fruto es el gozo, no la felicidad.

El perdón

*El amor perfecto consiste en amar
al causante de nuestra infelicidad.*
                    Soren Kierkegaard

¿Quién es esa persona a quien no podemos perdonar?
Todos tenemos una lista, en la cual podemos figurar
nosotros mismos (por lo general, la persona más difícil
de perdonar), junto con sucesos, instituciones y grupos.
¿No es natural que debamos sentirnos así con respecto
a una persona o un suceso que nos ha lastimado, quizás
de manera grave e irrevocable? Desde un punto de vista
corriente, así es. Pero desde el punto de vista de la
práctica, la respuesta es no. Debemos jurar: *Perdonaré*,
incluso si para ello debo practicar toda una vida. ¿Por
qué esta afirmación tan drástica?

La calidad de toda nuestra vida está en juego. La
incapacidad de comprender la importancia del perdón
es siempre parte de toda relación que fracasa y un
componente de nuestras angustias, depresiones y males,
y de todos nuestros problemas. La imposibilidad de
encontrar la dicha es resultado directo de nuestra
incapacidad para perdonar.

Entonces ¿por qué no lo hacemos? Si fuera fácil, todos seríamos budas realizados. Pero no es fácil. De nada sirve decir: "Debiera perdonar, debiera, debiera, debiera..." Esos pensamientos desesperados ayudan muy poco. El análisis y la reflexión intelectual pueden suavizar hasta cierto punto la rigidez de la incapacidad para perdonar; pero el perdón verdadero y total está en un plano diferente.

La raíz de la incapacidad para perdonar es el hábito de tener pensamientos egocéntricos. Cuando creemos en esos pensamientos, ellos son como una gota de veneno en nuestro vaso de agua. La primera gran tarea que enfrentamos es la de observar e identificar esos pensamientos, hasta que el veneno pueda disolverse. Sólo entonces podemos emprender el trabajo más importante: la percepción activa, como una sensación física, del residuo de la ira en el cuerpo. La transformación hacia el perdón, que está estrechamente relacionado con la compasión, puede ocurrir porque el mundo dualista de la pequeña mente y sus pensamientos ha sido sustituido por la experiencia no dual e impersonal, que puede sacarnos por sí sola de nuestro infierno sin perdón.

Solamente tomando clara consciencia de la necesidad crítica de esa práctica, podremos realizarla con fuerza y determinación a través de los años. La práctica que va por el camino de la madurez sabe que no hay otra alternativa.

Entonces, ¿quién es esa persona a quien no podemos perdonar?

Lo que nadie
quiere oír

Si somos sinceros, debemos admitir que lo que realmente buscamos con la práctica —especialmente al
principio, pero hasta cierto punto siempre— es tener
mayor tranquilidad en nuestra vida. Esperamos que,
con la suficiente paciencia, aquello que nos molesta
ahora, deje de molestarnos. En realidad, hay dos puntos
de vista desde los cuales se puede abordar la práctica,
que debemos aclarar. El primero corresponde a lo que
la mayoría de nosotros *creemos* que es la práctica (lo
reconozcamos o no), y el segundo se refiere a lo que
la práctica es en realidad. A medida que practicamos,
pasamos gradualmente de un punto de vista al otro,
aunque nunca abandonamos del todo el primero. Todos
estamos siempre en algún punto entre los dos.

Cuando operamos desde el primer punto de vista,
nuestra actitud es la de emprender esta difícil y exigente
tarea porque esperamos obtener de ella determinados
beneficios personales. Quizás no aspiremos a cumplirlos
todos al mismo tiempo; quizás tengamos algo de paciencia, pero después de unos meses de práctica, comenzaremos a sentirnos engañados si no vemos que la vida
mejora. Llegamos a la práctica con la expectativa o la
exigencia de que ella nos resuelva de algún modo nuestros
problemas. Básicamente exigimos estar tranquilos y fe-

lices, tener más paz y serenidad. Esperamos no experimentar la horrible sensación del malestar, y obtener lo
que deseamos. Esperamos que en lugar de una vida vacía,
la nuestra sea más plena. Aspiramos a estar más sanos
y a gusto. Esperamos poder controlar más nuestra vida.
Imaginamos que podremos ser amables con los demás
sin que eso se convierta en un inconveniente.

Le exigimos a la práctica que nos brinde seguridad
y mayor capacidad para obtener lo que deseamos: si
no dinero y fama, por lo menos algo parecido. Aunque
quizás no querramos reconocerlo, exigimos que alguien
se ocupe de nosotros, y que quienes nos rodean tra-
bajen para nuestro beneficio. Esperamos poder crear
unas condiciones de vida placenteras, tales como la
relación correcta, el trabajo indicado, o la mejor clase.
Esperamos poder resolverles la vida a las personas con
quienes nos identificamos.

No hay nada de malo en querer estas cosas, pero si
creemos que alcanzarlas es el objetivo de la práctica,
entonces todavía no comprendemos el verdadero sentido de la práctica. Las exigencias se relacionan siempre
con lo que *nosotros* deseamos: deseamos el despertar,
deseamos paz, deseamos serenidad, deseamos ayuda,
deseamos control sobre las cosas, deseamos que todo
sea maravilloso.

El segundo punto de vista es bastante diferente: cada
vez deseamos más crecimiento y armonía para todo el

mundo. También nosotros estamos incluidos en ese crecimiento, pero no somos el centro del mismo, sino apenas una parte de todo el cuadro. A medida que se fortalece en nosotros el segundo punto de vista, comenzamos a disfrutar de ser útiles a los demás, y nos interesamos menos por saber si el servicio a los otros puede obstaculizar nuestro propio bienestar. Comenzamos a buscar condiciones de vida —como el trabajo, la salud, un compañero— que sean más fructíferas para ese servicio. Quizás no nos agraden siempre, pero lo más importante para nosotros es que nos enseñen a servir bien a la vida. Una relación difícil, por ejemplo, puede ser muy fructífera.

A medida que adoptamos el segundo punto de vista, aprendemos a servir a todo el mundo, no solamente a las personas que nos agradan. Cada vez nos interesamos más por ser responsables ante la vida, y nos preocupamos menos porque los demás se ocupen de nosotros. De hecho, deseamos ser responsables por las personas que nos tratan mal. Aunque quizás no nos guste, nos sentimos más dispuestos a experimentar situaciones difíciles con el propósito de aprender.

A medida que nos acercamos al segundo punto de vista, es probable que conservemos las preferencias que dieron forma al primero. Seguiremos prefiriendo la felicidad, la comodidad, la paz, la posibilidad de obtener lo que deseamos, la salud, y tener control sobre las cosas. La práctica no nos hace perder nuestras preferencias; pero cuando una preferencia se opone a algo más fructífero, estamos dispuestos a abandonarla. En otras palabras, el centro de nuestra vida cambia, deja de ser la preocupación por nosotros mismos para convertirse en interés por la vida misma. La vida nos incluye, por supuesto; nosotros no desaparecemos con el segundo punto de vista, pero dejamos de ser el centro.

La práctica consiste en pasar del primer punto de vista al segundo. Sin embargo, hay una trampa inherente en ella: si practicamos bien, podemos satisfacer muchas de las exigencias del primer punto de vista. Lo más probable es que nos sintamos mejor y más tranquilos. Podremos sentirnos más a gusto con nosotros mismos. Puesto que no castigamos nuestro cuerpo con tanta tensión, tendemos a sentirnos más sanos. Estos cambios podrían confirmar la noción equivocada de que el primer punto de vista es correcto: que la esencia de la práctica es mejorar nuestra vida. Pero en realidad, los beneficios que recibimos son secundarios. El verdadero sentido de la práctica es servir a la vida de la manera más plena y provechosa que nos sea posible. Y eso es algo muy difícil de comprender, especialmente al principio.

Nuestras actitudes egocéntricas tienen raíces muy profundas y se necesitan años y años de constante práctica para aflojarlas un poco. Además, estamos convencidos de que la práctica tiene que ver con el primer punto de vista, que vamos a obtener algo maravilloso de ella para nuestro beneficio.

Sin embargo, la verdadera práctica se relaciona mucho más con el hecho de ver la forma como nos lastimamos a nosotros mismos y lastimamos a los demás con nuestros falsos pensamientos y acciones. Es ver la forma como dañamos a las personas, porque sencillamente no las vemos por estar perdidos en nuestras propias preocupaciones. No creo que tengamos la intención deliberada de lastimar a los demás; la cuestión es que no vemos lo que hacemos. Puedo saber si la práctica de alguien va bien cuando esa persona comienza a preocuparse más por los demás, y su preocupación va más allá de lo que su yo desea, de lo que a ella la lastima, o de lo mala que es la vida. Ésa es la característica de una práctica que avanza por buen camino. La práctica es siempre una batalla entre lo que deseamos y lo que la vida desea.

Es natural ser egoístas; desear lo que deseamos. Y somos inevitablemente egoístas hasta que encontramos una alternativa. La función de enseñar en un centro como éste es ayudarnos a ver esa alternativa y a incomodarnos en nuestro egoísmo. Mientras permanezcamos atrapados en el primer punto de vista, gobernados por el deseo de sentirnos bien, de estar dichosos o de lograr el despertar, *necesitaremos* de alguien que nos sacuda. *Necesitamos* alterarnos. En eso nos ayudan un buen centro y un buen maestro. Después de todo, el despertar es simplemente la ausencia de preocupación por el yo. Nadie debe venir a este centro para sentirse mejor; ése no es el propósito de este sitio. Lo que deseo aquí son vidas que crezcan para poder ocuparse de otras cosas, de otras personas.

Esta mañana recibí una llamada de un antiguo alumno que tiene cáncer pulmonar. En una primera operación, le extirparon tres cuartas partes del pulmón y ahora se ha dedicado a la meditación y a la práctica. Un tiempo después de la operación comenzó a tener problemas de visión acompañados de fuertes dolores de cabeza. Los exámenes mostraron dos tumores cerebrales: el cáncer se había diseminado. Él está de nuevo en el hospital recibiendo tratamiento. Hablamos sobre el tratamiento y la forma como ha evolucionado. Le dije: "Me entristece que usted esté pasando por esto. Sólo deseo que se sienta cómodo. Espero que todo salga bien". Él respondió: "Eso no es lo que yo espero de usted. Yo deseo que usted se alegre. Me ha llegado el momento, y es maravilloso. Veo lo que es mi vida". Y añadió: "No quiero decir con esto que no me enfurezca o me sienta asustado y desesperado. Todo eso me ocurre, pero ahora sé lo que es mi vida. Yo sólo deseo que usted comparta mi gozo. Me gustaría que todo el mundo pudiera sentir del modo que yo siento".

Este hombre está viviendo desde el segundo punto de vista, aquel en el cual aceptamos con regocijo las condiciones de la vida —el trabajo, la salud, la pareja— que son más fructíferas para todos. Él ha comprendido; ya sea que viva dos meses, dos años, o mucho más tiempo, en cierto sentido, eso no importa. No estoy diciendo que sea un santo. Tendrá días extremadamente difíciles: dolor, ira, rebeldía. Todo eso le está ocurriendo; no obstante, no era de eso que él deseaba hablar. Si él llegara a recuperarse, seguiría teniendo las mismas penas y luchas que todos tenemos, las exigencias y los sueños del ego. Esas cosas jamás desaparecen del todo; lo que podemos cambiar es la forma como nos relacionamos con ellas.

Es difícil comprender el paso del primer punto de vista al segundo, especialmente al principio. Al hablar con personas que apenas comienzan la práctica me he dado cuenta de que muchas veces no entienden mis palabras. Al igual que un gato sobre un tejado caliente o una gota de agua en una sartén, mis palabras los tocan momentáneamente pero luego saltan y se desvanecen. Sin embargo, con el tiempo las palabras ya no rebotan con tanta rapidez. Lentamente comienzan a calar. Comenzamos a poder ver durante más tiempo la verdad sobre lo que es la vida, en oposición a lo que pensamos que debiera ser. Con el tiempo aumenta la capacidad para "sentarnos" con lo que la vida es realmente.

El cambio no sucede de la noche a la mañana; somos demasiado obstinados para eso. Sin embargo, puede acelerarse como resultado de una enfermedad grave o de una desilusión, de una pérdida o de algún otro problema. Aunque no le deseo una crisis de ese tipo a nadie, la verdad es que muchas veces éstas traen consigo un aprendizaje necesario. La dificultad de la práctica del Zen radica principalmente en que crea malestar y nos pone frente a frente con los problemas de la vida. Eso es algo que no deseamos hacer, pese a que nos ayuda a aprender y nos empuja hacia el segundo punto de vista. "Sentarse" en silencio cuando se está alterado y se desea hacer alguna otra cosa es una lección que cala lentamente. A medida que reconocemos el valor de la práctica, aumenta nuestra motivación para realizarla. Comenzamos a percibir algo; obtenemos la energía para "sentarnos" día tras día, para participar en una sesión de todo un día, o para asistir a una *sesshin*. Aumenta el deseo de realizar esta dura práctica, y lentamente comenzamos a comprender lo que mi antiguo estudiante quiso decir cuando dijo: "Ahora sé lo que es mi vida". Es un error sentir pena por él; quizás él sea uno de los afortunados.

ESTUDIANTE: Usted dice que desde el segundo punto de vista exigimos que nuestra vida sea más fructífera. ¿Fructífera para la práctica?

Joko: Fructífera para la vida. Fructífera para la vida en su totalidad, incluyendo tanto de la vida como sea posible. Eso suena muy general, pero cuando nos sucede en nuestra propia vida, lo comprendemos.

Estudiante: Cuando oigo eso, inmediatamente siento el deseo de hacer planes para realizar cosas fructíferas.

Joko: Sí, nosotros podemos convertir cualquier cosa en un ideal que vamos a perseguir. Pero al hacerlo, pronto nos encontramos con nuestra propia resistencia, la cual ya nos da algo para trabajar. Todo ayuda.

No tenemos que esforzarnos hasta el punto de destrozarnos. No debemos convertirnos en mártires; ése es sólo un ideal más, una imagen de lo que debiéramos ser, en lugar de lo que somos en realidad.

Estudiante: Cuando pienso en la forma de hacer que mi vida sea más segura y cómoda, me imagino que eso me hará feliz al fin. Pero entonces surge un interrogante: "¿Realmente seré feliz?" Observo en mí la búsqueda ansiosa de la seguridad y la felicidad, y detrás de ese ideal hay una sensación de insatisfacción porque de alguna manera sé que eso no será posible.

Joko: Hay algo positivo en el hecho de perseguir esos sueños, porque cuando logramos aquello que creíamos desear, vemos con mayor claridad que eso no nos proporciona la satisfacción anhelada. Y así aprendemos.

La práctica no consiste en cambiar lo que hacemos, sino en observar con mucha atención y sentir lo que sucede dentro de nosotros.

ESTUDIANTE: El proceso de perseguir sueños parece interminable. ¿Alguna vez desaparece?

JOKO: Sí desaparece, pero después de años y años de práctica. Hubo una época durante la cual iniciaba cada *sesshin* con una sensación de resistencia: "No quiero hacer esto porque sé que al final me sentiré agotada". Y ¿quién desea sentirse agotada? Pero esa resistencia ha desaparecido ahora; y cuando comienza la *sesshin*, sencillamente comienza. Con la práctica se desvanece poco a poco el programa de trabajo del ego. Pero no debemos convertir ese proceso de desvanecimiento en otro objetivo de trabajo. No debemos considerar la práctica como un medio para llegar a alguna parte. No existe destino alguno.

ESTUDIANTE: En este momento de mi vida he establecido muchos contactos y he hecho muchos amigos. Es emocionante. No sé quién ayuda a quién; si soy yo quien les da a ellos, o ellos a mí. ¿Tiene esto alguna relación con la práctica?

JOKO: La práctica modifica los patrones de la amistad, apartándolos del cálculo de los costos y beneficios personales para llevarlos hacia una mayor autenticidad.

En cierto sentido, nadie puede ayudar a nadie; no sabemos qué es lo mejor para los demás. Practicar con nuestra propia vida es la única manera de ayudar a otros; servimos naturalmente a los demás siendo cada vez más quienes somos.

Estudiante: Si deseamos operar desde el segundo punto de vista y hacer lo más fructífero para la vida ¿cómo saber lo que debemos hacer? ¿Cómo saber si este trabajo o aquella relación son los correctos?

Joko: Cuando vivimos desde el segundo punto de vista, no hay ideales ni programas de trabajo; se trata más bien de ver con claridad lo que tenemos ante nosotros. Actuamos sin darles vueltas y vueltas a los asuntos.

"Sentarse" con los problemas ayuda; cuando prestamos atención a nuestros pensamientos y a la tensión del cuerpo, comenzamos a ver con mayor claridad la forma como actuamos. En sí, la práctica de "sentarse" es un poco sombría. Sin embargo, si la continuamos durante el suficiente tiempo, las cosas comienzan a aclararse. Existe un camino, y "sentarse" es avanzar por ese camino. No se trata de llegar a alguna parte; sencillamente nos reunimos cada vez más con nosotros mismos. No me refiero únicamente a sentarse sobre un cojín; si practicamos bien, hacemos *zazen* todo el tiempo.

Estudiante: Soñamos con llegar a saber lo que debemos hacer, cuando en realidad en un momento determinado

sencillamente optamos por una cosa y, sin importar cuál
sea, aprendemos de ella. Si cometemos errores y lastimamos a alguien, pedimos perdón. Cuando observo
mi mente y estoy con mi cuerpo, de allí brota una
decisión, aunque puede ser muy confusa. Sin embargo,
si me quedo con mi práctica, de alguna manera aprendo
de ella, y eso es lo mejor que puedo hacer. No siempre
puedo aspirar a saber qué es lo mejor en la vida. Sólo
puedo hacer lo que soy capaz de hacer.

JOKO: Sí. La idea según la cual debe llegar un momento
en que sabremos exactamente lo que debemos hacer,
es parte del primer punto de vista. Mientras avanzamos
hacia el segundo punto de vista, decimos: "Practicaré,
haré lo mejor que pueda y aprenderé de los resultados".

ESTUDIANTE: Con respecto a la idea de ayudar a los demás,
creo que a medida que vemos con mayor claridad
nuestros pensamientos y nuestra tendencia a manipular
las situaciones, comenzamos a actuar con mayor armonía o, por lo menos, a crear menos caos. Por lo tanto,
no tenemos que ir lejos para ayudar a la gente. El simple
hecho de observar lo que hacemos, cuando interac-
tuamos con los demás, es una forma de ayuda que ni
siquiera exige esfuerzo.

JOKO: Sí. Por otro lado, si vemos a una persona ajena
a nosotros como un ser a quien ayudar, con absoluta
seguridad tenemos un problema. Al "sentarnos" simple-

mente con nuestras confusiones y limitaciones, sin hacer esfuerzo, hacemos algo.

ESTUDIANTE: Algunas veces lo que vale no es lo que hacemos por otras personas, sino lo que no les hacemos.

JOKO: Cierto. Muchas veces, la decisión correcta es simplemente dejar solos a los demás. Sería un error, por ejemplo, que yo tratara de hacer algo por mi antiguo alumno que tiene cáncer. Sólo puedo escucharle y ser yo misma. Él está viviendo su situación; ése es su aprendizaje. Yo no puedo hacer nada al respecto.

ESTUDIANTE: Me conmovió mucho la historia de su antiguo alumno que tiene cáncer. Me resulta muy difícil aceptar que esa cantidad de sufrimiento sea bueno.

JOKO: No nos corresponde a nosotros decir si ese sufrimiento es bueno. Tampoco yo deseo que él sufra. Pero lo que importa es lo que él dice.

La vida nos da lecciones todo el tiempo; y es mejor si podemos aprender de cada una, incluidas las pequeñas. Pero nosotros no deseamos aprender. Buscamos culpar a otros por el problema, o hacerlo a un lado, o sacarlo del camino. Cuando nos negamos a aprender de los problemas pequeños, nos vemos obligados a enfrentar otros más grandes. La práctica consiste en aprender de cada cosa tal como viene, de manera que cuando debamos enfrentarnos a problemas más serios, estemos en mejores condiciones de manejarlos.

ESTUDIANTE: Hace poco reconocí el hecho de que cuando comienzo a alejarme del camino que he venido recorriendo para adentrarme por aquel que me corresponde, se produce todo un caos. No es algo agradable.

JOKO: Es cierto. Cuando iniciamos la práctica seria, y después durante un tiempo, la vida parece a veces peor y no mejor. Ése es otro aspecto de la charla que nadie desea oír.

El ojo del huracán

*La seguridad es en gran medida una superstición. No
existe en la naturaleza y tampoco la experimentan
los hijos de los hombres en general. A la larga, evitar
el peligro no trae más seguridad que exponerse a él.
La vida es una aventura atrevida o no es nada.*

Helen Keller

Algunos alumnos trabajan aquí con *koanes*, pero no
todos. Aunque el estudio del *koan* enseña mucho, pienso
que dedicarse exclusivamente a él puede ser limitante.
Si comprendemos nuestra vida, comprendemos los
koanes. Y trabajar directamente con nuestra vida es más
valioso y más difícil. Quienes trabajan durante un tiempo con *koanes* pueden empezar a ver de qué se tratan,
pero ver no es necesariamente lo mismo que ser. Aunque
la práctica del *koan* se basa en la idea de que si vemos
lo que es cierto, eso seremos, la verdad es que esto no
siempre es así. De todas maneras, los *koanes* pueden
ser muy útiles. Comencemos con uno del *Gateless Gate*,
el del "hombre en el árbol", de Kyogun. El maestro
Kyogun dijo: "Es como un hombre que cuelga de la
rama de un árbol, de la cual se sostiene con la boca;
sus manos no pueden alcanzar una rama y tampoco sus

pies pueden tocar ninguna. Supongamos que debajo del árbol hay otro hombre que le pregunta: '¿Qué significa la llegada de Bodhidharma desde el Occidente?' Si el hombre en el árbol no responde, irá en contra del deseo de quien le pregunta. Si responde, perderá la vida. ¿Cómo debiera responder en esas circunstancias?" Nosotros podríamos plantear el *koan* de otra forma y preguntar: "¿Cuál es el significado de la vida?" No responder es faltar a nuestra responsabilidad; responder es perder la vida.

Para aproximarnos a este *koan* les contaré otra historia. Hace algunos años, cuando yo vivía en Providence, Rhode Island, un huracán muy fuerte azotó las costas de Nueva Inglaterra. Estábamos exactamente en el camino del huracán; fue espantoso. Los árboles que había al frente de la casa gemían y se partían. Los vientos llevaban una velocidad de más de ciento cincuenta kilómetros por hora. Al cabo de tres o cuatro horas, súbitamente todo quedó en silencio. Salió el sol y los pájaros comenzaron a cantar. El viento amainó. Estábamos en el ojo del huracán. Aproximadamente una hora más tarde, cuando el ojo había avanzado, se levantaron de nuevo los vientos y tuvimos que soportar la otra mitad de la masa de viento. Aunque no fue tan terrible como la primera, también fue espantosa. Finalmente quedamos solos, en medio de un enorme caos. Más tarde supe que algunas veces los pilotos quedan atrapados accidentalmente en medio de huracanes, y sufren grandes tensiones y sacudidas dentro de la nave. En esos casos ellos a veces tratan de dirigirse hacia el centro, hacia el ojo del huracán, para encontrar un refugio.

La mayoría de nosotros somos como el hombre que cuelga del árbol o el piloto en medio del huracán: aguantamos con la esperanza de salir de la tempestad. Nos sentimos atrapados en medio de los embates de la vida. Esos golpes pueden ser hechos naturales, como una enfermedad severa, o dificultades en nuestras relaciones, las cuales pueden parecernos bastante injustas.

Desde que nacemos hasta que morimos, estamos atrapados en ese torbellino que es en realidad la vida: una energía gigantesca, cambiante y siempre en movimiento. Nuestro objetivo es el mismo del piloto: protegernos a nosotros mismos y proteger nuestra nave. No deseamos permanecer donde estamos, de manera que hacemos todo lo posible por preservar la vida y la estructura de nuestra nave para poder escapar del huracán. Allí estamos nosotros, sentados en nuestra pequeña nave, en medio de aquella cosa enormemente poderosa a la cual llamamos vida, esperando pasar sin salir lastimados.

Supongamos que en lugar de estar en un avión, estamos en un planeador en medio del huracán, sin el control y la potencia que proporciona un motor. Nos hallamos atrapados en medio de la velocidad del viento. Sería una tontería abrigar alguna esperanza de salir vivos. Sin embargo, mientras vivimos dentro de esa gigantesca masa de viento, la experiencia de volar es buena. Aun con el pánico, puede ser emocionante y placentera, como montar en una montaña rusa.

El hombre en el árbol, que se agarra de la rama como a una tabla de salvación, es como el piloto del avión que aspira desesperadamente a salvarse de los embates de la vida. Y es en ese momento cuando le preguntan: "¿Cuál es el significado de la vida?" ¿Cómo responde él? ¿Cómo respondemos *nosotros*? Al vivir la vida, al hacer *zazen*, tratamos de protegernos. Esa mente que piensa, imagina, se emociona, se altera, culpa a otros y se siente víctima, es como el piloto del avión que lucha desesperadamente por salir del huracán. En una vida como ésa, llena de tensiones y limitaciones, necesitamos todo lo que está a nuestro alcance solamente para sobrevivir. Tenemos la atención fija en nosotros mismos y en nuestro tablero de control; por estar tratando de salvarnos, no vemos nada más. Pero el hombre del planeador puede gozarlo todo: los rayos, la tibia lluvia, el aullido del viento. Puede pasarla de maravilla. ¿Qué sucederá al final? Ambos hombres morirán, por supuesto. Pero ¿cuál de los dos llega a conocer el significado de la vida? ¿Cuál conoce la dicha?

Al igual que el primer piloto, todos pasamos la vida tratando de protegernos. Cuanto más intentamos protegernos de los embates de nuestra situación actual, mayor es la tensión y el desasosiego que sentimos, y menor la posibilidad de vivir realmente la vida. Necesariamente debemos olvidarnos de disfrutar del paisaje, si tenemos los ojos fijos sobre el tablero de control; éste, de todas maneras, tendrá que fallar tarde o temprano.

Al hacer *zazen*, reconocemos nuestros mecanismos de defensa al observar nuestra mente. Nos damos cuenta de la forma como tratamos de explicar nuestro dolor y de deshacernos de él culpando a otros de nuestros problemas. Podemos ver nuestros grandes e inútiles intentos por salvarnos. Pero, como es obvio, ningún esfuerzo sirve. Cuanto más tratamos, más tensos y molestos nos sentimos.

Al final, sólo una cosa soluciona el problema, aunque nadie quiere saber de ella. Pensemos en el hombre del planeador. ¿Realmente querríamos estar allá arriba? Sabemos que desde un principio él no tiene la menor posibilidad de salvarse. Sencillamente vuela por el placer de disfrutar del mejor vuelo del mundo. Nuestra vida es como un vuelo que inevitablemente termina en la muerte. Todos hacemos hasta lo imposible por no perecer. Pero eso es algo que no podemos lograr; de hecho, todos estamos muriendo en este mismo momento. ¿Cuántos minutos nos quedan? Al igual que el hombre del planeador, quizás tengamos sólo un minuto, o cien. No importa; al final caeremos. Pero quien puede responder cuál es el significado de la vida es el piloto del planeador, no el del avión. El piloto del planeador sabe en qué momento tocará tierra, y probablemente lance una exclamación de admiración al estrellarse.

Venimos a la *sesshin* con la esperanza de encontrar, dentro del huracán de nuestra propia confusión, ese ojo, ese pequeño nirvana. Pensamos que debe estar en alguna parte. "¿Dónde está? ¿Dónde está?" A veces encontramos un punto de paz, de buenos sentimientos, y entonces tratamos de aferrarnos a él. Pero no podemos aferrarnos al ojo de un huracán, porque éste sigue su camino sin detenerse. El nirvana no es encontrar ese pequeño espacio de calma donde podemos permanecer a salvo y protegidos por algo y por alguien. Eso es una ilusión. Nada en el mundo puede protegernos: ni un compañero, ni las circunstancias de la vida, ni los hijos. Después de todo, los demás están demasiado ocupados protegiéndose a sí mismos. Si nos pasamos la vida buscando el ojo del huracán, la desperdiciaremos en una búsqueda infructuosa. Moriremos sin haber vivido realmente.

No siento pena por el piloto del planeador. Cuando él muere, por lo menos ha vivido. Me dan lástima, en cambio, quienes se ciegan con sus esfuerzos por protegerse hasta el punto de que nunca viven. Cuando estamos con esas personas, podemos sentir su temor y la inutilidad de sus esfuerzos. En la *sesshin* podemos ver con mayor claridad el error: no estamos tratando de vivir la vida; estamos siempre en busca del ojo del huracán, ese lugar donde podremos estar finalmente a salvo.

Nadie puede saber lo que es la vida. Pero sí podemos vivirla directamente. Sólo eso nos es dado como seres humanos. Pero rechazamos el regalo; no vivimos la vida directamente. En lugar de eso nos pasamos la vida protegiéndonos. Cuando nuestros sistemas de protección se derrumban, nos culpamos o culpamos a los demás. Tenemos sistemas para esconder los problemas; no estamos dispuestos a enfrentar directamente el dolor de la vida. Aunque en realidad, cuando la enfrentamos directamente, la vida resulta ser un vuelo maravilloso.

No hay duda de que es bueno comprar seguros de vida y verificar el estado de los frenos de nuestro automóvil. Pero al final, ni siquiera eso nos salva; tarde o temprano todos los mecanismos de protección fallarán. Nadie puede resolver totalmente el *koan* de la vida; aunque creamos que el vecino lo haya logrado. La verdad es que todos estamos inmersos en el juego de protegernos y no en el juego real de la vida. La vida no es un refugio seguro. Nunca lo fue y nunca lo será. Y no es de nuestra incumbencia preocuparnos por eso.

Mientras no logremos ver a través de ese juego inútil, no podremos ver el verdadero juego. Muchas personas no logran verlo jamás y mueren sin haber vivido. Podemos morir de esa forma si queremos; estamos en nuestro derecho, pero así no hay diversión. Debemos abrirnos al juego del cual formamos parte. Nuestra práctica debe ser cuidadosa, meticulosa, paciente. Debemos enfrentarlo todo.

III

Separación
y
conexión

¿Puede algo lastimarnos?

Una estudiante de Zen se quejó hace poco de que yo pongo mucho énfasis en la dificultad de la práctica. Me dijo: "Creo que usted se equivoca al instar a sus alumnos a tomar la práctica tan seriamente. La vida debe ser para disfrutarla y vivirla de manera placentera". Le pregunté: "¿Esa forma de ver las cosas le ha servido?" Ella dijo: "En realidad no... todavía. Pero tengo la esperanza".

Comprendo la actitud de esta alumna y entiendo a quienes sienten que la práctica realmente es difícil. Lo es. Pero también me entristecen quienes no están dispuestos a emprender seriamente esta tarea, porque sufrirán mucho. Sin embargo, cada quien escoge lo que desea, y no todo el mundo está preparado para una práctica seria. Le dije, entonces, a la estudiante: "Sencillamente haga su práctica o no la haga, de acuerdo con lo que usted crea; yo la apoyaré". No importa lo que la gente haga, yo quiero apoyarlos; porque cada quien está donde está, y eso está bien.

El hecho es que a la mayoría de nosotros la vida *no* nos funciona bien. Hasta que nos comprometemos seriamente con la práctica, nuestra noción básica de la vida permanece prácticamente intacta. En realidad, la vida continúa siendo una carga, e incluso empeora. Se necesita una práctica seria para ver la falsedad que hay en el fondo de casi todas las actuaciones, los pensamientos y las emociones humanas.

Como seres humanos, vemos la vida por medio de un aparato sensorial y nuestro sufrimiento es grande porque las personas y los objetos parecen ser ajenos a nosotros. El sufrimiento se deriva de la noción equivocada de que estamos separados. No cabe duda de que *parece* que yo estuviera separada de las otras personas y de todo lo que conforma el mundo fenomenológico. Todas las dificultades de la vida humana emanan de esta noción errónea.

Mientras nos creamos entes separados, vamos a sufrir. Si pensamos que estamos separados, sentiremos la necesidad de defendernos, de ser felices, de encontrar en el mundo que nos rodea algo que nos haga felices.

Pero la verdad es que no somos entes separados. Todos somos manifestaciones o emanaciones de un punto central al cual podríamos llamar energía multidimensional. Este núcleo central o esta energía es imposible de imaginar, puesto que no tiene tamaño, espacio, ni tiempo. Hablo metafóricamente de algo sobre lo que no se puede hablar realmente en términos comunes.

Siguiendo esta metáfora, es como si desde ese punto central partieran miles de millones de rayos, cada uno de los cuales piensa que está separado de los demás. En realidad, cada uno de nosotros es siempre ese centro, y ese centro somos nosotros. Puesto que todo está conectado en ese centro, todos somos una sola cosa.

Sin embargo, nosotros no vemos esa unidad. Si supiéramos más sobre la teoría de la física contemporánea, podríamos entender este concepto desde un punto de vista intelectual. Pero a medida que practicamos a través de los años, parte de esa verdad comienza a penetrar en nuestra experiencia aquí y allá: no nos sentimos tan separados de los demás. Al comenzar a sentirnos menos separados, los sucesos de la vida dejan de ser tan perturbadores. Tendemos a dar menos importancia a las situaciones, las personas y las dificultades. Se comienza a gestar un cambio sutil. Este proceso se fortalece lentamente con la práctica de toda una vida. Habrá momentos cortos en los que veremos lo que somos en realidad, aunque esos momentos en sí no son de gran importancia. Más importante es el reconocimiento gradual de que no somos entes separados. En términos corrientes, parecería como si existiéramos separadamente, pero no nos sentimos así. Por lo tanto, dejamos de luchar constantemente contra la vida: ya no sentimos la necesidad de combatirla, de complacerla o de preocuparnos por ella. Ése es el camino de la práctica.

¿Significa entonces que al no luchar contra la vida ésta no puede lastimarnos? ¿Hay algo fuera de nosotros que pueda lastimarnos? Siendo estudiantes de Zen, quizás hemos aprendido a responder a esto con un no, por lo menos desde el punto de vista intelectual. Pero ¿qué pensamos realmente? ¿Existe alguna persona o situación que pueda lastimarnos?

Por supuesto, todos pensamos que sí. Cuando trabajo con mis alumnos son muchos los que hablan de dolor o perturbación. Todas las historias son versiones de "me pasó esto". Con nuestros compañeros, nuestros padres, nuestros hijos, nuestras mascotas... siempre es "me pasó esto y eso me molestó". Todos lo hacemos, sin excepción alguna. Así es nuestra vida. Quizás las cosas funcionen bastante bien durante un tiempo, pero entonces, súbitamente sucede algo que altera la calma. En otras palabras, nos convertimos en víctimas. Ésa es la forma humana de vivir. Ella es inherente a nosotros, casi congénita.

Cuando nos sentimos víctimas del mundo buscamos algo externo para calmar nuestro dolor. Ese algo podría ser una persona, obtener una cosa que deseamos, mejorar nuestra posición en el trabajo o alcanzar cierto reconocimiento. Como no sabemos dónde buscar y estamos dolidos, buscamos consuelo en otra parte.

Mientras no veamos verdaderamente que no estamos separados de nada, continuaremos luchando contra la vida. Cuando luchamos tenemos problemas. O bien hacemos tonterías, o nos sentimos alterados, o vacíos, o como si algo nos hiciera falta. Es como si la vida nos planteara una serie de preguntas imposibles de responder. Y de hecho no se pueden responder. ¿Por qué?

Porque son preguntas falsas. No se basan en la realidad. Cuando comenzamos a ver que el error está en el patrón de buscar la forma de arreglar algo que a nuestro parecer anda mal, comienza la práctica seria. La estudiante de nuestra historia no ha llegado aún a ese punto. Todavía imagina que puede encontrar algo en el exterior que la haga feliz.

Por otra parte, las personas que practican tienen una pequeña grieta en su coraza, un ligero presentimiento. Quizás no queremos reconocer ese presentimiento, pero aun así comenzamos a comprender que existe otra forma de vivir distinta de la de sentirse agredido por la vida y tratar siempre de buscar un remedio.

Todo está bien desde el principio. No hay separación: lo que hay es un todo radiante. Nadie cree esto y es algo difícil de comprender si no se ha practicado por largo tiempo. Sin embargo, con sólo seis meses de práctica inteligente la falsa estructura de nuestras creencias comienza a estremecerse. El armazón comienza a agrietarse aquí y allá. A medida que aumentan los años de práctica, la estructura se debilita, y se llega al estado de despertar cuando ésta se destruye completamente.

Sí, debemos ver la práctica con seriedad. Si no estamos dispuestos a ser serios, está bien; sencillamente debemos irnos y vivir la vida. Es bueno recibir golpes durante un tiempo. Eso está bien. Nadie debiera venir a un centro de Zen hasta no sentir que no tiene otra alternativa; ése es el momento de venir.

Pero volvamos a la pregunta sobre si hay algo o alguien que pueda lastimarnos. Tomemos ejemplos de verdaderos desastres. Supongamos que me he quedado sin empleo y estoy muy enferma; supongamos que todos mis amigos me han abandonado; supongamos que un terremoto ha destruido mi casa. ¿Puede todo eso lastimarme? Por supuesto creo que sí; y sería terrible que sucedieran esas cosas. Pero, ¿en realidad pueden esos sucesos lastimarnos? La práctica nos ayuda a ver que la respuesta es no.

No es que el propósito de la práctica sea evitar sentirnos lastimados. Lo que nos "lastima" de todas maneras sucede: puedo perder mi trabajo, o un terremoto puede destruir mi casa. Mientras permanezcamos sumergidos en el problema seremos un manojo de lamentos que a nadie le sirve de nada. Pero si, por otra parte, no nos dejamos envolver por el melodrama del dolor, podremos ser útiles incluso durante una crisis.

¿Qué sucede entonces si practicamos de verdad? ¿Por qué comienza a desvanecerse con el tiempo la sensación de que la vida nos puede lastimar? ¿Qué sucede?

Solamente un yo centrado en sí mismo, un yo apegado a la mente y al cuerpo puede salir herido. Ese yo realmente es un concepto formado por los pensamientos en los cuales creemos; por ejemplo: "Si no obtengo aquello me sentiré desdichado", o "Si esto no sale como deseo, será terrible", o "Si no tengo casa en donde vivir, será *realmente* espantoso". Lo que llamamos el yo no es más que una serie de pensamientos a los cuales estamos apegados. Cuando nos ocupamos exclusivamente de nuestro pequeño yo, escasamente tomamos nota de la realidad, de la energía básica del universo.

Supongamos que siento que no tengo amigos y que estoy muy sola. ¿Qué sucede si me "siento" con ese pensamiento? Comienzo a ver que mis sentimientos de soledad son sólo ideas, fabricaciones de mi mente. De hecho, yo estoy sencillamente sentada aquí. Quizás esté sola en mi habitación, sin nadie con quien salir; nadie me ha llamado y me siento sola. Pero el hecho es que yo estoy sencillamente sentada aquí. La soledad y la infelicidad no son otra cosa que mis pensamientos, mi idea de que las cosas debieran ser distintas de lo que son. Yo no he visto más allá de esos pensamientos; no he reconocido que yo misma he fabricado mi infelicidad. La verdad es que sencillamente estoy sentada en mi habitación. Se necesita tiempo para ver que el hecho de estar sencillamente allí sentada está bien. Me aferro al pensamiento de que si no estoy en compañía de gente agradable que me dé apoyo, me sentiré infeliz.

No estoy recomendando una vida en la cual nos aislemos de todo para estar libres de compromisos y relaciones. El apego a las cosas no tiene que ver con lo que tenemos, sino con lo que pensamos acerca de lo que tenemos. No hay nada malo en poseer una buena cantidad de dinero, por ejemplo; pero sí es mala nuestra incapacidad para concebir la vida sin dinero. Tampoco estoy diciendo que debamos prescindir de las personas; estar con gente es un gran placer; no obstante, algunas veces nos vemos en situaciones en las cuales debemos estar solos. Quizás debamos, por ejemplo, pasar seis meses realizando un proyecto de investigación en algún sitio perdido en el desierto. Para la mayoría de nosotros, eso sería muy difícil, pero si estoy haciendo una investigación en la mitad de la nada durante seis meses, la verdad es que sencillamente así es; eso es simplemente lo que estoy haciendo.

El cambio lento y difícil de la práctica fortalece nuestra vida y la hace verdaderamente tranquila. Si no estamos luchando por encontrar la paz, poco a poco iremos descubriendo que el efecto de las tempestades de la vida será cada vez más leve. En ese momento, comenzamos a deshacernos de nuestro apego a esos pensamientos que creemos que son nuestra vida. Ese yo no es más que un concepto que se va debilitando con la práctica.

La verdad es que nada puede lastimarnos. Pero, ciertamente, nosotros podemos *pensar* que estamos siendo lastimados y, sin duda alguna, podemos luchar para combatir esas ideas de sufrimiento, aunque siempre con resultados fallidos. Tratamos de remediar un problema falso con una solución falsa y, como es obvio, de eso sólo resulta el caos. Las guerras, los daños al medio ambiente —todo eso se deriva de esta ignorancia.

Si nos negamos a hacer ese trabajo —y sólo lo haremos cuando estemos listos— sufrimos y, hasta cierto punto, todo lo que nos rodea también sufre. El que alguien practique no es un asunto bueno o malo, correcto o incorrecto; debemos estar preparados. Y el precio que pagamos por no practicar es triste.

Obviamente, la unidad original —ese centro multidimensional de energía— permanece inalterada. No hay forma de que podamos perturbarla. Ella sencillamente es, y eso es lo que nosotros somos. Sin embargo, desde el punto de vista de nuestra vida, debemos pagar un precio.

No estoy tratando de producirle sentimientos de culpa a nadie. Esos sentimientos en sí no son más que pensamientos. No critico a la joven que no deseaba tomar la práctica en serio. Ése es exactamente el punto en el cual ella está, y es perfecto para ella. Pero a medida que practicamos, nuestra resistencia a la práctica disminuye. Se necesita tiempo.

ESTUDIANTE: Yo puedo ver cómo podemos ser uno con los demás, pero me es difícil comprender lo que significa ser uno con una mesa o algo parecido.

JOKO: ¿Con una mesa? ¡Creo que ser uno con una mesa es mucho más fácil que con las personas! Nunca he oído a nadie quejarse de un conflicto con una mesa. Nuestros problemas casi siempre son con las personas, ya sea individualmente o en grupos.

ESTUDIANTE: Quizás yo no comprendo lo que usted quiere decir cuando habla de "ser uno con".

JOKO: "Uno con" es la ausencia de cualquier cosa que pueda dividir.

ESTUDIANTE: Pero es que sencillamente no me siento como una mesa.

JOKO: Usted no tiene que sentirse como una mesa. Ser "uno con la mesa" quiere decir que no hay sensación de oposición entre usted y la mesa. No se trata de un sentimiento especial, es la falta o la ausencia de ese sentirse separado desde el punto de vista emocional. Las mesas por lo general no nos despiertan emociones; por eso no tenemos problema con ellas.

ESTUDIANTE: Si, por ejemplo, una persona tiene artritis y sufre dolores todo el tiempo ¿diría usted que eso no es dolor?

JOKO: No. Si tenemos un dolor persistente, por supuesto debemos hacer lo que sea necesario para manejarlo. Pero al final, si todavía hay un residuo de dolor, lo único que podemos hacer es sentirlo. De nada sirve agregar al dolor una opinión como: "¡Esto es terrible! Pobre de mí; ¿por qué tiene que ser así?" El dolor sencillamente es. Visto de esta forma, el dolor es enseñanza. En mi experiencia, la mayoría de las personas que han tenido una enfermedad seria y han aprendido a utilizarla, han descubierto que eso es lo mejor que les ha podido pasar.

ESTUDIANTE: El hecho de que nadie pueda lastimarnos y que nosotros no podamos lastimar a otra persona, no necesariamente nos da derecho a decir todo lo que pensamos sólo porque no podemos lastimar a nadie.

JOKO: Eso es cierto. Si malinterpretamos esta idea y decimos: "Puedo regañarte porque es imposible lastimarte", ya eso es una separación. Solamente atacamos a los demás cuando nos sentimos separados. Toda práctica seria supone la devoción hacia los preceptos morales básicos, las bases morales.

ESTUDIANTE: ¿Qué sucede con la ética tradicional de los samurai del Japón? Un guerrero samurai podría decir, por ejemplo: "Puesto que soy uno con todo, cuando le corto la cabeza a una persona inocente no hay homicidio porque esa persona soy yo".

JOKO: En un sentido absoluto, el homicidio no es posible porque todos —"vivos" o "muertos"— somos sólo manifestaciones de esa energía central que lo es todo. Pero en términos prácticos, no estoy de acuerdo con la ética samurai. Si vemos que no estamos separados de las demás personas, sencillamente no las atacamos. Los guerreros samurai confundían lo absoluto con lo relativo. En términos absolutos, claro está, no hay nadie que mate y nadie a quien matar. Pero en la vida que nosotros vivimos, sí; y por lo tanto no lo hacemos.

Estudiante: En otras palabras, si confundimos lo absoluto con lo relativo ¿podríamos utilizar lo absoluto para justificar lo que hacemos en lo relativo?

Joko: Sí, pero siempre y cuando que vivamos la vida intelectualmente. Si vemos la práctica como una posición filosófica podemos llegar a confundirnos enormemente. Pero si, en cambio, conocemos la verdad de la práctica visceralmente —sin tener que pensar tan siquiera en ella— no cometeremos ese error.

Estudiante: Antes de comenzar a "sentarme" no pensaba que las cosas pudieran lastimarme, porque no las sentía.

Joko: Eso es muy distinto. Usted se refiere a un aletargamiento psicológico. Cuando estamos "adormecidos" no somos uno con el dolor; sólo pretendemos que no existe.

Estudiante: Cuando finalmente logro sintonizarme y siento cuánto me estoy lastimando de distintas formas, es mucho más fácil frenar el comportamiento contra-producente. Hasta entonces, como usted dice, haremos lo que haremos. Si vamos a cometer errores, eso será lo que haremos.

Joko: Eso es correcto. Y no me refiero a que nunca debamos objetar el comportamiento de otros. Si alguien me hace algo —por ejemplo, robarme todo el dinero que tenía para comprar víveres— es probable que deba protestar y tomar alguna medida. Pero si les hablamos a las personas con ira, nunca aprenderán lo que necesitan aprender. Ni siquiera nos escucharán.

La consciencia de que no somos entes separados crea un cambio fundamental en nuestra vida emocional. Ese conocimiento implica que no importa lo que suceda, no seremos especialmente perturbados. Tener este conocimiento no significa que dejemos de ocuparnos de los problemas a medida que éstos surjan, pero ya no nos diremos a nosotros mismos: "Esto es horrible; nadie tiene los problemas que yo tengo". Es como si el hecho de comprender la unidad esencial cancelara esas reacciones.

Estudiante: Entonces, ¿nuestros sentimientos de dolor son sólo nuestra forma de pensar acerca de las situaciones?

Joko: Sí. Cuando dejamos de identificarnos con esos pensamientos, sencillamente manejamos la situación y no permitimos que nos atrape emocionalmente.

ESTUDIANTE: Pero uno puede *sentirse* herido.

JOKO: Sí, y no es mi intención negar esa sensación. En la práctica, nosotros trabajamos con el complejo formado por la sensación física y el pensamiento de "sentirse herido". Si experimentamos totalmente las sensaciones y el pensamiento, entonces el "sentirse herido" se evapora. Jamás diría que no debemos sentir lo que sentimos.

ESTUDIANTE: ¿Usted se refiere a deshacerse del apego al dolor?

JOKO: No. No podemos obligarnos a dejar una atadura. Aunque el apego es pensamiento, no podemos decir sencillamente: "Voy a deshacerme de él". Así no funciona. Debemos comprender qué es el apego. Debemos sentir el temor —la sensación física— que está en el fondo del apego. Entonces el apego simplemente se desvanecerá. Un error común en la enseñanza del Zen es pensar que debemos "soltar" las cosas. Nosotros no podemos obligarnos a "soltar" las cosas; debemos sentir el temor subyacente.

Sentir el apego tampoco significa hacer un drama. Cuando dramatizamos nuestras emociones, sencillamente las ocultamos.

ESTUDIANTE: ¿Quiere usted decir que si realmente sintiéramos nuestra tristeza, por ejemplo, no necesitaríamos llorar?

Joko: Podríamos llorar; pero hay una diferencia entre llorar solamente y dramatizar la tristeza o el temor o la ira. El drama suele ser una pantalla.

Estudiante: Volviendo a la joven que pensaba que la práctica debiera ser menos seria, ¿cree usted que la práctica seria equivale a "sentarse" con regularidad en un centro Zen?

Joko: No, aunque el ejercicio de "sentarse" con regularidad tiene un valor enorme, tengo algunos alumnos que viven lejos y que, sin embargo, practican muy intensamente.

El problema de la
relación sujeto-objeto

Nuestro problema básico como seres humanos es la relación entre sujeto y objeto. Cuando escuché por primera vez esta afirmación, hace muchos años, me pareció abstracta e irrelevante para mi vida. Sin embargo, toda nuestra desarmonía y nuestras dificultades vienen de no saber qué hacer con respecto a la relación entre el sujeto y el objeto. El mundo cotidiano está dividido en sujetos y objetos: yo los miro a ustedes, voy al trabajo, me siento en una silla. En cada caso, yo me considero el sujeto que se relaciona con un objeto: ustedes, mi trabajo, una silla. Pero sabemos por intuición que no somos entes separados del mundo y que la división sujeto-objeto es una ilusión. Para eso practicamos —para adquirir ese conocimiento intuitivo.

Cuando no comprendemos el dualismo entre sujeto y objeto, vemos a los objetos de nuestro mundo como la causa de nuestros problemas: *usted* es mi problema, mi *trabajo* es el problema, mi *asiento* es el problema. (Si me veo a mí mismo como el problema, entonces me he convertido en un objeto más.) Así, huimos de los objetos a los cuales percibimos como problemas, y buscamos aquéllos que vemos como no-problemas. Desde esa perspectiva, el mundo está formado por mí y las cosas que me agradan o me desagradan.

Históricamente, la práctica del Zen y la mayoría de las demás disciplinas de meditación han tratado de resolver el dualismo sujeto-objeto privando al objeto de todo su contenido. Trabajar, por ejemplo, con el *Mu** priva al objeto del condicionamiento que le hemos atribuido.

A medida que el objeto se vuelve cada vez más transparente, somos un sujeto que contempla un objeto prácticamente vacío. A ese estado se le conoce a veces como *samadhi*. Es un estado de dicha, porque el objeto vacío ya no nos ocasiona problemas. Cuando llegamos a ese estado, nos felicitamos por tan gran progreso.

Pero el estado de *samadhi* sigue siendo dualista. Al llegar a él, una voz interior nos dice: "¡Esto debe ser lo que buscaba!" o "¡Ahora sí voy bien de verdad!" Pero un sujeto oculto continúa allí, observando un objeto virtualmente vacío y perpetuando la separación entre el sujeto y el objeto. Cuando nos damos cuenta de esta separación, tratamos de vaciar también el contenido del sujeto. Al hacerlo, convertimos al sujeto en un objeto más, con un sujeto aun más sutil que lo observa. Creamos así una regresión infinita de sujetos.

Los estados de *samadhi* no son verdaderos precursores del despertar, porque mantienen la presencia de

---

*El Mu —literalmente "no" o "nada"— es asignado con frecuencia a los principiantes como medio para concentrar la atención.

un sujeto tenuemente velado, separado de un objeto virtualmente vacío. Cuando volvemos a la vida diaria, la sensación de dicha se disipa y nos encontramos de nuevo en el mundo de los sujetos y los objetos. La práctica y la vida nunca se unen.

Una práctica más clara no busca eliminar el objeto, sino verlo como es. Aprendemos lentamente lo que es *ser* o *sentir* sin que medie la presencia de ningún objeto ni ningún sujeto. No eliminamos nada, sino que unimos las cosas. Yo sigo existiendo y también ustedes, pero cuando yo soy apenas mi experiencia de ustedes, no me siento separada. Yo soy una con ustedes.

Este tipo de práctica es más lenta, porque en lugar de concentrarnos en un objeto, trabajamos con todo lo que compone nuestra vida. Cualquier cosa que nos enoje o nos altere (que, si hemos de ser sinceros, es casi todo) se convierte en material de trabajo para la práctica. Al trabajar con todo, llegamos a una práctica que vive en cada segundo de nuestra vida.

Cuando aflora la ira, por ejemplo, la mayoría de las prácticas tradicionales del Zen nos dirían que debemos borrarla y concentrarnos en alguna otra cosa, como la respiración. Pero aunque hemos dejado de lado la ira, ésta volverá cada vez que nos critiquen o amenacen de alguna forma. En contraste, nuestra práctica consiste en convertirnos en la ira misma, en sentirla plenamente, sin separación ni rechazo. Trabajando de esta forma, la

vida se aquieta. Lentamente aprendemos a relacionarnos con los objetos problemáticos de otra manera.
Nuestras reacciones emocionales se desgastan gradualmente; los objetos a los que temíamos, por ejemplo,
pierden poco a poco su poder sobre nosotros y podemos acercarnos a ellos con mayor facilidad. Es fascinante observar ese cambio a medida que ocurre; lo veo
suceder en otras personas y también en mí. El proceso
no termina nunca; sin embargo, cada vez somos más
conscientes y libres.

ESTUDIANTE: ¿Cuál es la diferencia entre lo que usted
describe y la práctica tradicional de *shikantaza*?*

JOKO: Nuestra práctica es muy parecida al *shikantaza*,
entendido correctamente. Sin embargo, incluso en
shikantaza existe la tendencia a poner la mente en blanco.
Es posible entrar en una especie de experiencia resplan-
deciente, en la cual no está incluido el sujeto. Ésa es
sencillamente otra forma de falso *samadhi*. Los procesos
del pensamiento son excluidos de la consciencia, y
ponemos en blanco nuestra experiencia sensorial tal
como lo haríamos con cualquier otro objeto de la
consciencia.

---

* *Shikantaza* ("sólo sentarse") es una forma pura de meditación sin la
ayuda de contar la respiración o practicar con *koanes*, en la cual la mente
se mantiene muy concentrada y alerta, pero a la vez con una consciencia
tranquila del presente.

ESTUDIANTE: Usted dice que el verdadero propósito de la práctica es sentir nuestra unidad con todas las cosas o, más bien, ser nuestra propia experiencia; de tal manera que, por ejemplo, seamos solamente el hecho de estar martillando unos clavos, si eso es lo que estamos haciendo. Pero ¿no hay una paradoja incluso en tratar de lograr eso?

JOKO: Estoy de acuerdo con usted. No podemos *tratar* de ser uno con la acción de martillar. Al hacer este esfuerzo nos separamos de nuestra acción. El esfuerzo se vence a sí mismo. Pero hay algo que sí podemos hacer: observar los pensamientos que nos separan de nuestra actividad. Podemos tomar consciencia de que no estamos haciendo totalmente lo que hacemos. Eso no es muy difícil. Identificar nuestros pensamientos ayuda. En lugar de decir: "Voy a ser uno con la acción de martillar", lo cual es dualista (pensar en la actividad en lugar de hacerla sencillamente), podemos darnos cuenta de todos los instantes en que *no* estamos realizándola. Es todo lo que se necesita.

La práctica no consiste en tener experiencias o grandes revelaciones, ni en llegar a alguna parte o convertirse en algo. Somos perfectos como somos; y cuando digo "perfectos", me refiero sencillamente a que eso es todo. La práctica consiste simplemente en mantener la consciencia —de nuestras actividades y también de los pensamientos que nos separan de ellas. Mientras martillamos o nos "sentamos", sencillamente martillamos o nos "sentamos". Puesto que los sentidos están abiertos, escuchamos y sentimos también otras cosas: sonidos, olores, etc. Cuando surgen pensamientos, los observamos y luego retornamos a nuestra experiencia directa.

La consciencia es nuestro verdadero yo; es lo que somos. De manera que no tenemos que hacer un esfuerzo por desarrollarla; sencillamente debemos observar la forma como la bloqueamos con los pensamientos, las fantasías, las opiniones y los juicios. O bien estamos conscientes, que es nuestro estado natural, o estamos haciendo alguna otra cosa. La característica de los practicantes maduros es que no hacen otra cosa la mayor parte del tiempo; sencillamente están allí, viviendo su vida. Nada especial.

Cuando llegamos a ser consciencia abierta, nuestra capacidad para pensar cuando es necesario mejora, y además se aclara toda la información sensorial. Después de haber practicado *zazen* por cierto tiempo, el mundo comienza a verse más brillante, los sonidos son más nítidos y hay una rica información sensorial. Ése es nuestro estado natural cuando no bloqueamos la experiencia con una mente tensa y llena de preocupaciones.

Cuando comenzamos a practicar, podemos mantener la consciencia solamente por períodos cortos y luego nos alejamos del presente. Enredados en nuestros pensamientos, no nos damos cuenta de que nos alejamos. Entonces nos percatamos y volvemos a la meditación. La práctica incluye la consciencia de estar "sentados" y la consciencia de estar alejándonos. Después de años de práctica, la tendencia a alejarnos disminuye, aunque nunca desaparece totalmente.

Estudiante: Los sonidos, los olores y también nuestras emociones y pensamientos, ¿son todos parte de nuestra práctica de "sentarnos"?

Joko: Sí. Es normal que la mente produzca pensamientos. La práctica es tomar consciencia de esos pensamientos sin dejarse llevar por ellos. Y si nos dejamos llevar, observar eso también.

En realidad el *zazen* no es complicado. El problema está en que no deseamos hacerlo. Si mi novio comienza a mirar a otras mujeres, ¿durante cuánto tiempo estaré dispuesta a limitarme a ver eso? Todos tenemos problemas constantemente, pero nuestro deseo de limitarnos simplemente a estar ahí está muy al final de nuestra lista de prioridades. Sólo hasta cuando practiquemos lo suficiente tendremos fe en el simple hecho de ser, de tal manera que las soluciones puedan aparecer en forma natural. Otra característica de una práctica madura es el desarrollo de esa fe y esa confianza.

Estudiante: ¿Cuál es la diferencia entre estar totalmente absorto en el acto de martillar y ser consciente de estar totalmente absorto en esa actividad?

JOKO: Ser consciente de estar absorto en el acto de martillar todavía es dualista. Usted está pensando: "Estoy totalmente absorto en esta actividad". Pero eso no es verdadera consciencia; cuando uno está verdaderamente consciente, sencillamente realiza la actividad. La consciencia de estar absorto en una actividad es un paso útil en el camino, pero no es la meta, porque usted todavía continúa pensando. La separación entre la consciencia y el objeto de la consciencia persiste. Cuando sencillamente martillamos, no estamos pensando en la práctica. En una buena práctica, no pensamos: "Debo practicar"; la buena práctica es sencillamente hacer lo que estamos haciendo, y fijarnos en qué momento nos alejamos. Después de "sentarnos" durante muchos años, sabemos casi instantáneamente en qué momento comenzamos a alejarnos.

No es necesario concentrarse en algo que denominamos "práctica Zen". Será suficiente con que desde la mañana hasta la noche sencillamente nos ocupemos a fondo y completamente de una cosa tras otra, sin pensamientos tales como: "Soy bueno porque hago esto" o "¿No es maravilloso que pueda ocuparme de todo?" Eso sería suficiente.

ESTUDIANTE: Tengo la sensación de que mi vida consta de capas y más capas de actividad, que funcionan todas al mismo tiempo. Si hiciera una sola cosa a la vez y luego pasara a la siguiente, no lograría hacer todo lo que hago normalmente en un día.

JOKO: No creo en eso. Hacer una cosa a la vez y entregarse totalmente a ella es la forma más eficiente de vivir, porque no hay bloqueo alguno en el organismo. Cuando vivimos y trabajamos de esa forma, nuestra eficiencia es enorme y no hay afanes. La vida transcurre suavemente.

ESTUDIANTE: Pero si una de las cosas que debo hacer es reflexionar sobre algún asunto, y otra es responder el teléfono, y otra escribir una carta...

JOKO: Aun así, cada vez que iniciamos una actividad, si estamos totalmente presentes, sencillamente haciendo lo que hacemos, las cosas salen bien y más rápido. Sin embargo, por lo general traemos a nuestras actividades una serie de pensamientos subliminales como: "Tengo que hacer también estas otras cosas para cumplir con mis responsabilidades". La actividad pura es muy rara. Casi siempre hay una sombra, un velo encima de ella. Es probable que no tengamos consciencia de eso, sino sólo de una leve tensión. En la actividad pura, en cambio, no hay tensión aparte de las contracciones físicas necesarias para realizar la actividad misma.

Hace años, cuando estaba en alguna *sesshin*, tenía con frecuencia la sensación de convertirme en el acto de cocinar o deshierbar —o lo que fuera que tuviera que hacer— pero todavía subsistía allí un sujeto sutil. Y en efecto, tan pronto como la *sesshin* se desvanecía un poco, yo volvía a lo de antes. No había logrado ser una con el objeto.

ESTUDIANTE: Volviendo al ejemplo del acto de martillar unos clavos, si en realidad nos limitamos a realizar la actividad, entonces no estamos en absoluto conscientes de nosotros mismos; mientras que si recordamos que lo estamos haciendo, volvemos al dualismo del sujeto y el objeto y abandonamos la pura actividad. Sin embargo, ¿no significa eso que cuando sólo martillamos los clavos no estamos ahí en absoluto? ¿que dejamos de existir?

JOKO: Cuando estamos comprometidos en la actividad pura, somos una presencia, una consciencia. Pero eso es todo lo que somos; y eso no se siente como algo. La gente supone que el llamado estado de despertar está lleno de sentimientos emotivos y de amor. Pero el verdadero amor o compasión consiste sencillamente en no estar separado del objeto. En esencia, es un flujo de actividad en el cual no existimos como entes separados de nuestra actividad.

De todas maneras, la práctica de características dualistas tiene algún valor. En toda práctica de "sentarse" hay cierta cantidad de capacitación y desacondicionamiento. Sin embargo, mientras no vayamos más allá de ese dualismo, no podremos conocer la libertad esencial. A la libertad última sólo se llega cuando sobre el cojín no queda nadie.

Podríamos pensar que no nos interesa la libertad en ese sentido. Sin embargo, la verdad es que sí la deseamos.

ESTUDIANTE: Si una persona está atrapada en una emoción de amor y otra en una emoción de odio, ¿debe ser diferente la práctica de cada una?

JOKO: No. El amor y la compasión verdaderos son precisamente la ausencia de esas dos emociones tan personales. Solamente una persona puede amar u odiar de la manera como entendemos esos sentimientos. Si no hay persona, si estamos absortos tan sólo en vivir, no existirán esas emociones.

ESTUDIANTE: En las *sesshines* más difíciles y prolongadas, algunas veces me siento como Gordon Liddy, sosteniendo la mano sobre una vela para ver cuánto dolor puedo soportar. En la práctica del *samadhi* al estilo antiguo, creo que la prueba final era la capacidad de erradicar el dolor a través de la dicha y la concentración.

JOKO: Correcto. Y entonces el objeto desaparece.

ESTUDIANTE: En ese estilo de práctica, la *sesshin* se convierte en una especie de prueba de resistencia. ¿Podría decirnos algo sobre la forma como funciona el dolor en ese sistema para que no se convierta en masoquismo?

Joko: El dolor moderado es buen maestro. La vida misma nos trae dolor e inconvenientes. Si no sabemos manejar el dolor y los inconvenientes, no sabemos mayor cosa sobre nosotros mismos. Sin embargo, el dolor extremo no es necesario. Cuando el dolor es excesivo, no es malo utilizar una banca o una silla, o incluso acostarse. Sin embargo, el simple hecho de querer ser el dolor tiene valor. La separación entre el sujeto y el objeto se produce porque no estamos dispuestos a ser el dolor que asociamos con el objeto. Por eso nos distanciamos de él. Si no nos comprendemos a nosotros mismos con relación al dolor, huimos de él cuando aparece y perdemos el gran tesoro de la consciencia y su experiencia directa de la vida. Así, hasta cierto punto es útil "sentarse" con el dolor, a fin de poder recuperar una consciencia más plena de la vida como es.

Cuando me reúno con los estudiantes en *daisan**, me duelen las rodillas todo el tiempo. Sencillamente me duelen; así son las cosas. Sin embargo, y especialmente a medida que envejecemos, es útil poder estar simplemente con nuestra experiencia y vivir la vida plenamente. Una parte de lo que vinimos a aprender aquí es a

---

* Entrevista formal entre el alumno y el maestro durante el transcurso de la práctica meditativa.

estar con el malestar y los inconvenientes. En grado moderado, el dolor es un gran maestro. Sin un cierto grado de malestar, la mayoría de nosotros aprenderíamos muy poco. El dolor, el malestar, la dificultad y hasta la tragedia son grandes maestros, especialmente a medida que envejecemos.

Estudiante: En la consciencia ordinaria, ¿todo aquello que no somos nosotros es un objeto?

Joko: Si consideramos al yo como un objeto más entre otros, hasta el yo es un objeto. Yo me puedo observar, puedo escuchar mi voz, puedo golpearme las piernas. Desde ese punto de vista, también yo soy un objeto.

Estudiante: ¿Entonces entre los objetos se cuentan los sentimientos y los estados de la mente, además de las cosas del mundo?

Joko: Sí. Aunque nos vemos a nosotros mismos como sujetos y a todo lo demás como objetos, ésa es una noción errónea. Cuando separamos las cosas entre sí, todo se convierte en objeto. Solamente hay un sujeto verdadero, el cual es nada. ¿Qué es?

Estudiante: La consciencia.

Joko: Sí, la consciencia, aunque el término es inadecuado. La consciencia no es nada y aun así todo el universo existe a través de ella.

Integración

Hay una historia tradicional acerca de un maestro Zen que estaba recitando *sutras** cuando fue asaltado por un ladrón que le pidió la bolsa o la vida. El maestro le indicó al ladrón dónde estaba el dinero, pero le solicitó que le dejara lo suficiente para pagar los impuestos y que antes de irse le diera las gracias por ese regalo. El ladrón cumplió. Unos pocos días después fue aprehendido y confesó varios delitos, incluido el robo al maestro Zen. Pero el maestro insistió en que no había sido víctima de hurto, porque él le había regalado su dinero al hombre y éste le había dado las gracias por eso. Después de cumplir su condena en la cárcel, el hombre volvió donde el maestro y se convirtió en uno de sus discípulos.

Las historias como ésta son románticas y maravillosas. Pero supongamos que alguien nos pide dinero prestado y no lo paga nunca; o que alguien roba nuestra tarjeta de crédito y la utiliza. ¿Cómo responderíamos? El problema con las historias clásicas del Zen es que dan la sensación de tiempos remotos y distantes. Al estar tan lejos de nuestro tiempo, es difícil captar el mensaje. Lo importante no es que alguien hubiera tomado el dinero, y tampoco lo que el maestro hizo. El punto esencial es que el maestro no juzgó al ladrón.

---

*Texto tradicional budista, que generalmente se canta. [N. del editor.]

Esto no implica que lo mejor sea dar siempre al ladrón lo que pide; algunas veces ésa quizás no sea la mejor acción. Estoy segura de que el maestro examinó la situación y vio inmediatamente quién era el hombre (quizás sólo un niño que tomó un puñal y esperaba conseguir algo de dinero fácil), y supo intuitivamente qué hacer. No es tan importante lo que hizo el maestro, sino la forma como lo hizo. La actitud del maestro fue crucial: en lugar de juzgar, sencillamente manejó la situación. Si la situación hubiera sido diferente, su respuesta quizás habría sido diferente.

Nosotros no reconocemos que todos nos enseñamos los unos a los otros. Todo lo que hacemos desde que amanece hasta que anochece es una enseñanza: la forma como le hablamos a alguien durante el almuerzo, la forma como realizamos nuestras transacciones bancarias, nuestra reacción cuando nos aceptan o rechazan el trabajo que presentamos; todo lo que hacemos y decimos refleja nuestra práctica. Pero no podemos limitarnos a querer ser como Shichiri Kogen. Ésa es una de las trampas del entrenamiento: pensar que uno debe ser así. Los estudiantes se hacen mucho daño al traer esos ideales a la práctica. Imaginan que deben ser generosos, desprendidos y nobles como el gran maestro Zen. Los maestros de cada una de estas historias lograron su cometido porque eran lo que eran; no pensaron las cosas dos veces. Cuando tratamos de ser algo que no somos, nos convertimos en esclavos de una mente rígida y fija que sigue las reglas acerca de la forma como deben ser las cosas. La violencia y la ira que viven dentro de nosotros pasan desapercibidas porque estamos atrapados en medio de las imágenes de lo que debiéramos ser. Las historias son maravillosas si podemos utilizarlas correctamente; pero no debemos limitarnos a tratar de imitarlas en nuestra vida. Intrínsecamente, somos perfectos tal y como somos. *Somos* iluminados. Pero mientras no comprendamos esto, haremos cosas equivocadas.

Los centros Zen y otros lugares de práctica espiritual suelen desconocer lo que tiene que pasarle al ser humano para que el verdadero despertar se produzca. Lo primero que debe suceder —después de muchos pasos, desvíos y caídas— es nuestra integración como seres humanos, de manera que la mente y el cuerpo sean una sola unidad. Para muchas personas, esta labor dura toda la vida. Cuando la mente y el cuerpo son una sola cosa, no nos sentimos empujados de aquí para allá. Mientras permanezcamos bajo el control de nuestras emociones egocéntricas, en cambio —y la mayoría de nosotros tenemos miles de estas emociones—, no habremos logrado dar este paso. No cabe duda de que es muy poderosa la experiencia de la persona que, sin haber integrado la mente y el cuerpo, es empujada a través de la puerta estrecha hacia el despertar; pero la verdad es que esa persona no sabrá qué hacer con él. Ver por un momento la unidad del universo no significa necesariamente que seremos más libres en la vida. Mientras nos preocupemos por lo que alguien nos ha hecho como, por ejemplo, robarnos el dinero, no estaremos verdaderamente integrados. ¿De quién es ese dinero en todo caso? ¿Y qué hace que un lote de terreno sea nuestro? El sentido de pertenencia se hace palpable a causa de nuestro temor y nuestra inseguridad, y por eso deseamos ser dueños de nuestras propias cosas. Queremos ser dueños de las personas; queremos ser dueños de las ideas; queremos ser dueños de nuestras opiniones; deseamos poseer una estrategia para vivir. Mientras insistamos en todas esas cosas, la posibilidad de poder actuar con naturalidad como el maestro Kogen estará muy lejos.

Lo más importante es quiénes somos en un momento determinado y la forma como manejamos lo que la vida nos presenta. A medida que el cuerpo y la mente se integran, la labor se hace cada vez más fácil, por paradójico que parezca. Nuestro trabajo es integrarnos con el mundo entero. Tal como dijo Buda: "El mundo entero son mis hijos". Una vez que estamos relativamente en paz con nosotros mismos, es más fácil la integración con el resto del mundo. La primera parte es la que requiere más tiempo y esfuerzo. Y una vez que avanzamos en eso, muchos de los campos de la vida adquieren la calidad de una vida iluminada. Los primeros años son más difíciles que los posteriores. La más difícil es la primera *sesshin*; los meses más difíciles de "sentarnos" son los del primer año, pero el segundo es más fácil y así sucesivamente.

Más adelante puede producirse otra crisis, quizás al cabo de cinco o diez años de "sentarse" en *zazen*, cuando comenzamos a comprender que no vamos a sacar nada de la práctica; nada en absoluto. El sueño se ha ido; ese sueño de gloria personal que creíamos poder realizar a través de la práctica. El ego se está desvaneciendo; puede ser un período árido y difícil. Con mis alumnos puedo ver cómo se agrietan los programas personales de la gente. Eso sucede durante la primera parte de la jornada. Es realmente maravillosa, aunque es la parte más difícil. La práctica pierde todo su carácter romántico: no es como lo que leíamos en los libros. Entonces comienza la verdadera práctica: segundo a segundo, enfrentando sólo el momento. La mente deja de ser tan ruidosa y cede en su dominio sobre nosotros. Comienza la renuncia auténtica a nuestro programa personal, aunque incluso entonces el proceso también puede verse interrumpido por toda una serie de episodios difíciles. El camino nunca es recto y fácil. De hecho, cuanto más pedregoso mejor; el ego necesita desafíos.

A medida que la práctica progresa, observamos que esos episodios, las piedras del camino, no son tan difíciles como hubieran sido en otra época. No tenemos el mismo programa que teníamos antes, ni la misma necesidad de ser importantes o de juzgar a los demás. Si nos "sentamos" incluso con un cuarenta por ciento de consciencia, el programa personal comienza a resquebrajarse poco a poco. Cuanto más prolongada la práctica, menos agitada es. ¿Durante cuánto tiempo podemos observar todo eso que forma parte de nuestro ego? ¿Durante cuánto tiempo podemos mirarlo sin soltarlo y regresar simplemente a estar aquí? Se trata de un proceso de desvanecimiento lento; no es una cuestión de ganar virtud, sino de adquirir conocimiento.

Además de identificar nuestros pensamientos, debemos permanecer con las sensaciones de nuestro cuerpo. Si trabajamos en ambas cosas con infinita paciencia, lentamente nos abriremos a una nueva visión de la vida.

Deseamos una vida rica y amplia, tan benéfica como pueda ser. La posibilidad de esa vida está abierta a todos. La inteligencia ayuda; por lo general, las personas que acuden a los centros Zen son bastante inteligentes. Pero las personas inteligentes también tienden a enredarse en el exceso de análisis y reflexión. No importa cuál sea la disciplina —arte, música, física, filosofía— podemos distorsionarla y utilizarla para evitar la práctica. Pero si no practicamos, la vida nos dará golpe tras golpe hasta que aprendamos lo que necesitamos aprender. Nadie puede hacer la práctica por nosotros; debemos hacerla solos. La única prueba de ese trabajo es nuestra propia vida.

La guerra
de los tomates

Hace un momento recibí la llamada de una amiga que se está muriendo. Me dijo que le quedan quizás tres o cuatro días de vida, y llamó para despedirse. Después de la llamada, recordé cuán preciosa es esta joya que llamamos vida, y cuán poco la apreciamos o sabemos de ella. Y aunque la conozcamos ligeramente, cuán poco nos interesamos por ella.

Algunas personas, especialmente las que pertenecen a comunidades espirituales, podrían imaginar que en la joya de la vida nunca hay conflictos, discusiones o enojos; sólo paz y tranquilidad. Ése es un gran error, porque si no comprendemos la forma como se generan los conflictos, podemos arruinar nuestra vida y la de los demás. En primer lugar, debemos reconocer que todos tenemos miedo. El temor fundamental es el de morir, y constituye la base de todos los demás. El temor a nuestra aniquilación nos conduce a comportamientos inútiles, entre ellos el esfuerzo por proteger nuestra imagen, nuestro ego. De esa necesidad de proteger emana la ira; de la ira emana el conflicto; y el conflicto destruye nuestras relaciones con los demás.

No quiero decir que en una buena vida no haya discusiones acaloradas o desacuerdos; eso sería absurdo. Cuando era niña conocí a un par de hombres mayores

y a sus familias, las cuales eran amigas y solían salir
de paseo juntas los fines de semana. Estos dos hombres
competían en todos los frentes, pero en especial durante
la cosecha de tomates. Ambos llevaban los mejores
tomates a la feria local. Las discusiones acerca de sus
respectivos productos eran clásicas; alzaban la voz hasta
que hacían temblar las paredes. Y, en realidad, ambos
ganaban el premio de "Mejor producto de la feria". Era
un placer verlos porque ambos sabían que la discusión
era un juego. La prueba de un buen conflicto, de un
buen intercambio de opiniones, es que cuando el
conflicto termine no deje residuos de frialdad o amargura, y tampoco la idea fija de que "Yo gané y usted
no". Está bien discutir, pero sólo si se hace por diversión. Si peleamos con una persona cercana y después
aparentemente perdonamos y olvidamos, pero en realidad permanecemos fríos y distantes, conviene exami-
nar las cosas más de cerca.

Un verso del *Tao Te Ching* dice: "El mejor atleta
desea que su oponente esté en perfecta forma. El
mejor general entra en la mente de su enemigo. El
mejor empresario contribuye al bien de todos. El
mejor dirigente cumple la voluntad de la gente. Todos
ellos encarnan la virtud de no competir. No es que
no les encante competir, sino que lo hacen con un
espíritu de juego. En eso son como niños y están en
armonía con el Tao". Si nuestras peleas ocurren dentro

de ese espíritu, no hay problema. Pero ¿cuántas veces es así?

A Suzuki Roshi le preguntaron una vez si la ira podía ser como un viento puro que todo lo limpia. Él respondió: "Sí, pero no creo que usted deba preocuparse por eso". Él dijo que, personalmente, nunca había tenido una ira que fuera como un viento purificador; y tampoco nuestra ira es así de pura, debido al temor que se esconde tras ella. A menos que entremos en contacto con nuestro temor y lo sintamos verdaderamente, nuestra ira seguirá siendo nociva.

Un buen ejemplo de esto es el esfuerzo que hacemos por ser sinceros. La sinceridad es la base absoluta de la práctica, pero ¿qué significa eso? Supongamos que le decimos a otra persona: "Quiero ser sincero con usted. Quiero explicarle cómo veo nuestra relación". Lo que digamos podría ser útil; pero sucede que muchas veces nuestros deseos de ser sinceros no emanan de la verdadera sinceridad, de un espíritu de juego, del deseo de incluir al otro, aunque pretendamos que así es. Mientras tengamos la intención de tener la razón, de demostrarle o enseñarle algo a la otra persona, debemos tener cuidado. Mientras nuestras palabras tengan el más mínimo compromiso con el ego, no son sinceras. Las palabras verdaderas nos vienen cuando comprendemos lo que significa saber que sentimos ira, saber que sentimos temor, y esperar. Los textos antiguos dicen:

"¿Tienes la paciencia para *esperar* hasta que se aquiete
tu mente y el agua esté transparente? ¿Puedes permanecer quieto hasta que surja por sí sola la acción
correcta?" Ésa es una forma maravillosa de presentar el
asunto: ¿Podemos esperar durante un momento hasta
que surjan por sí solas las palabras indicadas —palabras
sinceras, palabras que no lastimen a los demás? Éstas
pueden ser palabras muy francas; pueden comunicar
exactamente lo que necesitamos decir; pueden ser incluso
las mismas palabras que habríamos pronunciado mo-
tivados por el ego, pero habrá una diferencia. No es
fácil vivir de esa forma; ninguno de nosotros puede
hacerlo todo el tiempo. Nuestra primera reacción es
producto del temor y la urgencia de protegernos, y por
eso la ira aflora inmediatamente. Nos han lastimado en
nuestros sentimientos, estamos temerosos y, por lo tanto,
nos enfurecemos.

Si tenemos la paciencia para esperar a que el lodo
(nuestra mente) se decante y el agua se aclare, si
permanecemos quietos hasta que surja por sí sola la
acción correcta, las palabras indicadas aflorarán, sin
necesidad de pensar en ellas. No es necesario justificar
lo que decimos con múltiples razones; no tendremos
que dar ninguna razón. Las palabras correctas brotarán
por sí solas una vez que nos calmemos. Esto es algo
que no puede hacerse sin una práctica sincera. No tiene
que ser una práctica formal; algunas veces es cuestión

de respirar profundamente, esperar un segundo, sentir nuestros instintos y entonces sí, hablar. Por otro lado, si tenemos un conflicto serio con alguien, quizás necesitemos más tiempo. Sería mejor no decir nada durante todo un mes.

Los dos viejos amigos que discutían por los tomates no tenían intención alguna de hacerse daño. A pesar de la algarabía, el ego no participaba en la discusión. Llevaban jugando el mismo juego durante años. Los estudiantes suelen contarme historias de dificultades con sus amigos, de lo que les ha salido mal y de lo que desean hacer para "remediar" la situación. "Mi amigo fue cruel. Mi amigo me falló. Le diré lo que siento". Sobre estas situaciones Jesús dijo: "Quien esté libre de pecado que lance la primera piedra". Todos fallamos. Yo fallo, usted falla; todos fallamos. Pero el ego sólo nos dice que es el *otro* quien ha fallado. Buena parte de aquello que llamamos diálogo se reduce, durante un conflicto, a hacerle notar a la otra persona que ha fallado. Entonces la otra persona querrá hacer lo mismo con nosotros. Y así continúa, de aquí para allá y de allá para acá. Nunca se dice nada útil ni verdadero. Las personas hablan, pero son como dos barcos que se cruzan en la noche. Sin embargo, a nadie le agrada esperar hasta que el agua se aclare; tenemos miedo de que la otra persona se aproveche de nosotros. Pero, en realidad, ¿puede alguien aprovecharse de nosotros?

ESTUDIANTE: Nadie puede aprovecharse de nosotros pero, con seguridad, buena parte del tiempo nosotros sentimos como si lo hicieran.

JOKO: Sí, muchas veces sentimos que se aprovechan de nosotros. Supongamos que una persona nos debe dinero y no nos paga; o que alguien nos incumple una promesa, o que alguien habla mal de nosotros a nuestras espaldas; y así sucesivamente. ¿Son esas acciones motivo para abandonar una amistad, o a un socio, o a un hijo, o a un padre? ¿Tenemos la paciencia para esperar a que el lodo se asiente y se aclaren las aguas? ¿Podemos permanecer impasibles hasta que la acción correcta surja por sí sola? Algunas veces nos enfurecemos con nosotros mismos. Cuando esto sucede, utilizamos palabras falsas que brotan de nuestra propensión a sentirnos lastimados o heridos. En lugar de dirigir las palabras airadas contra otra persona, las volteamos contra nosotros mismos. Pero sólo del Tao —del vacío, del silencio— pueden surgir las palabras y las acciones correctas. Las palabras y las acciones correctas *son* el Tao.

Con mis estudiantes, me interesan menos sus conflictos que la naturaleza de sus palabras y el origen de las mismas. Las palabras de las personas que llevan practicando algún tiempo pueden sonar mejor, pero todavía surgen del lugar equivocado. "Sé que todo está en mí. Sé que no tiene nada que ver contigo. No quiero ser caprichoso ni exigente, *pero...*" La tendencia a emitir juicios sigue ahí, sólo que disfrazada. Bien podrían decir: "¡Maldita sea! ¿Por qué no recoges tu ropa?" Aunque es agradable que todo esté en orden, ésa no es la forma de lograr que suceda. ¿Podemos permanecer impasibles, tener la boca cerrada hasta que surja por sí sola la palabra o la acción correcta? La mayoría de las veces no es malo no hacer *nada*. En todo caso, buena parte de lo que hacemos no sirve para nada; sólo nosotros pensamos que sí sirve.

Todos estamos llenos de ira porque sentimos miedo. Por suerte, con frecuencia tenemos la oportunidad de practicar con la ira gracias a aquellas personas que nos incomodan. Podemos tratar de manejar a esas personas expulsándolas de nuestra vida. ¿Por qué lo hacemos?

Estudiante: Para facilitarnos la vida.

Estudiante: Porque pensamos que son la causa de nuestros problemas.

Estudiante: Porque no hacen lo que deseamos.

Estudiante: Porque podrían mostrarnos algo sobre nosotros que no deseamos ver.

Estudiante: Para evitar nuestro propio sentido de culpabilidad.

ESTUDIANTE: Quizás para castigarlas.

ESTUDIANTE: Quizás la última vez que estuvimos juntos hubo mucha confusión y dolor, y no deseamos acercarnos de nuevo a esa situación.

JOKO: Debemos estar dispuestos a descansar en la confusión y el malestar, dejar que el lodo se asiente para poder ver con mayor claridad. Con ese tipo de práctica podemos descubrir la preciosa joya que es nuestra vida; y entonces no habrá lucha. Podremos discutir, pero al igual que los viejos de los tomates, lo haremos de una manera juguetona. La ira desaparece cuando la estudiamos a fondo. Como dijo Dogen Zenji: estudiar el budismo es estudiar el yo, y estudiar el yo es olvidarlo. Cuando la ira se disuelve en el vacío, no hay problema; la acción correcta brota por sí sola. Este proceso se acelera en los retiros intensivos. El yo egocéntrico se torna más transparente, más claro, de manera tal que podemos asentarnos a través de él. A medida que el lodo se deposita en el fondo y el agua se vuelve trasparente, podemos ver la joya; como si estuviéramos en aguas tropicales y pudiéramos mirar las profundidades para ver los peces y las plantas de colores. Entonces podremos hablar palabras verdaderas, en lugar de palabras egocéntricas, las cuales crean discordia.

Estudiante: Joko, ¿qué se le dice a una persona que está muriendo?

Joko: No mucho o "Te quiero". Incluso en el momento de morir deseamos ser parte de la experiencia humana.

Estudiante: Algunas veces, cuando tengo un conflicto, si digo algo de la mejor forma posible, aunque no sea la perfecta, aprendo muchas cosas que no deseo saber de mí mismo y ese aprendizaje es muy valioso. Y entonces puedo ser sincero acerca del conflicto, en lugar de tener que esperar.

Joko: Sí, comprendo. Cuando hablo de esperar no me refiero a una fórmula; me refiero a una actitud de aprendizaje. Algunas veces conviene decir algo antes de que el lodo se asiente; todo depende de la actitud, del espíritu de las palabras. Aunque el espíritu no sea totalmente el correcto, si estamos aprendiendo, también estará bien. Si lo hacemos mal, entonces pediremos disculpas. Siempre debemos estar dispuestos a disculparnos; todos tenemos algo de qué disculparnos.

Estudiante: Muchas veces pienso que estoy siendo sincero, pero cuando miro hacia atrás me doy cuenta de que estaba confundido por la niebla del autoengaño.

Joko: Sí, la forma de probar cuándo un conflicto es bueno y no nocivo es que no haya rencores. Todo el mundo se siente bien al final; todo está claro. Es el fin, y la atmósfera es placentera. Eso es algo maravilloso, pero no ocurre con frecuencia.

ESTUDIANTE: Sin embargo, parece que hay algunas cosas que sencillamente no podemos arreglar.

JOKO: Yo no estoy hablando de arreglar las cosas; eso equivale a querer controlar el mundo, a querer manejar el universo.

ESTUDIANTE: Algunas veces permito que la gente me trate mal. Cuando lo hago, me parece importante hablar al respecto. Si hablo, puedo obtener buenos resultados.

JOKO: Está bien decir las cosas, siempre y cuando que podamos hacerlo con palabras verdaderas. Y si sentimos que han abusado de nosotros, debemos reconocer que quizás nosotros mismos permitimos que tal cosa sucediera. Cuando vemos eso, quizás no es necesario decir nada. En lugar de tratar de educar o salvar a la otra persona (lo cual nunca es asunto nuestro), podemos sencillamente aprender.

No juzgar

En el sutra 50 del *Dhammapada* hay un pasaje que dice: "Que nadie encuentre faltas en otros. Que nadie vea las omisiones y las actuaciones de los demás. Veamos sólo nuestros propios actos, realizados o no". Éste es un aspecto clave de nuestra práctica. Aunque con la práctica podemos tomar más consciencia de nuestra tendencia a juzgar a los demás, eso no implica que dejemos de hacerlo en la vida cotidiana. Nos juzgamos unos a otros porque somos humanos. Alguien hace algo que nos parece grosero, indelicado o cruel, y no podemos evitar notarlo. Muchas veces durante el día vemos que las personas hacen cosas que de alguna manera no están bien.

No se trata de que todo el mundo actúe siempre de la manera apropiada. Muchas veces la gente hace precisamente aquello con lo cual no estamos de acuerdo. Sin embargo, cuando la gente hace lo que hace, no es necesario que nosotros la juzguemos. Yo no soy inmune a esto; también me he sorprendido juzgando a los demás. Todos lo hacemos. Por tanto, recomiendo una práctica que nos ayude a sorprendernos en el acto de juzgar: siempre que pronunciemos el nombre de otra persona, debemos fijarnos en lo que decimos inmediatamente después. ¿Qué decimos o pensamos de esa persona? ¿Qué clase de etiqueta le ponemos? ¿Incluimos a esa persona en alguna categoría? Ninguna persona debe reducirse a una etiqueta; aun así, todos los días hacemos precisamente eso, según lo que nos agrada o nos disgusta.

Yo creo que cuando ustedes comiencen a realizar este ejercicio, descubrirán que no pueden pasar cinco minutos sin emitir un juicio. Es sorprendente. Deseamos que las demás personas se comporten como nosotros queremos; y cuando no lo hacen, las juzgamos. Nuestra vigilia está llena de esos juicios.

Pocas personas lastiman a otras físicamente; pero, en cambio, lastimamos a los demás con nuestra boca. Como alguien dijo: "Hay dos momentos en que se debe mantener la boca cerrada: al nadar y cuando uno está furioso". Cuando juzgamos que el otro hizo algo mal, nosotros podemos tener la razón; y eso es lo que nos agrada.

Como dice el pasaje, debemos preocuparnos por nuestro propio comportamiento. "Veamos sólo nuestros propios actos, realizados o no". En lugar de buscar constantemente la ocasión de juzgar a los demás, veamos nuestro propio comportamiento: lo que hemos hecho y lo que no. No es necesario juzgarnos, debemos simplemente fijarnos en la forma como actuamos. Si comenzamos a juzgarnos es porque hemos establecido un ideal, una cierta forma de ser que creemos que debemos hacer realidad. Esto tampoco ayuda. Debemos ver nuestros pensamientos reales, tomar consciencia de lo que es verdad para nosotros. Al hacerlo, observamos que cada vez que juzgamos, el cuerpo se tensiona. Detrás del juicio hay un pensamiento egocéntrico que genera tensión en el cuerpo. Con el tiempo, esa tensión se vuelve nociva para nosotros mismos e, indirectamente, también para los demás. No solamente la tensión es nociva; los juicios que manifestamos acerca de los demás (y de nosotros mismos) también lo son.

Siempre que pronunciemos el nombre de alguien, debemos fijarnos en que nuestra afirmación no contenga otra cosa distinta de un hecho escueto. Por ejemplo, el juicio "Ella no piensa en los demás" va más allá de los hechos. Los hechos son que ella hizo lo que hizo, por ejemplo, dijo que me llamaría y no lo hizo. El hecho de que ella no piense en los demás es mi propio juicio negativo, agregado al hecho. Nosotros nos sorprenderemos emitiendo esos juicios una y otra vez. La práctica consiste en reconocer el momento en que lo hacemos.

Es importante no pasar inconscientemente por algunas áreas básicas de nuestra vida, y buena parte de nuestra vida involucra el acto de hablar.

Estudiante: ¿Estaría bien decir: "Dijo que me llamaría y no lo hizo"?

Joko: Todo depende de cómo se diga. Si "presentamos los hechos" de una manera acusadora, obviamente estamos juzgando, aunque sólo enunciemos los hechos.

ESTUDIANTE: Notar los errores de las demás personas es bueno para nosotros puesto que aprendemos lo que no debemos hacer. En cierta forma, debemos dar gracias por esos errores.

JOKO: Sí, es útil ver a los demás como nuestros maestros. Pero si el aprendizaje implica pensar que los demás están "equivocados", seguiremos atrapados en nuestra tendencia a juzgar.

Si permanecemos alerta, sin dejarnos envolver por nuestras emociones, tenderemos a aprender. Sin embargo, casi siempre acabamos molestos de una u otra forma. Desde ese estado emocional juzgamos a los demás y nos juzgamos a nosotros mismos. Ambas cosas son nocivas e infructuosas.

ESTUDIANTE: Tiendo a no hablar mal de los demás; pero me doy cuenta de que cuando estoy enojado o molesto, comienzo a emitir juicios indirectamente, a través de mi actitud y un comportamiento pasivo-agresivo. Me resulta muy difícil trabajar con eso.

JOKO: La frase clave aquí es: "Veamos nuestros propios actos, realizados o no". Eso significa fijarnos simplemente en nuestra actitud, nuestros pensamientos y nuestro comportamiento; y volver a nuestra experiencia básica de la ira —como una sensación física— para sentirla realmente.

Estudiante: En el trabajo es usual involucrarse en murmuraciones y quejas acerca del jefe. Si me abstengo de participar en estos corrillos, parecería que soy indiferente o arrogante y que me creo mejor que los demás.

Joko: Ésa es una situación difícil de manejar. Una de las características de una práctica diestra es poder estar presente sin participar en las situaciones dañinas. Para usted eso significaría estar en un grupo que juzga y critica, y al mismo tiempo abstenerse de criticar sin ser percibido como alguien que se cree superior o diferente. Eso puede hacerse, pero ¿cómo? ¿A qué cosas podemos recurrir?

Estudiante: Al humor.

Joko: Sí, el humor ayuda. ¿Qué más?

Estudiante: No juzgar a los que están criticando.

Joko: Sí. Si todos los demás están hablando mal y hemos optado por no imitarlos, probablemente es porque nos sentimos superiores, "más santos que los demás". También podemos estar sintiendo ira contra ellos. Si nuestra actitud es de ira y superioridad, la tendencia a juzgar saldrá a flote. Sin embargo, si hemos practicado sinceramente con nuestra ira, ésta puede ser mínima y no ser un problema. Podemos limitarnos a estar presentes en el grupo con naturalidad.

Estudiante: He observado que cuando estoy con personas que están criticando o hablando mal de alguien, el simple hecho de dejarlas hablar sin participar con mis opiniones hace que, algunas veces, ellas cambien de actitud. Pero si trato de hacérselos ver al principio, la crítica aumenta; y si discuto o trato de señalar las cualidades de la persona a quien están criticando, todo se vuelve muy confuso.

Joko: Sí. A medida que, gracias a la práctica, nos volvemos más transparentes, tendemos a encontrar mecanismos más eficaces para manejar las distintas situaciones.

Estudiante: ¿Qué pasa con las críticas positivas? Según una escuela pedagógica no es bueno clasificar con etiquetas a los niños, ya sea negativa o positivamente. Cuando decimos: "¡Eres un niño muy juicioso!" o "¡Eres muy inteligente!", lo estamos encasillando.

Joko: Es mejor no juzgar a las personas de ninguna manera. Sin embargo, podemos aprobar sus actuaciones. A un niño podríamos decirle: "¡Qué dibujo más lindo!" Cuanto más concreta sea la afirmación, mejor.

Los niños son menos amenazantes para nosotros que los adultos. Esperamos que los adultos sepan lo que hacen, y por eso estamos prestos a juzgarlos y a encontrar sus fallas. Con nosotros mismos es igual: pensamos que deberíamos saber lo que hacemos.

ESTUDIANTE: ¿Qué debo hacer si me sorprendo a mí mismo juzgando a los demás?

JOKO: Cuando nos sorprendemos en el acto de juzgar, debemos fijarnos en los pensamientos que conforman la crítica, como: "Es una estúpida", y sentir la tensión de nuestro cuerpo. Detrás de la crítica siempre hay ira o temor. Conviene sentir directamente la ira o el temor, en lugar de dejar que sirvan de motor para nuestros actos.

El problema es que nos encanta criticar a los demás, y eso causa problemas constantemente. Si sucede algo que no nos interese particularmente, por lo general lo manejamos bastante bien. Pero en la mayoría de los casos no somos neutrales; por eso nuestra práctica es tan valiosa.

ESTUDIANTE: He observado que cuando me hago una idea de una persona la primera vez que la veo, ese juicio tiñe toda mi relación con ella. Tiendo a aferrarme a mis juicios y sencillamente olvido practicar con ellos.

JOKO: Sí. Nos formamos nociones fijas sobre las personas, y la próxima vez que las vemos, tenemos una idea fija que nos impide ver cómo son en realidad.

ESTUDIANTE: ¿Acaso no son siempre falsos los juicios? Vemos tan poco de cada persona.

JOKO: Yo no diría que siempre nos equivocamos; pero nuestra noción es incompleta. Por ejemplo, todo el

mundo es desconsiderado en algún momento; sencillamente no pensamos antes de actuar y no prestamos
verdadera atención. No obstante, cuando calificamos a
otros de "desconsiderados", no vemos los otros cente-
nares de miles de cosas que hacen. Tendemos a inte-
resarnos únicamente por lo que nos afecta directamente. Por eso, cuando recordamos nuestra infancia, siempre
traemos a la memoria lo malo; las cosas buenas que
los demás hicieron por nosotros no nos interesan tanto.
Tendemos a recordar todo aquello que percibimos como
amenaza. Si alguien nos lastima, no nos interesan las
demás cosas que esa persona hace; en lo que a nosotros
concierne, esa persona es inaceptable. Si nos quejamos
de ella con otros y éstos coinciden con nosotros, se
establece una sólida red de juzgamiento. La actitud
negativa creada alrededor de esa persona envenena la
forma como ella va a ser recibida por otros, incluidas
las personas que todavía no la conocen. Cuando han
escuchado los rumores, también esas otras personas la
rechazan. Ese juicio acumulado es lo más dañino que
los seres humanos se hacen unos a otros. Juzgamos a
las personas y las rechazamos sin conocerlas.

¿Alguna vez han tenido la oportunidad de oír des-
cripciones de personas que nunca en su vida han visto?
Uno siente que las conoce desde siempre, pero cuando
se las presentan realmente, uno se da cuenta de que
no concuerdan con la descripción. Es asombroso.

ESTUDIANTE: Creo que es importante recordar su idea de que cuando hablamos mal de los demás nos hacemos daño a nosotros mismos. Cuando hablamos mal o incluso pensamos mal de otros, se produce una contracción.

JOKO: Sí. Nuestro cuerpo y nuestra mente se contraen. Siempre pagamos, de distintas maneras, por hablar mal de otros. Las demás personas también pagan. Sugiero que en el mismo instante en que salga de nuestra boca el nombre de alguien, observemos lo que agregamos después. ¿Es un hecho lo que afirmamos? ¿O es una crítica?

ESTUDIANTE: He estado pensando en la diferencia entre los hechos y las críticas. Supongamos que alguien me molesta todo el tiempo. Si digo: "Ella siempre me está molestando", ¿es ése un hecho o un juicio?

JOKO: La diferencia está en la forma como lo decimos y el sentimiento que se esconde detrás. Si sencillamente observamos: "Sí, es cierto. Ella me molesta todo el tiempo", ése es un hecho; pero si nos quejamos, es un juicio. El tono de voz es una pista importante.

Siempre debemos observar el juicio que nos hemos formado. Recordemos que gran parte de la práctica se resume en la bondad.

ESTUDIANTE: Si nos sorprendemos precisamente en el momento en que estamos a punto de juzgar a otra persona y frenamos a tiempo, parece que estuviéramos dispuestos a ser nada en ese momento.

Joko: Eso es verdad. Cuando juzgamos a los demás, reforzamos nuestra identidad independiente de jueces. Pero cuando nos abstenemos de hablar, debemos sacrificar esa identidad separada por un momento. Por eso la técnica que he sugerido es realmente un entrenamiento en lo que el budismo denomina "ausencia del yo".

IV

Cambio

Preparar el terreno

De vez en cuando alguno de mis estudiantes tiene un fugaz despertar, una pequeña revelación o *kensho*. Algunos centros Zen se concentran en estas experiencias y les dan demasiada importancia; pero ése no es el caso aquí. Tales experiencias son interesantes: si por un momento uno entra en el presente absoluto, se produce un cambio. Pero ese cambio no es duradero; siempre volvemos a nuestra forma usual de hacer las cosas. Sin embargo, por un rato —quizás sólo por un segundo, quizás durante una hora o varias semanas— todo lo que era problema deja de serlo. Las molestias físicas y las distintas luchas se aquietan súbitamente. La vida es puesta al revés por un momento, y vemos las cosas tal y como son realmente. Tener esa experiencia no significa mucho en sí, pero puede señalarnos la manera de estar cada vez más en el presente absoluto. Estar en el presente es la razón por la cual nos "sentamos" y practicamos en general; eso nos ayuda a ser más sabios y más compasivos, y a estar más orientados hacia lo que debe hacerse. También nuestra eficacia en el trabajo aumenta. Tales resultados son maravillosos; pero no podemos esforzarnos por alcanzarlos o hacer que sucedan. Lo único que podemos hacer es preparar las condiciones necesarias. Debemos cerciorarnos de que el terreno esté bien preparado, abonado y suelto, de

manera que si la semilla cae, pueda brotar rápidamente.
La labor del estudiante no es salir a buscar resultados,
sino preparar el camino. Como dice la Biblia: "Preparad
el camino para el Señor". Ése es nuestro trabajo.

En cierta forma, nuestro camino no es en realidad
un camino; el objeto no es llegar a un destino. No hay
mayor misterio; lo que debemos hacer es muy claro.
No quiero decir que sea fácil; el "camino" de la práctica
no es llano, está sembrado de afiladas piedras que pueden
hacernos tropezar o lastimarnos. La vida misma es
azarosa. El encuentro con los peligros es lo que suele
motivar a la gente a buscar los centros Zen. El camino
de la vida parece estar hecho principalmente de dificultades, cosas que nos causan problemas. Sin embargo,
cuanto más practicamos, más comprendemos que esas
piedras afiladas del camino son en realidad como gemas
preciosas que nos ayudan a preparar la condición
adecuada para nuestra vida. Las piedras son distintas
para cada persona. Una persona podría necesitar desesperadamente más tiempo consigo misma; otra podría
necesitar desesperadamente más tiempo con otras personas. La piedra afilada podría ser tener que trabajar
con una persona desagradable, o vivir con una persona
difícil. Las piedras afiladas podrían ser los hijos, los
padres, cualquier persona. No sentirse bien podría ser
una piedra afilada; o perder el trabajo, o conseguir un
nuevo empleo que nos tensione. Hay rocas afiladas en

todas partes. Lo que cambia con los años de práctica es que reconocemos algo que antes no sabíamos: que las piedras afiladas no existen, que el camino está tapizado de diamantes.

¿Qué es lo que necesitamos para comenzar a darnos cuenta de que las piedras afiladas de nuestra vida son en realidad diamantes? ¿Cuáles son algunas de las condiciones que hacen posible la práctica?

Cuando apenas comenzamos a practicar, la idea de ver un trauma enorme como un regalo, ver una piedra afilada como un diamante, puede resultarnos inconcebible. Por lo general, es mejor comenzar a practicar en una época no muy traumática de la vida. Por ejemplo, el primer mes después de haber tenido un bebé no es el momento propicio para iniciar la práctica, como bien lo recuerdo. Por lo general es aconsejable comenzar la práctica durante un período relativamente tranquilo. Es mejor tener un estado de salud relativamente bueno; una dolencia leve no se opone a la práctica, pero una enfermedad grave sí dificulta mucho su iniciación. También ayuda estar en forma, puesto que la práctica es físicamente exigente.

A medida que practicamos, todos estos prerrequisitos pierden importancia; pero si no se cumplen al principio, las piedras serán simplemente demasiado grandes y no encontraremos la manera de llegar a la práctica. Si uno ha estado levantado toda la noche cuidando a un bebé enfermo y sólo ha podido dormir dos horas, obviamente ése no es el mejor momento para comenzar a hacer *zazen*. Si nuestro cuerpo está a punto de derrumbarse, o si nos sentimos totalmente desgraciados, no es el momento propicio para comenzar. Pero a medida que practicamos, aumenta nuestra capacidad para ver como joyas las dificultades que la vida nos presenta. Los problemas ya no impiden la práctica sino que la refuerzan. En lugar de sentir que la práctica es demasiado difícil, que tenemos demasiados problemas, descubrimos que esos mismos problemas son las joyas, y nos dedicamos a estar con ellos de una manera que jamás habíamos imaginado antes. Durante mis entrevistas con los alumnos escucho constantemente los relatos de esos cambios: "Hace tres años no habría podido manejar esta situación, pero ahora..." Ésa es la transformación, la preparación del terreno. Eso es lo que se necesita para que el cuerpo y la mente se transformen verdaderamente. Esto no significa que los problemas desaparezcan o que la vida "mejore", sino que la vida se va transformando lentamente, y las piedras afiladas que antes odiábamos se convierten en joyas preciadas. Quizás no nos alegremos al verlas aparecer, pero apreciamos la oportunidad que ellas nos brindan, y por eso las acogemos en lugar de huirles. Este es el final de nuestras quejas contra la vida. Todas las piedras —incluso esa persona difícil que nos critica, o no respeta nuestra opinión, o lo que sea (todo el mundo tiene algo o a alguien, alguna piedra afilada)— son preciosas, son una oportunidad, una joya que debemos atesorar.

Nadie puede ver la joya desde un principio; nadie la ve completamente. A veces podemos verla en un caso pero no en otro. A veces la vemos, mientras que otras veces nos es absolutamente imposible hacerlo. Es probable que nos neguemos de plano a verla; que no deseemos tener nada que ver con ella. Sin embargo, es necesario que luchemos constantemente contra este problema básico. Puesto que somos humanos, la mayoría de las veces ni siquiera deseamos saber de él. ¿Por qué? Porque luchar contra él implica abrirse a las dificultades en lugar de huir de ellas. Por lo general, tratamos de reemplazar los problemas por algo más. Cuando estamos hasta la coronilla con nuestros hijos, por ejemplo, quisiéramos devolverlos y que nos dieran unos nuevos. Incluso cuando debemos soportarlos, encontramos medios sutiles de "devolverlos" en lugar de vivir con la realidad de lo que son. De esa misma forma manejamos todos los problemas: recurrimos a medios sutiles para "devolver" casi todas las cosas en nuestra vida, y optamos por no enfrentarlas.

Tratar con la realidad de nuestra vida es parte del proceso interminable de preparación del terreno. Algunas veces preparamos bien una pequeña parcela. Podemos tener pequeñas visiones, momentos de luz que brotan súbitamente. Pero aun así, quedan muchas hectáreas de tierra sin preparar, de manera que debemos continuar abriendo más y más parcelas de nuestra vida. Esto es lo único que importa en realidad. La vida humana debe ser como una promesa, dedicada a descubrir el significado de la vida. De hecho, el significado de la vida no es complicado; sin embargo, no podemos verlo por la forma como percibimos nuestras dificultades. Se necesita una práctica llena de paciencia para comenzar a ver a través de ese velo, descubrir que las piedras afiladas son en realidad joyas.

Nada de esto tiene que ver con el hecho de juzgar, de ser "buena" o "mala" persona. Sencillamente hacemos lo mejor que podemos en un momento determinado; lo que no vemos, no lo vemos. Ése es el punto de la práctica: agrandar ese pequeño punto de visión, ese "ojo de cerradura" que a veces logramos tener, para que sea cada vez más y más grande. No es posible verlo todo el tiempo. De manera que continuamos tratando de abrirlo a cada instante.

En cierto sentido, la práctica es divertida: mirar la vida de uno y ser sincero al respecto es divertido. Es difícil, humillante y desalentador; pero también divertido, porque significa estar vivo. Es una dicha verme a mí misma y a mi vida como realmente son. Después de toda la lucha por evitar, negar e ir por el camino contrario, es una gran satisfacción estar con la vida tal como es por un segundo. La satisfacción es nuestra verdadera esencia. Lo que somos está más allá de las palabras; ese poder abierto de la vida, que se manifiesta constantemente en todo tipo de cosas interesantes, incluso en nuestras tristezas y luchas. La pugna es a la vez horrenda y saludable. Eso es lo que significa preparar el terreno. No debemos prestar atención a los cortos momentos de iluminación. Si contamos con un suelo fértil y bien preparado, podemos dejar caer cualquier cosa en él y crecerá.

A medida que trabajamos pacientemente en esto, la vida comienza a adquirir otro significado. Un practicante me dijo hace poco: "No puedo creerlo. Mi vida es muy placentera la mayor parte del tiempo". Yo pensé: Sí, eso es maravilloso, pero... la vida es placentera. Una vida placentera incluye la desilusión, la tristeza y el duelo. Eso es parte de la corriente de la vida; dejar que esas experiencias tengan lugar. Ellas van y vienen hasta que el dolor finalmente se disuelve en otra cosa. Pero si nos quejamos, nos aferramos y nos mantenemos rígidos (que es lo que preferimos), entonces gozamos muy poco. Si hemos tomado consciencia del proceso de nuestra vida, incluidos los momentos más odiados, y sencillamente somos conscientes de ese odio —"No deseo hacerlo pero lo haré de todos modos"— esa consciencia es la vida misma. Cuando conservamos esa consciencia, no sentimos rechazo hacia ella; sencillamente la vivimos. Entonces, vemos por un segundo que todo esto es terrible pero al mismo tiempo bastante agradable, y sencillamente continuamos con nuestra labor, preparando el camino. Con eso basta.

Las vivencias
y el acto de vivir

A cada segundo nos encontramos en una encrucijada: entre la inconsciencia y la consciencia, entre estar ausentes y estar presentes, o entre las vivencias y el acto de vivir. La práctica consiste en pasar de las vivencias al acto de vivir. ¿Qué quiere decir esto?

Tendemos a sobrecargar la palabra *vivencia* (experiencia), y hablamos sin pensar cuando decimos: "Quédate con tus vivencias". Quizás no sea conveniente seguir ese consejo. Por lo general, vemos la vida como una secuencia de vivencias, de experiencias. Por ejemplo, la vivencia de una u otra persona, la del almuerzo o la de la oficina. Desde esta perspectiva, la vida no es otra cosa que tener una experiencia, una vivencia tras otra. Alrededor de cada vivencia se teje un ligero halo o velo neurótico emocional. Ese velo suele presentarse en forma de recuerdos, fantasías o esperanzas; asociaciones que traemos a nuestra vida presente como consecuencia de nuestro condicionamiento anterior. Cuando hacemos *zazen*, nuestra mente puede estar dominada por los recuerdos, que pueden ser abrumadores. ¿Es eso malo?

Los seres humanos *tenemos* recuerdos, fantasías y esperanzas; eso es natural. Sin embargo, cuando envolvemos nuestra vida en esas asociaciones, el acto de vivir se transforma en un objeto: un sustantivo en lugar de un verbo. De manera que la vida se convierte en una sucesión de encuentros con diferentes objetos: personas, el almuerzo, la oficina. Con los recuerdos y las esperanzas sucede lo mismo: la vida se convierte en una serie de "esto" y "aquello". Normalmente vemos la vida como encuentros con cosas que están "allá afuera". La vida se torna, entonces, dualista: sujeto y objeto, yo y eso.

Este proceso no es un problema, a menos que creamos en él. Porque si realmente creemos que la vida se trata de encontrarnos con objetos todo el día, nos convertimos en esclavos. ¿Por qué? Porque cualquier objeto que esté "allá afuera" tendrá un ligero velo de contexto emocional. Y entonces reaccionaremos a él movidos por nuestras asociaciones emocionales. En la enseñanza clásica del Zen somos esclavos de la codicia, la ira y la ignorancia. Ver el mundo exclusivamente de esta forma es vivir encadenados. Cuando nuestro mundo consta de objetos, organizamos nuestra vida de acuerdo con lo que podemos esperar de cada objeto: "¿Le agrado?" "¿Será eso conveniente para mí? "¿Debo temerle a ella?" Nuestra historia y nuestros recuerdos toman el control, y acabamos dividiendo el mundo en cosas que debemos evitar y cosas que debemos buscar.

El problema con esta forma de vida es que lo que ahora me beneficia podría hacerme daño más adelante, y viceversa. El mundo cambia constantemente, de manera que nuestras asociaciones nos llevan a la deriva.

En el mundo de los objetos no hay nada seguro. Por eso permanecemos en guardia, incluso frente a las personas que consideramos cercanas y a quienes decimos amar. Mientras otra persona sea para nosotros un objeto, podemos estar seguros de que no habrá amor verdadero ni compasión entre los dos.

Si el mundo cotidiano consiste en tener vivencias, ¿cuál es el otro mundo, el otro camino? ¿Cuál es la diferencia entre las vivencias y el acto de vivir? ¿En qué consiste el hecho de oír, ver, tocar y sentir de verdad?

En el preciso instante en que estamos viviendo algo, ese estar viviendo no tiene espacio ni tiempo. No puede tenerlo, porque sólo está en el espacio y el tiempo cuando lo convertimos en un objeto. Cuando vemos, tocamos y oímos, estamos creando un mundo de espacio y tiempo; pero nuestra verdadera vida no tiene espacio ni tiempo, es sólo el acto de vivir. El mundo del tiempo y el espacio surge cuando el acto de vivir se reduce a una serie de vivencias. En el preciso momento en que oímos, por ejemplo, es sólo eso: oír, oír, oír, oír; lo cual crea el sonido del avión o de cualquier otra cosa. Tun, tun, tun, tun... hay un espacio entre cada uno, y cada uno es el absoluto oír, oír, oír. Ésa es nuestra vida, la manera como creamos nuestro mundo. Creamos con todos los sentidos y con tanta rapidez, que es imposible llevar la cuenta. Creamos el mundo de nuestras vivencias a partir de la nada, segundo a segundo.

Uno de los *sutras* que recitamos dice: "El cambio incesante pone a girar la rueda de la vida". Vivir, vivir, vivir: cambio, cambio, cambio. "El cambio incesante pone a girar la rueda de la vida, de manera que la realidad se presenta en todas sus múltiples formas. La vida apacible, al igual que el cambio mismo, libera a todos los seres conscientes que sufren y los lleva hacia la dicha sin par". "La vida apacible al igual que el cambio mismo" significa sentir el dolor punzante de mis piernas, escuchar el ruido de un vehículo: sólo vivir, vivir, vivir. Refugiarse simplemente en la experiencia misma. Hasta el dolor cambia ligeramente, segundo a segundo. "La vida apacible, al igual que el cambio mismo, libera a todos los seres conscientes que sufren y los lleva hacia la dicha sin par".

Si este proceso fuera absolutamente transparente, no necesitaríamos de la práctica. El estado de iluminación o de despertar no consiste en *tener* una vivencia; todo lo contrario, es una ausencia de toda vivencia. El estado de despertar es un sentir puro, impoluto. Y eso es completamente diferente de "tener una experiencia de iluminación". El despertar es la demolición de toda experiencia constituida por pensamientos, fantasías, recuerdos y esperanzas. Es obvio que no nos interesa demoler la vida tal como la conocemos; en realidad, demolemos las falsas estructuras de la vida identificando nuestros pensamientos, diciendo por milésima vez: "Tengo el pensamiento de que esto o lo otro va a suceder". Después de decirlo mil veces, lo entendemos tal y como es. Es sólo energía vacía que brota de nuestro condicionamiento, sin ninguna realidad. No contiene una verdad intrínseca; es sólo cambiar, cambiar, cambiar.

Es fácil hablar de este proceso, pero no hay nada que nos interese menos que demoler las estructuras de nuestra fantasía. Tenemos el temor secreto de que al demolerlas, acabaremos con nosotros mismos.

Hay una historia Sufi sobre un hombre que perdió sus llaves en el lado oscuro de la calle y cruzó al otro lado para buscarlas debajo de un poste de luz. Cuando un amigo le preguntó por qué buscaba alrededor del poste de luz y no donde se habían perdido las llaves, el hombre respondió: "Busco aquí porque hay más luz". Eso es lo que nosotros hacemos con nuestra vida: tratamos de buscar dentro del marco de referencia que conocemos. Si tenemos un problema, seguimos un patrón conocido: pensar, reflexionar, analizar, mante-niendo activo el loco ir y venir de nuestra vida porque eso es lo que estamos acostumbrados a hacer. No importa si no sirve de nada. Sencillamente nos esforzamos más y seguimos buscando debajo del poste de luz. No nos interesa esa vida que está fuera del espacio y el tiempo, y que está creando constantemente el mundo del es-pacio y el tiempo. Eso no nos interesa; de hecho, nos produce temor.

¿Qué nos empuja a abandonar ese melodrama y a sentarnos en medio de la confusión? Básicamente, lo hacemos por el desasosiego que nos produce la forma como vivimos. Más allá de una vida de vivencias está una vida de simple sentir, una vida de compasión y dicha. Porque la compasión y la dicha verdaderas no son cosas que se experimenten. Nuestro verdadero maestro es solamente: cambiar, cambiar, cambiar; vivir, vivir, vivir. El maestro no está en el espacio o el tiempo —pero tampoco en algo distinto del espacio y del tiempo. El acto de vivir la vida es también el acto de crear la vida misma. "El cambio incesante pone a girar la rueda de la vida, de manera que la realidad se presenta en todas sus múltiples formas".

En el poema "The Age of Anxiety", W. H. Auden capta la esencia de nuestra vida:

Preferimos la destrucción al cambio,
primero morir en medio del temor
que escalar la cruz del momento
y dejar morir nuestras ilusiones.

Preferimos la destrucción antes que cambiar, aunque somos cambio. Preferimos morir de angustia, temor y soledad, que escalar la cruz del momento y dejar que mueran nuestras ilusiones. Y la cruz es también la encrucijada, la alternativa. Estamos aquí para hacer esa elección.

El lecho de hielo

En el simple acto de vivir desaparece la relación aparentemente dualista que tenemos con las otras personas y las cosas; es decir, desaparece la noción "yo lo veo a usted, yo hablo sobre usted, yo tengo pensamientos acerca de usted o de mí". No es complicado hablar de la relación dualista; la relación no dualista —el vivir— es, en cambio, más difícil de describir. Quisiera reflexionar sobre la forma como nos alejamos de una vida de simple vivencia, la forma como nos caemos del Jardín del Edén.

Durante la etapa de crecimiento, todo ser humano decide que necesita una estrategia, porque es imposible crecer sin encontrar oposición de lo que podríamos llamar el "no yo", eso que parece estar fuera de nosotros. Algunas veces, la oposición aparente es severa; a veces, es bastante leve. Pero nadie crece sin desarrollar una estrategia para enfrentarla.

Quizás decidamos que nuestra mejor alternativa para sobrevivir plácidamente es ser una persona "agradable" y condescendiente. Si esa estrategia parece no funcionar, podemos aprender a atacar a los demás antes de que ellos nos ataquen a nosotros, u optar por retirarnos. Por lo tanto, hay tres estrategias principales para enfrentar la oposición: condescender para agradar, atacar, o retirarse. Todo el mundo emplea alguna de estas estrategias de una u otra forma.

A fin de mantener la estrategia es preciso pensar. Por lo tanto, el niño depende cada vez más del pensamiento para perfeccionar su estrategia. Toda situación o persona es evaluada desde el punto de vista de la estrategia escogida. Con el tiempo, enfrentamos al mundo entero como si estuviéramos en medio de un juicio, preguntándonos todo el tiempo si tal o cual persona podrá lastimarnos o no. Aunque quizás lo hagamos amablemente y con una sonrisa en los labios, nos hacemos esa pregunta cada vez que conocemos algo o a alguien.

Con el tiempo perfeccionamos nuestra estrategia hasta el punto de no reconocerla conscientemente; ella pasa a ser parte de nuestro cuerpo. Supongamos, por ejemplo, que nuestra estrategia consiste en retirarnos. Cuando conocemos algo o a alguien, apretamos los músculos; la respuesta es habitual. Encogemos los hombros, el rostro, el estómago o alguna otra parte del cuerpo. El estilo de cada persona es único; y ni siquiera nos damos cuenta de que lo hacemos porque, una vez establecida la contracción, ella entra a formar parte de todas y cada una de las células de nuestro cuerpo. No tenemos que reconocer su presencia; ella sencillamente está allí. Aunque la respuesta es inconsciente, hace que la vida sea desagradable porque nos aísla y separa de ella.

La contracción es dolorosa y, sin embargo, todo el mundo la tiene. Hasta cuando pensamos que somos relativamente felices, podemos detectar una ligera tensión en todo el cuerpo; no es nada extraordinario y puede ser muy leve. Cuando el viento sopla a nuestro favor, no nos sentimos mal; pero la contracción leve nunca nos abandona. Siempre está ahí, acompañando a todos los seres humanos.

Los niños aprenden a elaborar sus estrategias incorporando todo lo que les sucede dentro del marco de su sistema personal. Nos tornamos selectivos en nuestras percepciones, incorporando sólo los sucesos que encajan dentro de nuestro sistema y excluyendo aquéllos que no. Puesto que el sistema tiene por objeto protegernos y darnos seguridad, no nos interesa debilitarlo con información contradictoria. Y cuando llegamos a la edad adulta, somos uno con nuestro sistema. Es lo que llamamos el *ego*. Vivimos la vida a partir de él, tratando de encontrar personas, situaciones y oficios que confirmen nuestra estrategia, y evitando todo aquello que la cuestione.

Pero esas maniobras nunca son totalmente satisfactorias, porque mientras estemos vivos, jamás podremos estar totalmente seguros de lo que nos espera en el próximo instante. Aunque logremos controlar una buena parte de la vida, no sabemos cómo lograr el control total, y sabemos que no lo sabemos. Entonces siempre hay un elemento de temor; éste tiene que existir necesariamente. Al no saber qué hacer, la mayoría de las personas buscan una respuesta en cualquier parte.

Tenemos un problema y no sabemos realmente en qué consiste. La vida se convierte en la promesa que nunca se cumple porque la respuesta nos evade. Ése es el momento en que podemos comenzar a practicar. Sólo unas cuantas personas afortunadas comienzan a ver lo que se necesita para recuperar el Jardín del Edén, nuestro verdadero yo.

Quizás conseguimos un compañero maravilloso. (El engaño reina especialmente en las relaciones interpersonales.) Entonces nos casamos o nos vamos a vivir con él o ella y .... ¡zas! Si estamos practicando, esta "sorpresa" puede ser inmensamente interesante e instructiva; pero si no estamos practicando, quizás optemos por cambiar ese compañero por otro. Es como si la promesa no se hubiera cumplido. O tal vez comenzamos en un nuevo empleo o iniciamos un proyecto, y al principio todo va bien hasta que empezamos a ver la dura realidad y a sentir la desilusión. Si estamos viviendo fuera de nuestra estrategia, nos parece que nada funciona, porque, por definición, la vida de las apariencias es una promesa que jamás se cumple. Si hacemos realidad un deseo, nos sentimos satisfechos por un momento, pero la naturaleza misma del deseo que se cumple es engendrar inmediatamente un nuevo deseo, y otro y otro. No hay forma de liberarse de esa presión o tensión. No logramos descansar. No encontramos paz.

Al "sentarnos", la incesante actividad de la mente nos revela nuestra estrategia. Si clasificamos nuestros pensamientos durante el tiempo suficiente, lograremos reconocer nuestra estrategia. Ella genera la cascada de pensamientos. Sólo hay una cosa en la vida que no queda atrapada en la estrategia, se trata de la vida física y orgánica del cuerpo.

Obviamente el cuerpo sufre distintos castigos, porque refleja nuestro egocentrismo. El cuerpo debe obedecer a la mente, de manera que si ésta le dice que el mundo es un lugar horrible, el cuerpo dice: "¡Estoy tan deprimido!" Tan pronto como aparecen las imágenes —pensamientos, fantasías, esperanzas— el cuerpo debe responder. Tiene una respuesta establecida y, en ocasiones, esa respuesta se agrava, manifestándose a través de la depresión o la enfermedad.

Mi principal maestro a lo largo de la vida ha sido un libro; quizás el mejor libro sobre Zen que se haya escrito hasta ahora. Es traducido del francés y su redacción es pesada, con frases que forman párrafos enteros. Tras leer una de esas frases, uno se pregunta: "¿Qué dice ahí?" Eso les indica que es un libro difícil, pero aun así proporciona la mejor explicación que yo haya encontrado acerca del problema humano. En alguna época lo estudié durante diez o quince años; mi ejemplar parece haber pasado por una máquina lavadora. El libro se llama *La doctrina suprema* y su autor es Hubert

Benoit, un psiquiatra francés que, a raíz de un grave
accidente, quedó prácticamente paralizado durante varios
años. Debía permanecer acostado todo el tiempo, y como
el problema humano era el eje principal de su interés,
aprovechó todos esos años de quietud para analizarlo
a fondo.

El término que Benoit utiliza para describir la contracción emocional generada por nuestros esfuerzos por
protegernos es "espasmo". Al parloteo incesante de
nuestro diálogo interior lo denomina "la película imaginaria". Para él, el momento crítico llega cuando se da
cuenta de que "este espasmo, al cual he calificado de
anormal, está en el camino que lleva al *satori* [ilumi-
nación]... Uno bien puede decir que lo que se debe
percibir, debajo de la película imaginaria, es cierta
sensación profunda de entumecimiento, de fuerza
paralizante, de frío inmovilizador... y que es sobre este
lecho duro, inmóvil y frío, que nuestra atención debe
permanecer fija; como si estiráramos cómodamente el
cuerpo sobre una roca dura pero amable, que se amolda
con precisión a las líneas de nuestro cuerpo".

Lo que Benoit quiere decir es que cuando descansamos en paz con nuestro dolor, ese reposo es la "puerta
sin puerta". Pero ése es el último lugar donde deseamos
estar; no es agradable y toda nuestra estrategia tiene por
objeto buscar lo placentero. No, nosotros deseamos a
alguien que nos consuele, nos salve y nos dé la paz;

ése es el objeto de nuestros incensantes pensamientos, planes y estratagemas. Sólo cuando permanecemos con aquello que está debajo de la película imaginaria, y descansamos allí, comenzamos a comprender. Yo suelo explicar esto de la siguiente manera: en lugar de quedarnos con nuestros pensamientos, los clasificamos hasta que se aquietan un poco, y luego hacemos lo posible por quedarnos con lo que realmente es, la no-dualidad que es la sensación de nuestra vida en este preciso momento. Esto es algo que va en contra de todo lo que deseamos, de todo lo que la cultura nos enseña. Pero es la única solución real, la única puerta hacia la paz.

A medida que tratamos de acomodarnos a nuestra sensación de dolor, la encontramos tan abrumadora que nos retiramos inmediatamente. Tan pronto como caemos en la sensación de malestar, regresamos veloces a la película imaginaria. Sencillamente no deseamos estar en la realidad de lo que somos. Eso es humano; no es bueno ni malo, y se necesitan años de paciente práctica para entrar cada vez más en contacto con esa realidad, y sentirnos cómodos en ella, hasta que finalmente, como dice Benoit, es sólo una roca dura y amable que se amolda con precisión a nuestras formas y sobre la cual podemos descansar y encontrar la paz.

Algunas veces podemos descansar allí por un tiempo, pero el hábito nos hace regresar a nuestra vieja actividad mental. Y entonces repetimos el proceso una y otra vez. Con el tiempo, la paz llega precisamente a través de ese proceso incesante; y si se completa, podemos llamarlo *satori* o despertar.

La película imaginaria genera el espasmo, y el espasmo genera la película imaginaria. Es un ciclo interminable que sólo se interrumpe cuando tomamos la decisión de encontrar descanso en el dolor. La capacidad para hacerlo implica estar un poco desilusionados, haber reconocido que no podemos esperar que nuestros pensamientos o sentimientos sean una solución. Mientras tengamos la esperanza de que la promesa se cumplirá, no podremos descansar en las sensaciones dolorosas del cuerpo.

Por lo tanto, la práctica tiene dos partes. Una es la desilusión sin fin. Todo lo que nos desilusiona en la vida es un buen amigo; y todos sufrimos desilusiones de una u otra forma. Si no nos desilusionamos, jamás agotaremos el deseo de volver victoriosos a la cima. Al final nadie gana; nadie sobrevive. Pero, aun así, ése sigue siendo el motor de nuestra vida, nuestro sistema. La única forma de minarlo es "sentándonos" durante años, y por medio de la vida; por eso la práctica y la vida deben ser una misma cosa.

Tenemos la ilusión de encontrar la felicidad en los demás; de que nuestra vida funcione gracias a ellos. Mientras no desgastemos esa ilusión, no habrá una solución real. Debemos disfrutar de la compañía de los demás, pero no esperar ninguna otra cosa. Ellos son parte de la maravilla de la vida; no están aquí para hacer algo por nosotros. Mientras no se desvanezca esta ilusión, no podremos encontrar tranquilidad en el espasmo, en la contracción emocional. Huiremos y volveremos a nuestros pensamientos: "Sí, pero si hago esto o aquello, mi vida mejorará..."

La vida es una serie interminable de desilusiones y es maravillosa sólo porque no nos da lo que deseamos. Para echar a andar por ese camino se necesita valor, y muchas personas no lo logran en esta vida. Todos estamos en distintos puntos del camino; eso está bien. Sólo unos pocos, enormemente persistentes y que ven todo en la vida como una oportunidad y no como una ofensa, lograrán comprender al final. Así, si invertimos todos nuestros esfuerzos en lograr que nuestra estrategia funcione mejor, lo único que haremos es poner a girar la rueda. Nuestra desgracia subsiste hasta el día en que morimos.

Por consiguiente, la vida es sólo oportunidad y nada más. Y eso incluye todo lo imaginable. Sólo cuando nos desilusionemos de la película imaginaria que echamos a andar permanentemente (escasamente abrimos los ojos en la mañana y ya comienza), podremos quedarnos con el espasmo. Mientras tanto, rodaremos más y más película.

Ahora bien, no le pido a nadie que adopte esta descripción como una especie de creencia. La única

forma de conocer la realidad de esta práctica es hacién-
dola. Con el tiempo, algunas personas llegan (a veces
en forma intermitente, pero finalmente casi todo el
tiempo) a lo que los cristianos denominan "la paz que
está más allá de toda comprensión".

En momentos difíciles me ha servido pensar en ese
lecho frío e inmóvil, y estar dispuesta a yacer en él en
lugar de luchar. Con el tiempo nos damos cuenta de
que ese lecho es el único sitio apacible, la fuente de
la acción transparente.

Todo esto suena difícil, pero la verdad es que las
personas que practican permanentemente son las que
disfrutan la vida. Ésta es la puerta sin puerta hacia el
gozo. Las personas que comprenden esto y tienen el
valor para hacerlo, son las que finalmente conocen el
gozo. No me refiero a la felicidad infinita (eso no existe),
sino al gozo.

ESTUDIANTE: Si nos quedamos con nuestro malestar,
¿descubriremos que no es tan terrible y que podemos
aventurarnos un poco más?

JOKO: Correcto. Podemos aprender, por ejemplo, que
podemos funcionar aun estando deprimidos. Sencillamente seguimos adelante y lo hacemos. No tenemos
que sentirnos bien para funcionar normalmente. Cuanto más podamos ir en contra de nuestro rígido sistema,
mejor.

ESTUDIANTE: Cuando usted habla del espasmo, suena como si fuera parte del sistema rígido.

JOKO: No. Es producto del sistema rígido, pero es la única parte del sistema que ofrece la posibilidad de una solución. Por ejemplo, si tenemos pensamientos de ira, el cuerpo tiene que tensionarse; no podemos pensar en alguien con ira sin tensionarnos. Y si nuestra estrategia habitual es de ira y agresión, el cuerpo permanecerá contraído la mayor parte del tiempo. Pero es la única parte del sistema que nos ofrece una puerta para ir más allá; porque podemos sentir el espasmo y dejarlo en paz, éste queda libre para abrirse. Esto puede tardar cinco años, pero sucederá.

ESTUDIANTE: Mientras no renunciemos a la idea de tratar de protegernos de la vida o de luchar contra la forma como se nos presentan las cosas en este momento, volveremos una y otra vez al estado de contracción, esto es, al "¡No me agrada esto!" Siempre sucede.

ESTUDIANTE: ¿Dónde se localiza la contracción?

JOKO: Donde quiera que cada uno la sienta. Puede ser en la cara, en los hombros, en cualquier parte. Con mucha frecuencia se localiza en la parte baja de la espalda.

ESTUDIANTE: Me parece que buena parte de mi condicionamiento es inconsciente o subconsciente. Conscientemente puedo sentirme transparente y liviano; no obstante, el condicionamiento está ahí y me hace volver al calambre, al lecho duro, al espasmo, aunque mi mente consciente no perciba nada.

JOKO: Correcto. Recuerde que, en cierto sentido, el inconsciente no existe; lo que sucede es que lo que se revela es muy sutil. Además, buena parte de aquello de lo que hemos estado hablando no es en realidad una contracción severa.

ESTUDIANTE: Usted dijo que en una buena práctica el acto mismo de sentir va de la mano con la identificación de los pensamientos. ¿Significa eso que el pensamiento que no atrapamos podría revelarse por sí mismo cuando experimentamos verdaderamente el espasmo?

JOKO: Sí. A medida que practicamos y tomamos más consciencia de las cosas, comienzan a aflorar cada vez más pensamientos de los cuales no somos conscientes. Y de repente comprendemos: "Ah, no me había dado cuenta de eso antes". Eso sencillamente aflora.

ESTUDIANTE: ¿En qué consiste el espasmo repetitivo, ese temblor del cuerpo que tiende a ocurrir a veces con este tipo de práctica?

JOKO: Si verdaderamente nos quedamos con el espasmo, muchas veces nuestro cuerpo comenzará a temblar, o comenzaremos a llorar, porque cuando realmente ponemos atención a lo que sucede con nuestro cuerpo, y le damos libertad para ser como es, éste comienza a abrirse y la energía que generalmente permanece bloqueada aflora a la superficie. Puede manifestarse en forma de llanto, temblor u otros movimientos involuntarios.

Estudiante: ¿Querría hablar un poco más sobre los sentimientos?

Joko: Los sentimientos son sencillamente pensamientos sumados a sensaciones corporales.

Estudiante: ¿Qué se debe hacer cuando aflora un sentimiento?

Joko: Descomponerlo. Ver cuáles son los pensamientos, o entrar en el cuerpo.

Estudiante: ¿Es posible que el acto de sentir desencadene recuerdos o estimule aprendizajes?

Joko: Sí, algunas veces. Cuando persistimos en el puro acto de sentir, el espasmo a veces se abre y vemos ciertas imágenes del pasado. Pero yo no me preocuparía por eso; es sólo cuestión de dejarlas llegar e irse. La práctica no es cuestión de autoanálisis, puesto que no hay un yo. Sin embargo, en una práctica basada en el acto de sentir, cada vez más la vida comienza a surgir a partir del no yo, como una vida de funcionamiento directo y eficaz y —¡sí!— de pensamientos claros y valiosos. La clave está en el acto de vivir.

Cubos de hielo
que se derriten

Es útil comprender el aspecto técnico de la práctica, la base teórica del acto de "sentarse". Pero a los alumnos, por lo general, les disgustan las explicaciones técnicas y prefieren las analogías concretas. Algunas veces, la mejor forma de explicar algo es por medio de metáforas simples, incluso tontas. Por lo tanto, quisiera hablar de la práctica Zen como "la forma de ser de un cubo de hielo".

Imaginemos por un momento a los seres humanos como grandes cubos de hielo, de sesenta centímetros de alto por otros tantos de largo y de ancho, con una cabecita pequeña y piernas largas y delgadas. La mayor parte del tiempo, nuestra vida es un ir y venir de cubos de hielo que chocan entre sí hiriéndose con sus puntas cortantes. A veces nos golpeamos con tanta fuerza que se rompen los bordes. Para protegernos nos congelamos lo más posible con la esperanza de que al chocar con otros, ellos se rompan primero. Nos congelamos por temor. Nuestros temores nos hacen rígidos, inflexibles y duros, y cuando chocamos con otros creamos un verdadero alboroto. Cualquier obstáculo o dificultad imprevista puede quebrarnos.

Los cubos de hielo sufren. Lo cubos de hielo tienen penas. Cuando somos duros y rígidos, por mucho cuidado que tengamos, tendemos a perder el equilibrio y a rodar sin control. Tenemos bordes cortantes que hieren, y no solamente lesionamos a los demás sino que nos lesionamos a nosotros mismos.

Al estar congelados no tenemos agua para beber y, por lo tanto, vivimos sedientos. Durante las fiestas nos descongelamos un poco y bebemos, pero esa bebida en realidad no nos satisface debido al temor interior, que nos mantiene congelados y resecos. El descongelamiento es sólo temporal y superficial, pues en el fondo continuamos sedientos y ansiosos de satisfacción.

Algunos cubos de hielo, más inteligentes, buscan otros caminos para escapar de la desgracia de su vida. Al reconocer sus bordes cortantes y la dificultad para entrar en contacto con los demás, tratan de ser amables y comedidos. Eso ayuda hasta cierto punto, pero un cubo de hielo es un cubo de hielo y su dureza elemental no desaparece.

Sin embargo, unos pocos afortunados pueden encontrarse con un cubo de hielo que ya se ha derretido y se ha convertido en un charco. ¿Qué pasa cuando un cubo de hielo se encuentra con un charco? El agua un poco más cálida del charco comienza a derretir el hielo. La sed disminuye cada vez más. El cubo de hielo comienza a darse cuenta de que no necesita ser tan duro, tan rígido y frío; y que hay otra forma de existir en el mundo. El cubo de hielo aprende a crear su propio calor mediante el simple proceso de observación. El fuego de la atención comienza a romper su dureza. Al observar la manera como choca contra otros y causa daño, al ver sus propios filos cortantes, el cubo de hielo comienza a darse cuenta de su frialdad y su rigidez. Y entonces sucede algo extraño. A medida que los cubos de hielo toman consciencia de sus actividades y observan su "cúbica frialdad", se tornan más blandos y flexibles, y comprenden mejor las cosas simplemente observando lo que son.

Los resultados son contagiosos. Supongamos que dos cubos de hielo se casan. Cada uno de ellos se protege y trata de cambiar al otro. Pero ninguno de los dos puede realmente "arreglar" al otro, puesto que ambos son rígidos y duros, con afilados bordes. Pero si uno de los cubos de hielo comienza a derretirse, el otro —si se acerca— también comienza a derretirse y a adquirir sabiduría y conocimiento. En lugar de ver al otro cubo de hielo como el problema, comienza a tomar consciencia de su propia "cúbica frialdad". Ambos aprenden que el testigo, la consciencia de la actividad de cada uno, es como el fuego. Es un fuego que no se puede avivar con esfuerzo; uno no puede esforzarse por derretirse. Ése es el trabajo del testigo, que en cierto sentido no es nada, y en otro sentido lo es todo: "No yo, sino el Padre que vive en mí", como dijo Cristo. La consciencia, el testigo que llevamos dentro es "el

Padre", que es lo que somos en realidad. Pero para que el testigo pueda hacer su trabajo, no debemos quedar atrapados en la rigidez y la dureza, en el ciclo incesante de chocar contra otros y luchar por cambiarlos. Si lo hacemos, debemos tomar consciencia de ello para permitir que el testigo haga su trabajo.

Algunos cubos de hielo comienzan a comprender y hacen su tarea. Pueden incluso llegar a aguarse un poco. Lo primero que observo en los practicantes de Zen es que les cambia el rostro. Su expresión se dulcifica; ríen de manera diferente y se ablandan un poco. Pero el trabajo es difícil y algunos cubos de hielo, incluso cuando comienzan a ablandarse, se hartan del proceso. Dicen: "Lo único que deseo es volver a ser un tranquilo cubo de hielo. Es cierto que es un estado de soledad y frío, pero por lo menos no produce tanto sufrimiento. Sencillamente ya no deseo estar consciente". Sin embargo, la verdad es que cuando uno se ablanda y comienza a aguarse, es imposible endurecerse de nuevo. Podría decirse que ésa es una de "las leyes de los cubos de hielo" (con el perdón de la física). Un cubo de hielo que comienza a aguarse, no puede olvidar jamás ese estado. Ésta es la razón por la que le digo a la gente que no debe practicar a menos que esté lista para la etapa siguiente. No podemos dar marcha atrás. Una vez que comenzamos a practicar y a derretirnos, nos ablandamos y no hay discusión. Quizás pensemos que podemos regresar a la vida de antes, e incluso hacer el intento; pero no se puede violar el proceso, esa "ley básica de los cubos de hielo". Una vez que estamos un poco aguados, es para siempre.

Algunos cubos de hielo practican esporádicamente y tienen tan sólo un ligero cambio durante la vida, se ablandan sólo un poco. Pero quienes comprenden verdaderamente el camino y practican con constancia, se derriten hasta formar un charco. Lo curioso de estos charcos es que a medida que otros cubos de hielo pasan por entre ellos, comienzan también a derretirse y aguarse. Aunque sólo nos derritamos un poco, los que nos rodean también se ablandan. Es un proceso fascinante.

Muchos de mis alumnos están derretidos. Con frecuencia detestan pasar por el proceso; pero en realidad, cuando lo pensamos bien, el trabajo de un cubo de hielo es precisamente derretirse. Cuando todavía estamos congelados creemos que nuestro trabajo consiste en ir por ahí golpeando a otros cubos de hielo, o recibiendo golpes. Como carritos chocones, nos estrellamos y rebotamos para luego seguir nuestro camino. Es una vida muy solitaria y fría. De hecho, lo que realmente deseamos es derretirnos. Queremos ser charcos. Quizás lo único que podemos decir sobre la práctica es que con ella aprendemos a derretirnos. En ocasiones decimos: "Déjenme solo. No me toquen; quiero ser un cubo de hielo". Pero una vez que comenzamos a ablandarnos, es imposible olvidar el proceso. Con el tiempo, la esencia de los cubos de hielo se destruye. Pero ¿realmente se destruye el cubo de hielo que se ha convertido en charco? Podríamos decir que ha dejado de ser un cubo de hielo, pero que su yo esencial ha encontrado la realización.

Es obvio que comparar la vida humana con un cubo de hielo es una tontería. Pero veo cómo la gente choca entre sí, con la esperanza de ganar algo agrediendo a los demás. Eso nunca sucede; alguien debe bajar los puños y sencillamente "sentarse" con el hecho de ser un cubo de hielo. Debemos tan sólo "sentarnos" y observar, y percibir la sensación de ser lo que somos —realmente sentirla. No es mucho lo que podemos hacer con respecto a los otros cubos de hielo. De hecho, eso no es asunto nuestro. Lo único que podemos hacer es convocar cada vez más al testigo. Cuando volvemos los ojos hacia él, comenzamos a derretirnos. Al hacerlo, otros cubos de hielo también comienzan a derretirse poco a poco. Es perfectamente natural tratar de frenar el proceso de descongelamiento una vez que comienza, desear volver al estado de congelamiento, tratar de controlar y manipular a todas las demás criaturas congeladas que se cruzan por nuestro camino. Eso nunca me preocupa, porque cualquier persona que haya practicado durante un tiempo sabe lo suficiente. No podemos endurecernos de nuevo porque, muy en el fondo, sabemos algo que antes desconocíamos. No podemos regresar.

La próxima vez que hablemos con enojo, o nos quejemos, o tratemos de "arreglar" o analizar a los demás, estaremos entrando en el juego inútil de los cubos de hielo. Esos esfuerzos sencillamente no funcionan. Lo que produce resultados es cultivar al testigo que siempre está allí, aunque no podamos verlo por estar ocupados chocando con otros cubos de hielo. Aunque no dejemos espacio en nuestra vida para el testigo, él siempre está allí. Es lo que somos. Aunque todos tratamos de evitarlo con frecuencia, no podemos.

A medida que nos ablandamos, nos damos cuenta de que el charco atrae a muchos otros cubos de hielo. Algunas veces hasta el charco preferiría ser un cubo de hielo. Cuanto más nos acercamos al charco, mucho mayor es el trabajo que nos espera. El charco es como un imán que atrae a los cubos de hielo que desean derretirse. Por lo tanto, a medida que goteamos más y más, atraemos más trabajo —y eso está bien.

Estudiante: Me gusta la analogía, porque cuando el charco es transparente refleja el todo. ¿Podría hablar más acerca de la forma como nace el testigo?

Joko: El testigo siempre está ahí. Pero mientras el cubo de hielo no vea otra cosa que hacer excepto chocar contra los demás cubos de hielo o tratar de evitarlos,

es como si el testigo estuviera maniatado. Para que el
cubo de hielo tome consciencia de su actividad, es preciso
que se produzca un cambio. Mientras toda nuestra
consciencia esté fija en lo que hacen los demás cubos
de hielo, el testigo no puede aparecer, aunque esté
presente todo el tiempo. Cuando comenzamos a ver
que el problema no está en los demás cubos de hielo,
sino que quizás debemos buscarlo en nosotros mismos,
el testigo aparece automáticamente. Comenzamos a
darnos cuenta de que el problema no está "allá afuera",
sino que siempre está aquí.

ESTUDIANTE: Como cubo de hielo, puedo abrigar la ilusión de que nada puede entrar o salir, de modo que
estoy protegido. Sin embargo, cuando comienza el
deshielo, me doy cuenta de que todo penetra dentro
de todo —incluidas cosas como la contaminación, la
guerra, la desesperanza, etc. Reconocer esta mezcla puede
ser causa de gran temor y desaliento. ¿Podría hablar
sobre el temor y los demás estados emocionales que
surgen cuando uno está en la transición entre el cubo
de hielo y el charco?

JOKO: Es cierto que ese estado intermedio de descongelamiento está lleno de temor y resistencia. En cierta
forma, ser un cubo de hielo funciona, o parece que
funciona; pero el cubo de hielo está solo y sediento.
Cuando comenzamos a derretirnos, somos más vulne-

rables a los demás. Si no comprendemos lo que está sucediendo, el temor aumenta. Por consiguiente, ese estado aguado, que marca el comienzo del deshielo, siempre va acompañado de resistencia, de temor ante la idea de que el mundo se nos venga encima. La reacción es tratar de endurecernos de nuevo para escapar de esas nuevas exigencias que no sabemos manejar. Las exigencias quizás no sean bienvenidas; nuestra resistencia tenderá a solidificarse; pero aun así, no puede durar.

La gente a veces me dice: "He estado practicando durante seis meses y todo en mi vida ha empeorado". Antes de la práctica, ellas tenían la ilusión de saber quiénes eran; ahora están confundidas y no se sienten bien —de hecho, la sensación puede ser terrible, pero es absolutamente necesaria. A menos que reconozcamos esa necesidad, podemos perder totalmente la motivación. Algunas veces, la práctica puede ser muy desagradable. La idea de que todo se siente cada vez mejor y que vamos hacia adelante y hacia arriba, es bastante falsa.

ESTUDIANTE: Cuando comencé a "sentarme", me sentía como si estuviera muerto del cuello hacia abajo. Me sentía exactamente como el cubo de hielo que usted describió: una cabeza encima, los pies abajo, y un computador ambulante pero muerto en el centro. La práctica ha desatado muchos sentimientos dentro de mí; por ejemplo, he llorado mucho, lo que se siente como un lento derretirse para convertirse en charco.

JOKO: Excelente. Yo veo procesos de deshielo en la mayoría de mis estudiantes. No siempre es agradable, pero en cierta forma es maravilloso. Sentimos que en realidad nos convertimos en lo que somos de verdad. Claro que siempre hay resistencia; las dos cosas van de la mano. La gente piensa que la resistencia es algo terrible, pero la verdadera naturaleza de la práctica es resistir. Eso no es algo que venga por añadidura.

ESTUDIANTE: ¿El hecho de ser madre tiende a volvernos blandos? Yo creo que las madres deben abrirse a sus hijos y que eso tiende a derretir el cubo de hielo.

JOKO: Ser madre puede ser un excelente entrenamiento. Pero aun así, he conocido madres bastante heladas, como lo fui yo misma en una época.

El castillo
y el foso

En todos los años que llevo enseñando, he conocido a muy pocas personas que no hayan estado inmersas, en mayor o menor medida, en algún tipo de situación que ellos perciben como un problema. Parece que nuestra vida estuviera enterrada debajo de una nube espesa y profunda, o que estuviéramos dentro de un cuarto oscuro luchando contra nuestro "justo castigo". Cuando quedamos atrapados en esta lucha, nos cerramos al mundo. Francamente no tenemos tiempo para él, por estar enfrascados en nuestras preocupaciones. Lo único que nos interesa es solucionar nuestro problema. No podemos ver que el problema que nos preocupa no es el *verdadero* problema. He escuchado un sinnúmero de versiones: "Me siento tan sola", "Mi vida es vacía y no tiene sentido", "Lo tengo todo pero aun así...", y muchas más. No vemos que el problema que aflora a la superficie es sólo la punta del iceberg. De hecho, aquello que consideramos como nuestro problema es, en realidad, un pseudoproblema.

Obviamente, nosotros no lo sentimos así. Por ejemplo, si soy casada y mi esposo un buen día me abandona, me será imposible pensar que ése sea un pseudoproblema. Pasará mucho tiempo antes de que yo pueda reconocer que eso que yo llamo mi problema, no es el verdadero. Porque el verdadero problema no es la parte que podemos ver fácilmente en la superficie; es la parte del iceberg que se encuentra sumergida en el agua. Para una persona, el témpano podría ser la creencia arraigada de que necesita controlarlo todo; para otra podría ser la necesidad de hacerlo todo con absoluta perfección. Pero la verdad es que nadie puede controlar el mundo mediante su poder, o su inutilidad, o a través de su encanto, o su éxito, o su agresividad; ni tampoco puede controlarlo con su amabilidad o su dulzura, o mediante el drama de sentirse víctima. Debajo del problema manifiesto hay un patrón más fundamental que debemos conocer. Ese problema subyacente es una actitud dominante hacia la vida, una vieja decisión engendrada por nuestros temores de infancia. Si no nos damos cuenta de esto, y continuamos perdidos tratando de manejar el pseudoproblema que se nos presenta, permaneceremos ciegos frente a la gente y todo lo que sucede.

Sólo cuando empieza a fallar nuestra ciega forma de ver la vida, comenzamos a tener una ligera sospecha de que nuestro pseudoproblema es un castillo tenebroso en el cual estamos presos. El primer paso en cualquier práctica es saber que estamos presos. La mayoría de la gente no tiene la menor idea: "Yo estoy perfectamente bien". Sólo cuando reconocemos nuestra prisión, podemos comenzar a buscar la puerta de salida.

Cuando estamos lo suficientemente despiertos para reconocer que estamos en prisión.

Es como si mi problema fuera un castillo oscuro e imponente, rodeado de agua, y yo encontrara un pequeño bote de remos en el cual comenzara a alejarme del castillo. A medida que me alejo, miro hacia atrás y el castillo se hace cada vez más pequeño. El foso de agua es enorme, pero finalmente logro cruzarlo hasta llegar a la otra orilla. Ahora, cuando miro hacia el castillo, éste se ve diminuto. Puesto que ha quedado en la distancia, ya no me produce el mismo interés. Entonces comienzo a prestar más atención al sitio donde me encuentro en este momento. Miro el agua, los árboles y los pájaros. Quizás haya gente remando en el agua, disfrutando del aire puro. Un día, mientras disfruto del paisaje, miro hacia donde estaba el castillo y descubro que ha desaparecido.

La práctica es como el proceso de cruzar el foso. Al principio, estamos atrapados en nuestro pseudoproblema. Pero en algún momento, nos damos cuenta de que lo que parecía un problema no lo es después de todo; que nuestro problema es mucho más profundo. Y entonces vemos una luz. Logramos encontrar una puerta de salida y alejarnos para ver nuestras luchas desde otra perspectiva. El problema puede continuar cubriéndonos como una enorme sombra, como un gigantesco castillo tenebroso, pero al menos estamos fuera, viéndolo desde la distancia. Al comenzar a remar podemos sentir que las aguas están agitadas y oponen resistencia a nuestro esfuerzo. Una tormenta puede devolvernos a la orilla, de manera que debemos permanecer allí durante un tiempo. Pero continuamos insistiendo hasta que en algún momento ponemos distancia entre nosotros y el castillo tenebroso. Comenzamos a disfrutar la vida del exterior. Con el tiempo, logramos disfrutarla hasta tal punto que el castillo parece ser sólo un desecho más que flota en el agua, no más importante que cualquier otra cosa.

¿Cuál es nuestro castillo? ¿Cuál es nuestro pseudoproblema? ¿Y cuál es el iceberg sumergido, el problema profundo que maneja nuestra vida? El castillo y el iceberg son la misma cosa. ¿Qué son? La respuesta es distinta para cada persona. Cuando comenzamos a darnos cuenta de que el problema que nos afecta en este momento no es el problema real de nuestra vida, sino sencillamente un síntoma de un asunto mucho más profundo, comenzamos a conocer nuestro castillo. Cuando llegamos a conocerlo suficientemente bien, comenzamos a encontrar la salida.

Podríamos preguntar por qué permanecemos encerrados en el castillo. Lo hacemos porque no reconocemos el castillo, ni sabemos cómo conseguir nuestra libertad. El primer paso de la práctica consiste siempre en ver y reconocer nuestro castillo o prisión. La gente está presa de muchas maneras diferentes. Un castillo podría ser, por ejemplo, la búsqueda permanente de una vida emocionante y vibrante, llena de placeres y cosas nuevas. Aunque las personas que son así son muy estimulantes, es difícil vivir con ellas. Vivir en un castillo no significa tener una vida de preocupaciones, angustia y depresión. Las prisiones más sutiles están muy lejos de ser así. Cuanto mayor es nuestro éxito en el mundo exterior, más difícil es ver el castillo que nos rodea. El éxito no es malo, pero si no nos conocemos a nosotros mismos, éste puede ser una prisión. He conocido a personas muy famosas en su campo de trabajo que, no obstante, viven prisioneras en su castillo. Son personas que llegan a la práctica solamente cuando algo se quiebra; aunque el éxito externo por lo general hace más difícil reconocer ese resquebrajamiento. Cuando aparecen grietas reales en las paredes del castillo, podemos comenzar a investigar nuestra vida. Los primeros años de práctica son para conocer el castillo donde estamos encerrados y comenzar a buscar el bote de remos. La travesía a través del foso puede ser tortuosa, especialmente al principio. Podemos encontrar tormentas y olas enormes cuando nos separamos del sueño que hemos creado acerca de lo que somos y de lo que creemos que debiera ser nuestra vida.

Sólo la consciencia de lo que está sucediendo nos permite terminar la travesía. Con la práctica, no con el esfuerzo, se desarrolla gradualmente la capacidad de mantener la consciencia cuando surgen los pseudoproblemas. Cuando ocurren sucesos que nos desagradan, creamos pseudoproblemas y nos quedamos atrapados en ellos: "Usted me ofendió y, por supuesto, ¡estoy furiosa!", "Estoy tan solo. Nadie se interesa por mí", "Mi vida ha sido muy dura. Todos se han aprovechado de mí". Nuestro viaje no podrá terminar (y quizás nunca se completa en el lapso de una vida humana) mientras no nos demos cuenta de que no hay castillo y no hay problema. El trecho de agua que cubrimos en el bote siempre es sencillamente como es. ¿Cómo podría haber un problema? Mi "problema" es que no me agrada. No me gusta, no deseo que sea así, y por eso la vida no me funciona. De modo que a partir de mis opiniones, reacciones y juicios construyo un castillo en el cual me encierro.

La práctica me ayuda a comprender este proceso. En lugar de perderme en un disgusto, observo mis pensamientos y la contracción de mi cuerpo. Comienzo a ver que el incidente que me alteró no es el problema real; mi malestar se debe, en realidad, a mi particular forma de ver la vida. Cuando entiendo esto, puedo demoler mi sueño. Poco a poco comienzo a ganar cierta perspectiva. Mi bote se aleja del castillo que he construido, y así me libero gradualmente.

Cuanto más practicamos, más rápidamente nos movemos a través de este proceso, cada vez que surge.

El trabajo es lento y desalentador al principio, pero a medida que nuestra comprensión y destreza aumentan, el proceso se acelera y nosotros logramos ver que en realidad no hay tal problema. Podemos enfermar, o perder el poco dinero que tenemos; pero aun así, no hay problema.

Sin embargo, nosotros no vemos la vida de esta forma. Tan pronto como sucede algo que nos desagrada, desde nuestro punto de vista tenemos un problema. Así que la práctica del Zen no tiene por objeto acomodarse al problema; consiste en ver que no hay problema alguno. Éste es un camino muy distinto del que muchos de nosotros conocemos. La mayoría de nosotros tratamos, en general, de reparar el castillo en lugar de mirar a través de él y hallar el foso que lo rodea; éste último es el objetivo básico de la práctica.

La verdad es que la mayoría de nosotros no deseamos abandonar el castillo. Quizás no nos demos cuenta, pero nosotros adoramos nuestros problemas. Deseamos permanecer prisioneros en nuestras construcciones, retorcernos y ser las víctimas, y compadecernos de nosotros mismos. Con el tiempo quizás reconozcamos que esa vida no funciona muy bien. Ése es el momento en que podemos comenzar a buscar el foso. Pero aun así continuamos engañándonos, buscando soluciones que dejen intacto el castillo y nos mantengan encerrados. Si una relación, por ejemplo, parece ser el problema, preferimos emprender otra relación, en lugar de descubrir el problema subyacente —que es nuestra decisión fundamental sobre la vida, el castillo que hemos construido.

"Tengo una pierna rota", "Estoy enojado con mi novia", "Mis padres no me comprenden", "Mi hijo consume drogas", y así sucesivamente. ¿Cuál es la razón que nos separa de la vida en este momento y nos impide ver que las cosas sencillamente son como son? Sólo cuando apreciamos la vida en todos sus momentos, podemos decir que sabemos algo acerca de la vida religiosa.

La clave está en comprender; pero se necesita mucha práctica para comenzar a comprender lo que estoy describiendo, y se necesita valor para aventurarse a cruzar el foso y alejarse del castillo. Mientras permanezcamos encerrados en él podremos sentirnos importantes. Se necesita destreza y un interminable entrenamiento para cruzar el foso con rapidez y eficiencia. En realidad, no estamos muy dispuestos a dejar el castillo. Aunque estemos deprimidos, la depresión es lo que conocemos y no queremos ni pensar en abandonarla. Nos asusta abordar el bote y dejar atrás todas las cosas que han conformado nuestra vida. Encerrados en el castillo, permanecemos confinados a un espacio reducido. Nuestra vida es oscura y triste, lo reconozcamos o no. Pero, por suerte, la libertad (nuestro verdadero yo) no deja de llamarnos jamás.

Algunas personas llegan a la práctica cuando su vida está derrumbándose y su sueño personal ha fracasado. Esas personas, por lo general, están listas para empezar a demoler el castillo. Para otras, en cambio, el proceso es más lento. El proceso de "sentarse" inicia un asedio contra nuestro castillo personal; al poco tiempo comenzamos a verlo agrietarse, aunque antes nos pareciera sólido, y así tomamos consciencia, quizás con asombro, de ese primer resquebrajamiento.

ESTUDIANTE: Si un problema se *siente* verdaderamente como un problema, ¿no es un problema real? ¿Qué lo hace ser un problema falso?

JOKO: Supongamos que la persona que yo amo es trasladada por dos años a Europa, mientras que mis obligaciones me retienen aquí. Eso me parece un problema. Mi vida está unida a la de esa persona y la separación me produce infinita tristeza. Desde mi punto de vista personal, ése es un problema real; sin embargo, desde el punto de vista de la vida misma, mi compañero está sencillamente en Europa, y yo estoy sencillamente aquí. Punto. El único "problema" es mi opinión al respecto.

ESTUDIANTE: ¿Está usted diciendo que no se debe hacer nada al respecto, sino aceptar pasivamente todo lo que sucede?

Joko: No, de ninguna manera; ése no es el punto. Si tengo la posibilidad de ir con mi compañero a Europa, y eso está bien para todo el mundo, perfecto. Pero muchas veces nos encontramos en situaciones acerca de las cuales no podemos hacer nada. No siempre podemos reorganizar el mundo para acomodarlo a nuestras preferencias. La práctica nos ayuda a manejar las cosas tal y como son, sin agregarles nada.

Estudiante: ¿Cómo descubrir cuál es nuestro castillo? ¿Cuál es la estrategia?

Joko: La clave está en fijarnos en las cosas que nos molestan. El castillo está conformado por emociones egocéntricas. ¿Cuáles son algunas de estas emociones?

Estudiante: La ira; alguien dice algo que me disgusta.

Estudiante: La depresión.

Joko: La depresión es por lo general señal de que la vida no va por el camino que deseamos.

Estudiante: Los celos; no me agrada la forma como él la mira.

Estudiante: El resentimiento; porque yo di lo mejor de mí y ellos no reconocieron mi esfuerzo.

Joko: Ése es un sentimiento muy común entre los padres:

"Te di todo y ¿cómo me lo agradeces? ¡Yo te entregué los mejores años de mi vida!"

Cada castillo involucra intereses personales. El castillo puede estar construido sobre una aparentemente noble intención que, sin embargo, aloja en su interior pensamientos egocéntricos. Trabajar en favor de los desposeídos, por ejemplo, puede ser la forma de demostrarles a los demás y a nosotros mismos, que somos buenas personas y nos preocupamos por los otros seres humanos. (La cuestión no es si debemos ayudar a los desposeídos, sino la razón por la cual lo hacemos.)

ESTUDIANTE: La persona que vive dentro de un castillo, siempre cree que su castillo está fundamentado en la realidad ¿no es verdad?

JOKO: Sí, pero no es así. El castillo es creado por nuestra decisión profunda de que así es la vida. Y cada vez que esa decisión sea puesta en duda de una u otra forma, el castillo temblará.

ESTUDIANTE: ¿Esa decisión es producto de alguna experiencia que tuvimos en el pasado?

JOKO: Sí, aunque quizás no recordemos esa experiencia.

ESTUDIANTE: ¿Es posible tener más de un castillo? O ¿vive cada uno en un castillo general?

JOKO: La mayoría de las personas viven solamente en

un castillo, que tiene muchas habitaciones. En la mayoría de los casos, el castillo surge de una decisión fundamental sobre la vida, aunque esta decisión puede manifestarse de muchas maneras diferentes. Debemos descubrir las distintas formas en que nuestra decisión se manifiesta; debemos conocer muy bien nuestro castillo.

ESTUDIANTE: ¿Conocer nuestro castillo significa tomar consciencia de la tensión de nuestro cuerpo?

JOKO: Sí, y además observar e identificar nuestros pensamientos. Al hacerlo, lentamente iremos abriendo la puerta del castillo y encontraremos el camino hacia el bote que nos permitirá cruzar el foso. Éste es un proceso gradual, no hay una clara línea divisoria. Y tampoco abandonamos el castillo de una vez y para siempre. Algunas veces éste parecerá muy distante, pero de repente surgirá algo que antes no habíamos visto, y regresaremos de nuevo al castillo. Nadie conoce en su totalidad las habitaciones de su castillo personal.

ESTUDIANTE: La analogía del castillo y el foso es útil, pero estoy seguro de que tan pronto como deje de meditar y regrese a las actividades corrientes de mi vida, perderé la claridad.

JOKO: El objetivo de la práctica y de una charla como ésta es aclarar los problemas que encontramos al regresar a las actividades corrientes de nuestra vida, y ayudarnos a manejarlos. Con una buena práctica, esta habilidad aumenta progresivamente; aunque es cierto que podemos caer fácilmente en los viejos patrones. En sí, una charla como ésta no sirve de nada; lo único que cuenta es lo que la gente haga con ella. ¿Podemos mirar con franqueza aquellas cosas que nos molestan y observar nuestro disgusto? ¿Podemos ganar cierta perspectiva? Ése es el objetivo del foso: volver la mirada al castillo y verlo con mayor nitidez. Aunque suena fácil, es monumentalmente difícil, especialmente al comienzo. La dificultad no es mala; es sencillamente como es.

ESTUDIANTE: ¿Diría usted que el castillo es toda nuestra personalidad, o solamente nuestras opiniones particulares y nuestros intereses personales?

JOKO: La palabra *personalidad* implica una estructura rígida o permanente. Nuestra personalidad es la estrategia que hemos diseñado para enfrentar la vida. En ese sentido, el castillo es nuestra personalidad. Con la práctica, algunas características predominantes de nuestra personalidad se desvanecen. En aquellas personas que han practicado bien durante un buen tiempo, la personalidad tiende a desaparecer y a dejar un espacio abierto. En cierta forma, cuanto más nos "sentemos", menos personalidad tendremos.

ESTUDIANTE: Yo la conozco a usted desde hace muchos años y me parece que ahora tiene más personalidad que nunca.

JOKO: Con el tiempo, la buena práctica nos ayuda a responder mejor a lo que sucede a nuestro alrededor. En lugar de responder siempre de la misma forma, lo hacemos con más libertad, de una manera que se adapte más a la situación. La práctica aumenta nuestra habilidad para responder adecuadamente; y la personalidad deja de ser una barrera.

V

Consciencia

La paradoja
de la consciencia

Cuando nos "sentamos" es importante permanecer totalmente quietos, en la medida de lo posible. Tomar consciencia de nuestra lengua, de los ojos, del inquieto movimiento de nuestros dedos. Y si ellos se mueven, es importante que seamos conscientes de ese movimiento. Cuando queremos pensar, los globos oculares se mueven: tenemos formas muy sutiles de escapar de nosotros mismos. La quietud absoluta es un estado muy opresivo y desagradable para el ser humano. Lo es para mí. Cuando he permanecido "sentada" durante varios períodos, siento la necesidad de hacer algo, de arreglar algo, de ocuparme en algo. No debemos estar rígidos o tensos, sino sencillamente mantener la quietud tanto como sea posible. Lo último que deseamos hacer es ser simplemente lo que somos.

Todos deseamos muchas cosas: consuelo, éxito, amor, sabiduría, el estado de iluminación de Buda. A medida que surgen los deseos, comenzamos a hacer esfuerzos para convertir la vida en algo distinto de lo que es. De manera que lo último que deseamos hacer es permanecer quietos. En medio de la quietud absoluta, tomamos consciencia de no querer ser lo que somos en ese mismo segundo. Y eso es algo que nos molesta mucho; sencillamente no deseamos hacerlo. El maestro Rinzai dijo: "No gastes ni siquiera un solo pensamiento en buscar el estado de Buda". Eso significa ser como somos en cada momento, segundo a segundo. Es lo único que necesitamos hacer en la vida, aunque el deseo humano sea perseguir otras cosas. ¿Cuáles son algunas de las cosas que perseguimos mientras estamos "sentados"?

Estudiante: Consuelo.

Estudiante: Dejar de pensar.

Joko: Tratamos de dejar de pensar, en lugar de tomar consciencia de nuestro pensamiento.

Estudiante: Tener alguna forma de intensa experiencia física, un estado alterado de la consciencia.

Estudiante: Paz.

Estudiante: Estar más despierto, menos dormido. O deshacerme de la ira.

Joko: También podemos recordar una época en que nos sentíamos muy bien, y tratar de recuperar esa sensación. Si no dedicamos ni un solo pensamiento a buscar el estado de Buda, ¿qué debemos hacer?

Estudiante: No aferrarnos y estar dispuestos a ser lo que somos y a estar en el lugar donde estamos.

Joko: Sí, a ser lo que somos y a estar donde estamos: aquí y ahora. Cuando nos "sentamos", estamos dispuestos a hacer esto durante unos tres segundos; pero después, casi inmediatamente, aparece el deseo de movernos, de juguetear, de pensar, de hacer algo.

En términos muy simples, hay dos tipos de práctica. Una consiste en tratar constantemente de ser mejores. Aumentamos nuestra energía; nos alimentamos mejor; nos purificamos de alguna forma; nos obligamos a pensar con claridad. La gente piensa que el resultado de todos esos esfuerzos es "el despertar", pero no es así. Claro está que es bueno comer bien, hacer ejercicio, hacer cosas para mejorar la salud. Y ese esfuerzo por mejorar nuestra vida, por seguir un camino que nos lleve a alguna parte, puede producir personas que nos parecen muy santas, tranquilas y admirables.

Sin embargo, desde el punto de vista del segundo tipo de práctica, esta noción de convertirnos en seres mejores y diferentes es una tontería. ¿Por qué? Porque siendo sencillamente como somos, estamos bien. Pero como no nos sentimos bien como somos, viene la confusión, el malestar y la ira. La afirmación de que estamos bien como somos no tiene mucho sentido para nosotros.

Podemos explicar esto de otra forma. Si tomamos consciencia de nuestros pensamientos, estos tienden a desaparecer. Cuando tomamos consciencia de lo que pensamos, nuestro pensamiento comienza a apagarse, a desvanecerse. Un pensamiento es sólo un impulso de

energía; sin embargo, a ese pensamiento le agregamos
nuestras creencias —fruto de nuestro condicionamiento
anterior—, a las cuales tratamos de aferrarnos. Cuando
miramos nuestros pensamientos con una consciencia
impersonal, éstos desaparecen. Pero ¿desaparece una
persona cuando la observamos? No, la persona permanece. Y ésa es la diferencia entre la realidad y la noción
ilusoria de la realidad que tenemos cuando vivimos en
nuestros pensamientos: cuando las observamos de
verdad, una permanece y la otra desaparece. La versión
personal de la vida sencillamente se disuelve. Lo que
deseamos es ser simplemente una vida real; y eso es
distinto de una vida de santidad.

A todos nos atrae el primer tipo de práctica: deseamos cambiar lo que somos. Creemos que al sentarnos
en una *sesshin*, estamos contribuyendo a convertirnos
en algo mejor. Incluso cuando comprendemos mejor las
cosas, todavía sentimos en el fondo el deseo de ser
distintos de lo que somos. No tenemos que deshacernos
de nuestros pensamientos; sólo tenemos que observarlos, observarlos y observarlos. Al hacerlo, ellos se
desvanecen; y cualquier cosa que se desvanece no puede
ser muy real. La verdadera realidad, en cambio, no
desaparece con sólo observarla.

ESTUDIANTE: ¿Acaso no necesitamos tener algún tipo de
meta para poder vivir un proceso, para lograr algo?

Joko: ¿A qué se refiere con "un proceso"?

Estudiante: Un proceso es hacer algo.

Joko: ¿Es la consciencia un hacer algo? Hay una diferencia entre hacer algo —por ejemplo: "Voy a convertirme en una buena persona"— y la simple consciencia de lo que hago. Supongamos que en este momento estoy murmurando. Eso es hacer algo, pero la consciencia de eso que estoy haciendo no es una actividad, no es un hacer algo para que algo suceda. La base del hacer es el pensamiento de que las cosas debieran ser distintas de lo que son.

En lugar de decirme a mí mismo: "Debo convertirme en una mejor persona", y dedicarme a tratar de hacer eso, sencillamente debiera tomar consciencia de mis actos. Tomar nota, por ejemplo, de que cada vez que me encuentro con una determinada persona, huyo de ella. Después de observarme haciendo eso unas cien veces, algo sucede. El patrón se deshace y yo me convierto en una mejor persona, a pesar de que no estoy actuando bajo el mandato "Debo convertirme en una mejor persona". En la consciencia no hay frases, no hay mandatos, no hay pensamientos en ese sentido; es sencillamente consciencia. Eso es lo que significa "sentarse": no quedar atrapados en la mente, en el esfuerzo por llegar a alguna parte, por convertirnos en budas.

ESTUDIANTE: Parece una paradoja. En un nivel, la mente está activa haciendo algo y, en otro nivel, estamos tomando consciencia de lo que nuestra mente está haciendo. ¿Cuál es el propósito de la consciencia?

JOKO: En el modo corriente de pensar, la mente siempre tiene un objetivo, algo que desea conseguir. Si nos quedamos atrapados en ese deseo, la consciencia de la realidad desaparece. Hemos substituido la consciencia por un sueño personal. La consciencia no se mueve, no se entierra debajo de sueños; sencillamente permanece como es.

Al principio, la diferencia entre el pensamiento corriente y la consciencia parece sutil y difícil de comprender. Sin embargo, a medida que practicamos esa diferencia se aclara gradualmente: cada vez vemos con mayor claridad la manera como nuestros pensamientos están ocupados tratando de llegar a alguna parte, y cómo nos dejamos enredar por ellos de forma que no nos damos cuenta de qué es lo que está realmente presente en nuestra vida.

ESTUDIANTE: Parece que estuviéramos o conscientes de lo que sucede, o atrapados en el contenido de nuestros pensamientos.

JOKO: Correcto. No hay nada malo en un pensamiento por sí mismo; éste es sólo un impulso de energía. Pero cuando quedamos atrapados en el contenido, en las palabras de ese pensamiento, lo convertimos en un dominio personal y deseamos aferrarnos a él.

Estudiante: Aferrarse al pensamiento implica una creencia. Anoche, cuando me dirigía a cierto lugar, mi mente estaba llena de pensamientos y sentimientos. Creía que estaba practicando: sabía que estaba enojado, que estaba tenso, que iba conduciendo a gran velocidad; y lo supe porque cada vez me sentía más y más enojado y más molesto. De pronto me dije: "¿Qué es la práctica en este momento?" Y mil luces iluminaron lo que sucedía en mi mente. Desde una perspectiva completamente impersonal seguía habiendo lo mismo: ira, prisa, tensión física, pero eso no tenía nada que ver conmigo; era casi como ver una cucaracha en el piso de la cocina.

Joko: Y a medida que observamos los pensamientos y los sentimientos, éstos comienzan a disolverse. Ellos no pueden sobrevivir si no creemos en ellos.

Estudiante: Cuando quedamos atrapados en nuestros pensamientos, nuestro mundo se estrecha. No tenemos una perspectiva del todo. Pero cuando traemos la consciencia a nuestros pensamientos, esta estrechez se amplía y los pensamientos restrictivos comienzan a desaparecer.

Joko: Sí. Si nuestra vida no va cambiando con la práctica, es porque debemos estar haciendo algo mal.

ESTUDIANTE: Cuando quedamos atrapados en nuestros pensamientos generamos angustia, ¿no es así?

JOKO: Sí, la angustia es siempre una brecha entre la forma como son las cosas y la forma como creemos que debieran ser. La angustia es algo que se extiende entre lo real y lo irreal. Nuestro deseo humano es evitar lo real y aferrarnos a nuestras ideas sobre el mundo: "Soy terrible", "Usted es terrible", "Usted es maravilloso". La idea está separada de la realidad, y la angustia es la brecha entre la idea y la realidad de que las cosas son simplemente como son. Cuando dejamos de creer en el objeto que hemos creado —el cual se encuentra afuera, hacia un extremo de la realidad, por así decirlo— las cosas regresan al centro. Eso es lo que significa estar centrado; y, entonces, la ansiedad desaparece.

ESTUDIANTE: Siento que el hecho de tratar de aferrarme a la consciencia me produce mucha tensión.

JOKO: El hecho de querer aferrarse a la consciencia es un pensamiento. Cuando utilizamos el término *consciencia*, la gente inmediatamente lo convierte en algo especial. Pero cuando no pensamos (traten de no pensar durante diez segundos), el cuerpo se relaja y podemos oír y observar todo lo que sucede. Tan pronto como dejamos de pensar, estamos conscientes. La consciencia no es algo que debemos tratar de ser; es precisamente una ausencia de algo. Ausencia de ¿qué?

ESTUDIANTE: ¿Acaso no estamos sencillamente cambiando el objeto de nuestra consciencia? ¿No decidimos estar siempre consciente? Mi premisa es que la vida es siempre consciencia; en todo momento estamos conscientes de algo. Cuando nos "sentamos" (en cierta forma es paradójico), tenemos un objetivo: estamos reenfocando nuestra consciencia, quizás fijándola en algo.

JOKO: No; eso convierte a la consciencia en un hacer algo. La consciencia es como el aire caliente que se eleva en un día de verano: las nubes del cielo sencillamente desaparecen. Cuando somos conscientes, lo irreal sencillamente desaparece; no tenemos que hacer nada.

ESTUDIANTE: ¿Aumenta la consciencia después de una *sesshin*?

JOKO: No; la diferencia es que no la bloqueamos. La consciencia es lo que somos, pero nosotros la bloqueamos con nuestros pensamientos egocéntricos: con sueños, fantasías, o con lo que quiera que deseemos hacer. Tratar de estar consciente es un pensamiento corriente, no es consciencia. Lo único que debemos hacer es tomar consciencia de nuestros pensamientos egocéntricos. Éstos se desvanecen con el tiempo, y quedamos sólo nosotros. Aunque podríamos decir que estamos haciendo algo, la consciencia no es una persona o una cosa. La consciencia es nuestra vida cuando no estamos haciendo alguna cosa.

ESTUDIANTE: La consciencia simple carece de todo. Carece de espacio, de tiempo, de todo.

JOKO: Correcto. La consciencia no tiene espacio, tiempo, ni identidad; y, no obstante, es lo que somos. Tan pronto como hablamos de ella, desaparece. En lo que se refiere a la práctica, no debemos esforzarnos por estar conscientes. Lo que debemos hacer es observar nuestros pensamientos. No debemos tratar de estar conscientes, porque siempre estamos conscientes, a menos que caigamos en la red de nuestros pensamientos egocéntricos. Ése es el propósito de clasificar nuestros pensamientos.

ESTUDIANTE: Entonces algunas veces estamos conscientes pero sencillamente no nos damos cuenta de ello.

JOKO: Exacto.

ESTUDIANTE: Quizás la diferencia entre la consciencia y los pensamientos corrientes en los cuales creemos, es que un pensamiento en el que creemos no está dentro de la consciencia; no lo reconocemos como un simple pensamiento.

JOKO: Correcto. No es visto sencillamente como el fragmento de energía que es. Lo consideramos real y creemos en él; pero en ese momento, él se adueña del escenario y desplaza a la consciencia, quien debiera ser la que dirige la función.

ESTUDIANTE: Por lo general, observo la consciencia con mayor claridad cuando no he estado consciente. Por ejemplo, súbitamente me doy cuenta de que estoy entrando en la oficina, y no tengo idea de cómo llegué hasta allí; y entonces despierto.

JOKO: Exceptuando a un buda, todos entramos y salimos de la consciencia. Pero con la práctica, el porcentaje de vida que vivimos conscientemente aumenta. Dudo que haya alguien que viva totalmente consciente.

ESTUDIANTE: Usted dice: "con la práctica", pero ¿no se refiere en realidad a la constancia con la cual fijamos la atención en el presente?

JOKO: Sí. Uno podría "sentarse" durante veinte años y no tener la menor idea de cuál es el propósito de este ejercicio. Pero si nos "sentamos" y practicamos comprometiendo la vida entera, no cabe duda de que la cantidad de consciencia aumenta. Yo solía pasar la mitad de la vida soñando despierta. Era "agradable".

ESTUDIANTE: Cuando me concentro en la consciencia, siento que se intensifica el dolor del cuerpo. Pero si me dejo ir, el dolor no me molesta; sencillamente no lo siento. Entonces despierto y tomo consciencia, y el dolor reaparece. ¿Por qué desaparece el dolor cuando dejo ir mi mente?

JOKO: Bueno, nuestros sueños son potentes narcóticos; por eso nos agradan tanto. Nuestros sueños y fantasías producen adicción, como cualquier substancia adictiva.

Estudiante: ¿Acaso no hay una separación de la realidad cuando sentimos dolor?

Joko: No, si lo sentimos totalmente. Cuando logramos ver el dolor simplemente como una sensación estable con muchas variaciones ligeras, éste se convierte en algo interesante y hasta hermoso. Pero si lo abordamos con la idea de que vamos a deshacernos de él, ése es sólo un esfuerzo más por buscar el estado de Buda.

Estudiante: Cuando me "siento", por lo general me doy cuenta de que al comienzo estoy muy tenso, con un fuerte dolor en mi cuerpo. Yo siento esto como si estuviera fuera de mi consciencia. Durante años la gente me decía: "Estás muy tenso"; yo decía: "No estoy tenso". Ahora me doy cuenta de que la tensión existía, pero yo no la sentía. Utilizaba mis pensamientos para bloquear la consciencia de esa tensión.

Joko: ¿Son reales la tensión y el dolor? Hay algo allí, pero ¿qué es? Hace poco estaba caminando por la playa y vi el brillo de la luna en el agua. Podía ver el destello de luz en el océano, pero ¿estaba la luz de la luna realmente allí? ¿había algo encima del océano? ¿qué era ese color? ¿era real o no? Ni una cosa ni la otra. Desde mi punto de vista, la luz de la luna estaba sobre el agua; pero si hubiera estado más cerca, no habría podido verla. Habría visto únicamente aquello que se puede ver desde ese punto. La luz de la luna no está realmente en el agua. Y en lo que se refiere a las nubes del cielo, si estamos dentro de una de ellas la llamamos niebla. De la misma manera, atribuimos una falsa realidad a nuestros pensamientos. Es cierto que siempre vivimos dentro de una determinada perspectiva. La práctica se trata precisamente de aprender a vivir en esa realidad relativa y disfrutar de ella, pero viéndola tal como es. Como la luna sobre el agua, ella está allí —desde una perspectiva relativa— pero no es real, no es lo absoluto. Incluso el agua misma tiene una realidad relativa; cuando la luz no brilla sobre ella, la vemos de color negro. En una ocasión estuve cenando en un restaurante al lado del océano y vi cómo el agua cambiaba de color, de azul claro a azul oscuro, a índigo y finalmente a negro. ¿Cuál es la realidad? En términos absolutos, ninguno es real. Sin embargo, desde el punto de vista de la práctica, debemos comenzar con nuestra experiencia, con el trabajo meticuloso de la consciencia. Debemos volver a la realidad de nuestra vida. Todos tenemos penas y dolores, tenemos problemas, hay personas que nos agradan y otras que no: ésta es la materia de nuestra vida. Es ahí donde comienza nuestro trabajo con la consciencia.

Volver a los sentidos

Todos deseamos la totalidad. Queremos ser personas completas, tener una sensación de integridad; deseamos descansar en nuestra vida. Tratamos de dilucidar el problema, de hallar el camino hacia la totalidad, pero el esfuerzo jamás fructifica; necesitamos un enfoque diferente.

Supongamos que vamos caminando por las montañas y nos sentamos al lado de una quebrada. ¿Qué significaría ser "total" en ese momento?

ESTUDIANTE: Ser "total" significaría sentir el viento sobre mi piel y oír todos los sonidos.

JOKO: Sí...

ESTUDIANTE: Pensar en mí mismo.

JOKO: Cuando pensamos en nosotros mismos, nos separamos de nuestra vivencia y dejamos de ser un todo.

ESTUDIANTE: Sentir mi cuerpo sobre el suelo, haciendo contacto con las hojas y la tierra. Observar cómo pienso en mí mismo.

JOKO: Sí, eso es consciencia.

ESTUDIANTE: Ver la quebrada, percibir los olores naturales de la tierra, sentir el sol en mi espalda.

JOKO: Sí, todo eso también es parte de la vivencia.

ESTUDIANTE: Sentir lo que no está presente. Por ejemplo, cuando estoy en un sitio apacible puedo sentir la ausencia del dolor. Ésa es una sensación agradable: que no haya dolor.

JOKO: Ése es un tipo de pensamiento que nos aleja de la consciencia o la totalidad. No es malo en sí, pero sigue siendo algo adicional. Es como si, mientras apreciamos un hermoso atardecer, decimos: "¡Qué atardecer más bello!" Ya en ese momento nos hemos alejado ligeramente.

Mientras permanecemos sentados al lado de la quebrada, probablemente no tenemos sensaciones de sabor. Pero supongamos que estamos en medio de una cena; es sorprendente la cantidad de gente que no saborea su comida.

ESTUDIANTE: Cuando estoy sentado al lado de un arroyo, me parece, a veces, que casi puedo sentir el agua en mi cuerpo.

JOKO: Quizás ésa no sea una sensación sino un pensamiento muy sutil, un pensamiento del tipo que lleva a la gente a escribir libros sobre la unidad con la naturaleza.

Estar sentado al lado de una quebrada, sintiendo todo lo que hay allí para sentir, no es gran cosa: sencillamente estamos ahí. Supongamos, sin embargo, que comenzamos a pensar en nuestros problemas. Quedamos absortos en nuestros pensamientos, reflexionando sobre lo que sentimos y lo que podemos hacer con respecto a nuestros problemas, y repentinamente olvidamos todo aquello que estábamos sintiendo hace un momento. Ya no vemos el agua, ni percibimos el aroma del bosque, ni sentimos nuestro cuerpo. Las sensaciones han desaparecido. Hemos sacrificado nuestra vida en ese momento para pensar en cosas que no están presentes, que no son reales aquí y ahora.

La próxima vez que estén en medio de una cena, pregúntense si en realidad están saboreando lo que están comiendo. Para la mayoría de nosotros, la experiencia de comer es parcial, en el mejor de los casos.

Si no estamos conscientes de nuestras sensaciones, no vivimos plenamente. La vida es poco satisfactoria para la mayoría de las personas, porque ellas permanecen ausentes de sus vivencias buena parte del tiempo. Después de habernos "sentado" por varios años, eso nos sucede en menor medida; pero no conozco a nadie que esté totalmente presente todo el tiempo.

Somos como el pez que va nadando a través del agua en busca del océano de la vida, y que ignora todo lo que lo rodea. Como el pez, nosotros nos preguntamos cuál es el significado de la vida, sin darnos cuenta del agua que nos rodea y del océano que somos. El pez finalmente encuentra un maestro que comprende, y le pregunta: "¿Qué es el gran océano?" El maestro simplemente se ríe. ¿Por qué?

ESTUDIANTE: Porque el pez ya estaba dentro del océano y no se había dado cuenta.

JOKO: Sí. El océano *era* su vida. Si separamos a un pez del agua, no podrá vivir. Así mismo, si nos separamos de la vida —que es lo que vemos, oímos, tocamos, olemos, etc.— perdemos contacto con lo que somos.

Nuestra vida es siempre esta vida. Nuestro comentario personal acerca de la vida —todas las opiniones que tenemos sobre ella— es la causa de todas nuestras dificultades. No podríamos sentirnos molestos si no estuviéramos alejándonos de nuestra vida. Si no estuviéramos excluyendo nuestros sentidos del oído, la vista, el olfato, el gusto, la sensación cinestésica de percibir nuestro cuerpo, no podríamos sentirnos molestos. ¿Por qué?

ESTUDIANTE: Porque estamos en el presente.

JOKO: Sí. No *podemos* estar molestos a menos que nuestra mente nos saque del presente y nos lleve hacia pensamientos irreales. Siempre que nos sentimos molestos, estamos literalmente por fuera de la realidad: hemos dejado algo por fuera. Somos como el pez fuera del agua. Cuando estamos presentes, totalmente conscientes, no podemos pensar algo como: "¡Qué vida más difícil! ¡Es tan carente de significado!" Si lo hacemos, es porque hemos dejado algo por fuera. Así de simple.

Un buen estudiante reconoce cuándo se ha dejado arrastrar, y puede regresar a la experiencia inmediata. Algunas veces sólo sacudimos la cabeza y restablecemos la base de nuestra vida, su fundación en la experiencia. De esa base emergen procesos adecuados de pensamiento, acción y creatividad. Todo nace en el espacio de la experiencia, del simple hecho de mantener los sentidos abiertos.

Cuando tenía dieciséis o diecisiete años, me agradaba tocar corales de Bach en el piano. Una que me gustaba mucho era "En tus brazos hallo el reposo", y sigue: "Los enemigos que desean dañarme no pueden encontrarme aquí". Aunque es parte de la tradición cristiana, que suele ser dualista, esta coral habla sobre estar presente y consciente. Hay un lugar de reposo en nuestra vida, un lugar donde debemos estar para funcionar bien. Ese lugar de reposo —los brazos de Dios, si se quiere— está sencillamente aquí y ahora: viendo, oyendo, tocando, oliendo, gustando nuestra vida tal como es. Podríamos incluso agregar a esta lista el pensar, pero entendido como un pensamiento puramente funcional y no egocéntrico basado en el temor y el apego. Sólo el pensamiento funcional abarca el pensamiento abstracto, el pensamiento creativo y la planeación de la actividad diaria. Sin embargo, muchas veces agregamos pensa-

mientos egocéntricos y no funcionales, que nos producen problemas y nos sustraen de los brazos de Dios.

Una vida que funciona se apoya en estos seis pilares:
los cinco sentidos y el pensamiento funcional. Cuando
la vida descansa sobre estos seis soportes, no hay
problema ni perturbación que pueda alcanzarnos.

Una cosa es escuchar una charla sobre estas verda-
des, y otra muy distinta vivir de acuerdo con ellas. Tan
pronto como algo nos altera, entramos inmediatamente
dentro de nuestra mente y tratamos de encontrarle una
lógica. Tratamos de recuperar la seguridad a través del
pensamiento. Preguntamos cómo podríamos cambiar-
nos a nosotros mismos o algún factor externo, y nos
perdemos. Para restablecer la vida sobre unos cimientos
fuertes debemos volver a los seis pilares de la realidad,
una y otra vez. Ésa es toda la práctica que necesitamos.
Si tengo el más leve pensamiento de molestia por causa
de alguien, lo primero que hago es no pensar en la
forma de arreglar la situación, sino simplemente pre-
guntarme: "¿Estoy escuchando el ruido de los vehículos
en la calle?" Cuando establecemos claramente uno de
los sentidos, como el del oído, los establecemos todos,
puesto que todos funcionan en el momento presente.
Una vez restablecida la consciencia, vemos lo que debemos hacer con respecto a la situación. La acción que
surge de la experiencia consciente casi siempre es
satisfactoria, funciona.

Ustedes podrán decir que eso es cierto cuando los problemas son simples, pero que es dudoso que funcione con los problemas grandes y serios. Sin embargo, el hecho es que el proceso sirve, independientemente de cuán "grande" sea el problema. Quizás no obtengamos la solución que esperábamos, y quizás tampoco se resuelva el problema inmediatamente; pero vemos con claridad el próximo paso. Con el tiempo, aprendemos a confiar en el proceso, a tener fe en que las cosas sucederán de la mejor manera posible dadas las circunstancias. La persona con quien contábamos y que no estuvo a la altura, el trabajo que no obtuvimos, la dolencia física que nos preocupa: en lugar de darles vueltas y vueltas en la cabeza, preocupados por el problema, si restablecemos el fundamento de nuestra vida en la experiencia inmediata, veremos la forma adecuada de proceder.

No estoy sugiriendo que debamos actuar ciegamente, movidos por nuestros impulsos. Debemos informarnos, conocer los aspectos más obvios del problema; debemos utilizar nuestra inteligencia natural, el pensamiento funcional. Supongamos, por ejemplo, que me molesta un diente. Si comienzo a pensar que detesto la dentistería, la fresa, las agujas y el malestar, todas estas ideas comenzarán a darme vueltas en la cabeza hasta crear un enorme problema. Pero si, por otra parte, vuelvo al fundamento de mi vida, a mi experiencia directa, seguramente me diré: "Bueno, es sólo una molestia por ahora. Seguiré con mis actividades, pero sin descuidar el diente. Si la molestia persiste o empeora, le pediré cita al odontólogo". Con esa forma de ver las cosas, todo encaja en su lugar.

Estudiante: En mi opinión, el peligro de regresar a las sensaciones ordinarias es que puedo bloquear por completo mi angustia o preocupación, como si no existieran.

Joko: La angustia no es otra cosa que una serie de pensamientos acompañados de tensión o contracción en el cuerpo. Volver a los sentidos significa ver los pensamientos tal y como son, y tomar consciencia de la tensión física. Después de todo, la consciencia de la tensión es sólo otra sensación física, además de las de ver, oler, gustar, etc.

Parece una locura decir que cuando tengamos un problema debemos fijar nuestra atención en el ruido del tránsito. Pero si escuchamos de verdad, nuestros demás sentidos también se activarán; sentiremos igualmente la contracción en el cuerpo. Al hacer todo esto, algo cambia y vemos con mayor claridad la manera como debemos reaccionar.

Estudiante: ¿Acaso los sentidos no funcionan con una especie de "exclusividad"? Es decir, si escuchamos un sonido, ¿no bloqueamos el olfato, el gusto, etc.? Escuchar realmente el tránsito podría implicar que yo ignore el resto de mi cuerpo.

JOKO: Ese tipo de atención exclusiva a una sola modalidad de sensación es producto de un pensamiento sutil, quizás un pensamiento de ansiedad como "Debo hacer esto" o "Estoy en peligro". Cuando estamos totalmente abiertos, todos nuestros sentidos trabajan simultáneamente.

ESTUDIANTE: Volver a los sentidos es algo que no siempre puedo lograr con facilidad. Si me preocupa un problema, mi mente puede ocuparse de ese problema durante toda una semana, pese a mis esfuerzos por prestar atención al tránsito o a cualquier otra cosa.

JOKO: Sí; dependiendo de la cantidad y la calidad de la práctica, el proceso tarda algún tiempo. La práctica de muchos años se caracteriza por la habilidad para moverse rápidamente. Pero hay personas que se aferran a su desgracia durante mucho tiempo; ellos en realidad la disfrutan. Una persona me decía hace poco que disfrutaba enormemente su rigurosidad. ¿Quién querría escuchar el ruido del tránsito cuando puede disfrutar de su rigurosidad? Nosotros no deseamos abandonar nuestros patrones, nuestras ideas sobre lo que somos, ni siquiera cuando reconocemos intelectualmente que estas cosas nos acarrean dificultades. Entonces nos aferramos a ellas y volvemos a ellas, incluso después de escuchar el llamado para regresar a los sentidos. Nosotros no estamos listos para confiar plenamente en el proceso, para tener fe en nuestra experiencia directa.

Estudiante: Yo tengo otra pregunta sobre la cuestión de la "exclusividad" de los sentidos. Usted incluyó el pensamiento funcional como uno de los seis pilares de la experiencia real; pero supongamos que estoy trabajando en un computador o arreglando un reloj, ¿no es natural bloquear todas las otras sensaciones a fin de fijar toda mi atención en lo que estoy haciendo?

Joko: Sí, puede haber una limitación mecánica de la atención para enfocarla hacia una labor concreta. Pero eso es distinto de la limitación psicológica que emana del pensamiento egocéntrico, la cual genera una sutil rigidez.

Estudiante: Entonces, si una de mis tareas mientras me siento al lado de la quebrada es planear el menú del día, ¿eso estaría bien?

Joko: Sí; siempre y cuando que planear el menú sea la tarea adecuada para ese momento y no el producto de pensamientos ansiosos sobre uno mismo. Nosotros sencillamente hacemos lo que debe hacerse, cuando debe hacerse. Una vez que nos hemos ocupado de la tarea, volvemos nuestra atención a lo que está sucediendo.

Está bien enfocar la atención para cumplir con una tarea. Pero eso es distinto de dejar por fuera la vida porque estamos pensando en nosotros mismos, lo que constituye un impedimento psicológico innecesario.

La diferencia está en la distinción entre una emoción falsa y una emoción verdadera. Si todavía nos molesta un comentario que hace tiempo hicieron sobre nosotros, ésa es una emoción falsa. Una emoción verdadera es inmediata a la situación: por ejemplo, alguien me golpea o veo a alguien en dificultades; por un segundo yo me altero y reacciono, pero ahí termina. Las emociones son la respuesta a un suceso real; cuando el suceso termina, las emociones se desvanecen. Ésa es una respuesta natural frente a la vida. Las emociones verdaderas no son malas, pero la mayoría de la gente vive la vida a partir de emociones falsas. Ellos cargan recuerdos del pasado o preocupaciones por el futuro, y se crean un estado de perturbación permanente. Su perturbación no tiene nada que ver con los sucesos del momento; ellos simplemente le dan vueltas a algo que sucedió la semana anterior.

ESTUDIANTE: Cuando tengo muchas cosas que hacer durante el día, acumulo una gran cantidad de angustia y me resulta preferible soñar despierta. ¿Es eso malo?

JOKO: Si usted lo hace, simplemente lo hace. El problema es que al soñar despiertos nos aislamos de la vida. Cuando estamos aislados de la vida, pasamos cosas por alto y nos metemos en dificultades. Es como flotar en un río turbulento: por aquí y por allá hay piedras y troncos que asoman amenazantes en el agua. El hecho de verlos nos produce angustia. Pero si hacemos caso omiso de ellos y, en cambio, miramos hacia las bellas nubes del cielo, tarde o temprano naufragaremos. Aunque prestar atención al agua y a las rocas nos provoque temor, es algo muy sensato.

ESTUDIANTE: Volver a la experiencia directa es como poner los pies sobre la tierra.

JOKO: Sí; tan pronto como sentimos el impulso sensorial de la vida, ponemos los pies en la tierra. Si la molestia persiste, significa que aún no estamos sintiendo ese impulso plenamente; que todavía quedan residuos de pensamiento.

ESTUDIANTE: Cuando yo estaba aprendiendo a jugar tenis, mi profesor me repetía una y otra vez que no era posible pegarle bien a la pelota si no tenía los dos pies firme- mente apoyados sobre el suelo: "Con una pierna en alto se pierde el equilibrio".

JOKO: Si no mantenemos los pies sobre la tierra, no veremos con claridad lo que sucede a nuestro alrededor y nos golpearemos contra los troncos, las piedras y todo lo demás. Una vida "despierta" no es una especie de ilusión etérea y fantástica, sino algo muy terrenal y concreto.

Estudiante: Cuando yo vivía en la cima de una montaña en Maui, era muy fácil acostarme en el suelo y entrar en contacto con mis sensaciones. Pero en medio de una ruidosa clase, con todos los niños gritando, no deseo sentir realmente nada, ni siquiera el ruido o la tensión en el estómago.

Joko: Es cierto; sin embargo, el punto sigue siendo el mismo: para manejar nuestra vida con eficacia, debemos permanecer en contacto con ella el mayor tiempo posible.

Estudiante: Anteriormente, en lugar de simplemente abrirme a la experiencia, tendía a exagerar el proceso sumergiéndome en mis sensaciones, persiguiéndolas y volviendo sobre ellas una y otra vez.

Joko: Detrás de ese esfuerzo hay un pensamiento: "Debo sumergirme en mi drama".

Estudiante: Ahora he comenzado a aprender otro método. Me pregunto a mí misma si hay alguna tensión en mi cuerpo y, sin obligarme, sencillamente me quedo con mis sensaciones. Con el tiempo percibo una sensación suave por todo el cuerpo, y una especie de asentamiento interior; en ese momento, me siento más consciente de mi conexión con todo lo demás.

JOKO: Excelente. Cuando eso sucede, tenemos un espacio mucho más transparente para actuar. Sencillamente sabemos lo que debemos hacer, sin necesidad de calcular o adivinar. El grado de claridad al cual llegamos depende de la antigüedad y la calidad de nuestra práctica. Sin embargo, es importante no crear otro ideal en nuestra mente ("¡Debo lograr que eso suceda!") y no esforzarnos por alcanzarlo. El lugar en el que estamos, es el lugar en el que debemos estar.

Tal como dice la coral, nuestra vida tiene una base, un sitio en el cual reposa. Y ese sitio no es otra cosa que el momento presente, lo que vemos, oímos y sentimos. Si no regresamos a ese sitio, vivimos la vida a través de nuestra mente. Culpamos a los demás, renegamos, nos compadecemos de nosotros mismos. Todos estos síntomas demuestran que estamos anclados en nuestros pensamientos, y ajenos al espacio abierto que siempre esta ahí. Sólo tras años de práctica, logramos vivir la mayor parte del tiempo en un espacio abierto y consciente.

ESTUDIANTE: Yo tiendo a buscar sitios tranquilos y apacibles, porque allí me es más fácil abrirme al presente; y evito los sitios como el salón de clase, donde me siento tensa y distraída.

JOKO: Sí, ése es un impulso natural y no hay nada de malo en él; aunque constituye todavía una forma de evasión. A medida que nuestra práctica se fortalece, podemos mantener la apertura y la estabilidad en situaciones en las que antes nos hubiera sido imposible. Lo importante es aprender a abrirnos a todo lo que la vida nos ofrezca, donde quiera que estemos. Si estamos lo suficientemente despiertos podremos notar nuestro impulso a escapar, y así volver a la consciencia del presente sin inmutarnos. Estos pequeños cambios de atención son la práctica misma. Cuando tratamos de evadir o escapar de algo, regresamos al pensamiento alejándonos de la experiencia directa.

ESTUDIANTE: Algunas veces, cuando trato de concentrarme en lo que estoy sintiendo —por ejemplo, ira o tensión en la mandíbula— parece que esta sensación se expandiera hasta llenar todo el recinto. Todas las demás sensaciones desaparecen.

JOKO: Hay un pensamiento velado detrás de esas sensaciones, y no simplemente un espacio abierto a los sentidos. Porque si tenemos la percepción plena de uno de los sentidos, también tenemos la percepción de todos los demás. Si, en cambio, particularizamos nuestra ira y nos concentramos en ella, excluyendo todo lo demás, realmente no hemos encontrado nuestra vida.

ESTUDIANTE: ¿Qué pasa si sencillamente observamos nuestras sensaciones?

JOKO: Ésa es una experiencia valiosa, pero transitoria; allí todavía hay un elemento de pensamiento, de la dualidad sujeto-objeto. Si realmente escuchamos el ruido del tránsito, quedamos absortos en él; desaparecen el yo y el tránsito. No hay observador ni objeto. Volvemos a lo que somos, que es sencillamente la vida misma.

Atención significa atención

Según una antigua historia Zen, un alumno le pidió al maestro Ichu que le escribiera algo de gran sabiduría. El maestro Ichu tomó su pincel y escribió una sola palabra: "Atención". El alumno preguntó: "¿Eso es todo?" El maestro escribió: "Atención. Atención". El alumno se impacientó: "Eso no me parece profundo ni sutil". En respuesta, el maestro Ichu escribió de nuevo: "Atención. Atención. Atención". Frustrado, el alumno preguntó: "¿Qué quiere decir esta palabra *atención*?" El maestro Ichu respondió: "Atención significa atención".

Podríamos reemplazar la palabra *atención* por la palabra *consciencia*. La atención o la consciencia son el secreto de la vida y la esencia de la práctica. Como el alumno de la historia, esa enseñanza nos desilusiona; parece árida y aburrida. Deseamos cosas emocionantes en la práctica; la simple atención es tediosa. Nos preguntamos si a eso se reduce la práctica.

Cuando mis estudiantes vienen a verme, los oigo quejarse todo el tiempo: de la comida, del servicio, de mí, etc. Pero los problemas que la gente me trae no son más importantes que un suceso "trivial", como golpearme un dedo del pie. ¿Cómo colocamos los cojines? ¿Cómo nos cepillamos los dientes? ¿Cómo barremos el piso o pelamos una zanahoria? Pensamos que estamos aquí para ocuparnos de asuntos más "importantes", como los problemas con nuestro compañero o compañera, el trabajo, la salud y cosas similares. No deseamos ocuparnos en minucias, como la forma de sostener los cubiertos o el sitio de la servilleta. Sin embargo, estos actos son el material del cual está hecha la vida minuto a minuto. No es un asunto de importancia; es cuestión de prestar atención, de estar conscientes. ¿Por qué? Porque cada momento de la vida es absoluto en sí mismo; no hay nada más. No hay otra cosa aparte de este momento presente; no hay pasado, no hay futuro, sólo hay esto. Por lo tanto, cuando no prestamos atención a cada pequeño *esto*, lo perdemos todo. Y el contenido de *esto* puede ser cualquier cosa. *Esto* puede ser organizar los tapetes para "sentarnos", picar una cebolla, o visitar a alguien a quien no deseamos visitar. No importa cuál sea el contenido del momento, cada momento es absoluto. Es lo único que hay y que alguna vez habrá. Si pudiéramos prestar absoluta atención, nunca nos alteraríamos. Es una verdad de a puño que cuando nos sentimos alterados, no estamos prestando atención. Si perdemos no sólo un momento, sino un momento tras otro, estamos en problemas.

Supongamos que me han condenado a la guillotina, y me llevan camino al cadalso. ¿Puedo mantener la atención sobre este preciso momento? ¿Puedo tomar consciencia de cada uno de mis pasos? ¿Puedo colocar cuidadosamente el cuello en la guillotina para facilitarle el trabajo al verdugo? Si puedo vivir y morir de esta forma, no habrá problema.

Los problemas surgen cuando subordinamos el momento a algo más, a nuestros pensamientos egocéntricos: ya no es este momento, sino lo que *yo deseo*. Traemos al momento nuestras prioridades personales durante todo el día, y así es como surgen las dificultades.

Otra historia antigua cuenta cómo una banda de ladrones penetró en el estudio de un maestro Zen, y lo amenazó con cortarle la cabeza. El maestro respondió: "Por favor aguarden hasta mañana, porque tengo trabajo que terminar". Entonces él dedicó toda la noche a terminar su trabajo, a tomar té y a disfrutar. Escribió un poema simple, en el que comparaba su ejecución con una brisa de primavera, y se los entregó a los ladrones como regalo cuando regresaron. El maestro había entendido bien la práctica.

Es difícil para nosotros comprender esta historia, porque estamos demasiado aferrados a la idea de mantener la cabeza sobre los hombros. En realidad, no nos gusta para nada la idea de que nos corten la cabeza. Estamos decididos a que la vida sea como *nosotros* deseamos que sea; y cuando no es así, sentimos ira, confusión, depresión o malestar. Tener esos sentimientos no es malo en sí, pero ¿quién desea una vida dominada por esos sentimientos?

Cuando tambalea nuestra atención al momento presente y nos dejamos arrastrar por alguna versión del "Tengo que hacerlo a mi manera", se crea un vacío en nuestra consciencia de la realidad como es en este momento; y toda la desgracia de nuestra vida se cuela por entre esa rendija. Nosotros abrimos una brecha tras otra todo el día; y el objeto de la práctica es cerrar esas brechas, reducir la cantidad de tiempo que pasamos ausentes, atrapados en nuestro sueño egocéntrico.

Cometemos un error, sin embargo, cuando pensamos que la solución es que *yo* preste atención. No se trata de que "*yo* barra el piso", "*yo* pique la cebolla", "*yo* conduzca el automóvil"; pues aunque esa práctica es buena durante las etapas preliminares, perpetúa el pensamiento egocéntrico al utilizar el "yo" como un sujeto que tiene una vivencia. La consciencia simple es una mejor interpretación: sencillamente sentir, sentir, sentir. En la simple consciencia no hay brecha, no hay espacio para que surjan los pensamientos egocéntricos.

Muchas formas de práctica, conocidas como meditación de concentración, buscan enfocar la consciencia de una u otra forma; por ejemplo, recitando un mantra, concentrándose en una visualización, trabajando el *Mu* (cuando se hace con concentración), e incluso observando el ritmo de la respiración, cuando esto implica dejar por fuera a los demás sentidos. Al enfocar la atención, estas prácticas crean rápidamente ciertos estados de placidez. Como nos sentimos más tranquilos, tendemos a pensar que hemos escapado de nuestras dificultades. Y a medida que nos acomodamos dentro de este estrecho espacio de atención, podemos incluso entrar en trance, un estado de sopor y placidez en el cual todo se nos escapa. Pero aunque a veces sirve, toda práctica en la cual se estrecha el foco de la consciencia es limitada. Si no tomamos en cuenta todo lo que compone nuestro mundo, tanto mental como físicamente, estamos perdiendo algo. Una práctica limitada no nos ofrece un buen tránsito hacia el resto de nuestra vida, pues cuando la llevamos al mundo, no sabemos cómo actuar y podemos llegar a sentirnos bastante perturbados. Si somos muy persistentes (como yo solía serlo), una práctica de concentración nos puede llevar momentáneamente a vencer nuestra resistencia y a vislumbrar lo absoluto. Pero esa travesía forzada no es realmente auténtica; le falta algo. Aunque vislumbramos el otro lado del mundo fenomenológico, el de la nada o el vacío puro, todavía queda un *yo* que vive esa experiencia. La experiencia, por lo tanto, sigue siendo dualista, y su utilidad es limitada.

En contraste, la nuestra es una práctica de consciencia que lo abarca todo. Lo "absoluto" es secillamente todo lo que existe en nuestro mundo, despojado del contenido de las emociones personales. Comenzamos a deshacernos de los pensamientos egocéntricos, a medida que aprendemos a ser cada vez más conscientes en todos los momentos. Mientras que una práctica de concentración puede enfocarse sobre la respiración, bloqueando el ruido de los vehículos o el diálogo mental (y dejándonos perdidos cuando permitimos el regreso a la consciencia de una parte, o de toda, la experiencia), la práctica de la consciencia está abierta a cualquier experiencia presente —todo ese universo perturbador— y nos ayuda a liberarnos lentamente de nuestras reacciones emocionales y nuestros apegos.

Cada vez que tenemos una queja sobre nuestra vida, estamos en una brecha. En la práctica de la consciencia, observamos nuestros pensamientos y la contracción física del cuerpo, y lo absorbemos todo para regresar al momento presente. Ése es el tipo de práctica más difícil; nosotros preferiríamos escapar del todo de esa escena, o permanecer inmersos en nuestros pequeños malestares. Después de todo, los malestares hacen que seamos el centro de todo, o, por lo menos, así lo creemos. La fuerza de atracción de nuestros pensamientos egocéntricos es como la experiencia de caminar entre una piscina de melaza: nuestros pies salen con dificultad de la melaza, para quedar rápidamente atrapados en ella de nuevo. Podemos liberarnos lentamente, pero si creemos que será fácil, nos estamos engañando.

Siempre que nos sentimos molestos, estamos en la brecha; allí dominan nuestras emociones egocéntricas, lo que *nosotros* deseamos de la vida. Sin embargo, las emociones del momento no son más importantes que acercar un asiento a la mesa, o poner un cojín donde debe estar.

La mayoría de las emociones no surgen del momento inmediato, como cuando vemos a un niño caer atropellado por un vehículo; sino que son el producto de nuestras exigencias egocéntricas para que la vida sea como nosotros esperamos. Aunque no es malo tener esas emociones, la práctica nos enseña que no son importantes en sí mismas. Arreglar los lápices de nuestro escritorio es tan importante como sentirnos abandonados o solos, por ejemplo. Si podemos sentir verdaderamente la soledad y observar nuestros pensamientos acerca de ese sentimiento, entonces podemos salir de la brecha. La práctica es ese movimiento, repetido una y otra vez. Si recordamos algo que sucedió hace seis meses y ese recuerdo viene acompañado de un sentimiento de malestar, debemos observar con interés ese sentimiento, pero nada más. Aunque suena frío, es necesario que sea así para que podamos ser personas verdaderamente cálidas y compasivas. Si nos sorprendemos pensando que nuestros sentimientos son más importantes que lo que sucede en cada momento, debemos tomar nota de ese pensamiento. Barrer el andén es una realidad; los sentimientos, en cambio, son algo que hemos fabricado, como una especie de telaraña que nosotros mismos hemos tejido para quedar atrapados en ella. Es un proceso extraño que nosotros mismos nos imponemos; en cierto sentido, todos estamos locos.

Si, por ejemplo, observo mis pensamientos y tomo nota de mis sensaciones físicas, reconozco mi resistencia a practicar con ellos y retorno a la carta que estoy escribiendo, yo he salido de la brecha y he entrado en la consciencia. Si somos verdaderamente persistentes, día tras día, gradualmente encontraremos el camino para salir del laberinto caótico de nuestra vida personal. La clave es la atención, la atención, la atención.

La práctica también es importante para mí. Supongamos que abrigo la esperanza de que mi hija me visite en Navidad, y ella me llama para decirme que no podrá venir. La práctica me ayuda a seguir amándola, en lugar de molestarme porque ella no hará lo que *yo* deseo. Con la práctica, puedo llegar a amarla más plenamente. Sin la práctica, sería solamente una anciana solitaria y amargada. En cierto sentido, el amor no es otra cosa que atención, simple consciencia. Cuando mantengo la consciencia, puedo enseñar bien, lo cual es una forma de amor. Puedo exigirles menos a los demás y servirles mejor. Cuando vea a mi hija de nuevo, no tendré que traer viejos resentimientos a la reunión y podré verla con nuevos ojos. Por lo tanto, la prioridad está aquí y ahora. De hecho, hay sólo una prioridad que consiste en prestar atención al momento presente, cualquiera que sea su contenido. Atención significa atención.

Las falsas
generalizaciones

Nasrudin, el Sufi sabio y tonto, se encontraba una vez en su jardín esparciendo migas de pan por todas partes. Cuando un vecino le preguntó por qué lo hacía, él contestó: "Para alejar a los tigres". El vecino dijo: "Pero si por aquí no hay tigres, ni en mil kilómetros a la redonda". Y Nasrudin replicó: "Eficaz mi remedio, ¿no es así?"

Nosotros nos reímos de esta historia porque estamos seguros de que estas dos cosas —las migas de pan y los tigres— no tienen nada que ver la una con la otra. Sin embargo, al igual que Nasrudin, nuestra práctica y nuestra vida muchas veces se basan en falsas generalizaciones que tienen muy poco que ver con la realidad. Si basamos nuestra vida en conceptos generalizados, podemos ser como Nasrudin esparciendo migas de pan para ahuyentar a los tigres. Decimos, por ejemplo: "Yo amo a la gente" o "Yo amo a mi esposo"; pero la verdad es que nadie ama a nadie todo el tiempo, y nadie ama a su cónyuge todo el tiempo. Esas generalizaciones enmascaran la realidad concreta y específica de nuestra vida, lo que nos está sucediendo en este momento.

Uno puede, por supuesto, amar a su esposo la mayor parte del tiempo. Pero aun así, la generalización simple

deja por fuera la realidad cambiante y dinámica de toda
relación real. Lo mismo sucede con las afirmaciones "Yo
amo mi trabajo" o "Mi vida es muy difícil". Cuando
comenzamos a practicar, por lo general expresamos
muchas opiniones generalizadas, en las cuales creemos.
Podemos pensar, por ejemplo, que somos buenas personas o que somos terribles; pero la verdad es que nada
es general en la vida. La vida siempre es específica: es
lo que sucede en este preciso momento. "Sentarnos"
nos ayuda a disipar la niebla de las generalizaciones
sobre la vida. A medida que practicamos tendemos a
abandonar los conceptos generalizados en favor de
observaciones más concretas. Por ejemplo, en lugar de
decir: "No soporto a mi esposo", notamos que: "No
soporto a mi esposo cuando es desordenado" o "No me
soporto a mí misma cuando hago tal o cual cosa". En
lugar de conceptos generalizados, vemos lo que está
sucediendo con mayor claridad. No estamos ocultando
los sucesos detrás de una capa de pintura.

La forma como vivimos una situación o la percepción que tenemos de una persona, no es una sola. Puede
abarcar miles de pequeños pensamientos y reacciones.
Un padre puede decir: "Yo amo a mi hija"; pero esta
generalización excluye momentos tales como: "¿Por qué
es tan inmadura?" o "Se está comportando como una
tonta". A medida que nos "sentamos" y observamos y
clasificamos nuestros pensamientos, nos damos más

cuenta del incesante flujo de opiniones que tenemos acerca de todo. En lugar de enmascarar todo el mundo con generalizaciones, tomamos consciencia de nuestros juicios y conceptos específicos. A medida que conocemos más a fondo nuestra forma de pensar, descubrimos que nosotros cambiamos, momento a momento, con el ritmo de nuestros pensamientos.

En la práctica Zen tendemos a lanzar refinados conceptos por aquí y por allá: "Todo es perfecto como es", "Todos hacemos lo mejor que podemos", "Todas las cosas son una", "Soy una con él". Esto es lo que podríamos llamar basura Zen, aunque cada religión tiene su propia versión. Y no es que estas afirmaciones sean falsas: el mundo *es* uno solo; yo *soy* usted; todo es perfecto como es; cada ser humano del planeta *hace* lo mejor que puede en este momento. Todo eso es cierto, pero si nos quedamos sólo en esto, convertimos la práctica en un ejercicio conceptual y perdemos la consciencia de lo que nos está sucediendo en este mismo segundo.

La buena práctica siempre implica ir más allá de los conceptos. En ocasiones, los conceptos son útiles en la vida cotidiana; necesitamos de ellos. Pero debemos reconocer que un concepto es sólo eso y no la realidad, y que este reconocimiento o saber se desarrolla lentamente con la práctica. Poco a poco dejamos de "creerles" a nuestros conceptos, y ya no hacemos afirmaciones generales como: "Él es una mala persona" o "Yo soy terrible". Primero tomamos nota de nuestro pensamiento: "Quisiera que él no la invitara a almorzar"; y luego debemos sentir el dolor que acompaña a ese pensamiento. Cuando podamos quedarnos con el dolor como una sensación puramente física, en algún momento éste se disolverá y llegaremos a la verdad: que todo es perfecto tal y como es. Todo el mundo *hace* lo mejor que puede. Pero debemos pasar de la experiencia, muchas veces dolorosa, a la verdad, y no cubrir la experiencia con nuestros pensamientos. Los intelectuales son propensos a caer en ese error: ellos piensan que el mundo racional de los conceptos es el mundo real. Pero el mundo racional de los conceptos no es el mundo real, sólo una descripción del mismo, un dedo que apunta hacia la luna.

Tomemos la experiencia de haber sido heridos. Cuando hemos sido criticados o tratados injustamente, es importante que observemos nuestros pensamientos y después pasemos al nivel puramente físico de la experiencia de haber sido heridos. Así, nuestra consciencia se convierte simplemente en una pura sensación: tensión en la mandíbula, contracción en el pecho, o lo que sea que cada una de las células de nuestro cuerpo esté sintiendo. Esta vivencia pura es *zazen*. Al quedarnos con ella, el deseo de pensar aflora una y otra vez: juicios, opiniones, culpa, respuestas. Entonces

clasificamos nuestros pensamientos y regresamos nuevamente a nuestra sensación física, que es casi indes-
criptible, quizás sólo un ligero destello de energía, quizás
algo más fuerte. En ese espacio no hay un "yo" ni un
"usted". Cuando somos esta experiencia no dualista,
podemos ver con mayor claridad nuestra situación.
Podemos ver que "ella hace lo mejor que puede";
podemos ver que *nosotros* hacemos lo mejor que podemos. Pero si pronunciamos estas frases sin el componente físico de la experiencia, no sabremos qué es
la verdadera práctica. Una visión calmada, serena y
racional debe tener su fundamento en ese puro nivel
físico. Necesitamos conocer nuestros pensamientos; pero
eso no significa que debamos creer que ellos son reales,
o que debamos actuar movidos por ellos. Tras observar
nuestros pensamientos egocéntricos, momento a momento, las emociones tienden a aquietarse. Y no es
posible hallar esta serenidad cubriendo la realidad con
una capa de conceptos filosóficos.

La vida tiene sentido únicamente cuando nos movemos en el nivel de la experiencia, del puro acto de
vivir. Esto es lo que judíos y cristianos quieren decir
cuando hablan de estar con Dios. El acto de vivir es
atemporal; no está en el pasado ni en el futuro, y tampoco
en el presente en el sentido corriente de esta palabra.
No podemos explicar qué es; sólo podemos ser él. En
términos budistas tradicionales, una vida como ésa es

ser la naturaleza misma de Buda. De esas raíces brota la compasión.

Todos tenemos algunos conceptos predilectos: "Yo soy muy sensible. Me lastiman con facilidad", "Soy exigente", "Soy intelectual". Tales conceptos pueden ser útiles a nivel de la vida cotidiana, pero es necesario que veamos su verdadera naturaleza. Los conceptos que no se basan en la experiencia son fuente de confusión, ansiedad y depresión; ellos tienden a producir comportamientos nocivos para nosotros mismos y para los demás.

Necesitamos una paciencia infinita para realizar el trabajo que nos exige la práctica, y esto implica reconocer los momentos en que no tenemos paciencia. Por lo tanto, debemos ser pacientes con nuestra falta de paciencia: reconocer que no querer practicar también es parte de la práctica. Nuestra evasión y resistencia son parte del marco conceptual que aún no estamos preparados para observar; y está bien no estar preparados. A medida que nos preparemos, poco a poco se irá abriendo un espacio y nosotros estaremos listos para vivir cada vez un poco más. La resistencia y la práctica van de la mano; todos nos resistimos a la práctica, porque todos nos resistimos a la vida. Y si creemos en conceptos en lugar de vivir sencillamente el momento, seremos como Nasrudin y estaremos regando migas de pan sobre las flores para ahuyentar a los tigres.

ESTUDIANTE: Los conceptos son necesarios a veces. ¿Cuál es la diferencia entre un concepto que me sirve y otro que me confunde? Por ejemplo: "Mire a ambos lados antes de cruzar una calle" es una generalización útil.

JOKO: Ése es un buen ejemplo, un uso razonable de la mente humana. Buena parte de los pensamientos que nos pasan por la mente, sin embargo, no tienen relación con la realidad.

ESTUDIANTE: Si la generalización o el concepto proviene de una emoción egocéntrica, quizás no sea útil.

JOKO: Las falsas generalizaciones —conceptos nocivos— siempre tienen un viso de emoción personal. Por otra parte, las observaciones acerca de cómo hacer un trabajo eficientemente, o cómo solucionar un problema matemático, tienen un contexto emocional mínimo o nulo, y son pensamiento útil.

ESTUDIANTE: Para mí, el nivel de la experiencia física está demasiado oculto.

JOKO: Recuerde que el nivel de la experiencia física no es algo extraño o exótico. Puede ser un simple cosquilleo de la piel, o una contracción del pecho, o una tensión de los músculos de la cara. El nivel de la experiencia es bastante elemental y nunca está muy lejos; es lo que somos en este momento. No es una cosa especial, y cuanto más nos "sentamos", más básica es su manifestación. Durante los primeros años de práctica, sin embargo, el nivel de la experiencia física es algo más complejo debido a la agitación emocional en que nos encontramos, la cual genera muchas sensaciones.

Nunca evitamos completamente el nivel físico. Incluso si observamos nuestra respiración, aunque sea durante un segundo, estamos en cierta medida en el nivel físico. Cuanto más identifiquemos nuestros pensamientos, y regresemos una y otra vez a lo que sucede en nuestra experiencia, mejor. El proceso de pasar a una vida más basada en la experiencia es a veces muy lento y otras veces muy rápido; todo depende de la intensidad de la práctica. Cuando nos damos cuenta de que necesitamos practicar veinticuatro horas al día, es imposible evitar el nivel de la experiencia.

ESTUDIANTE: Si paso todo el tiempo prestando atención a las sensaciones de mi cuerpo, ¿cómo puedo atender a las cosas que me rodean o a las labores que debo realizar? Por ejemplo, ¿cómo puedo jugar cartas o conducir un automóvil y prestar atención a mis sensaciones corporales al mismo tiempo?

JOKO: Podemos concentrarnos en una actividad, y aun así percibir una amplia gama de sensaciones. Mientras yo hablo con ustedes, por ejemplo, también estoy plenamente consciente de lo que me está sucediendo. Eso no significa que no les esté prestando toda mi atención. "Prestarles atención" es parte del total de información sensorial que constituye mi vida en este momento. La plena consciencia sensorial de la vida debe incluirlo todo. Cuando me reúno con un alumno en forma privada, toda mi atención está en el alumno, pero no por eso dejo de estar consciente de mi vida. Estoy obrando de acuerdo con el contexto total y no sólo de acuerdo con mis pensamientos.

Estudiante: Mi concentración en lo que estoy haciendo en este momento no es exclusiva. Cuando estoy trabajando en análisis de datos, por ejemplo, mi mente está totalmente en mi trabajo, pero yo aún puedo tener plena consciencia de mi cuerpo. No es que me concentre en mi cuerpo; no tengo tiempo para eso. Mis sensaciones físicas no son el objetivo principal de mi actividad; pero es importante tener consciencia de las sensaciones físicas en todo momento, y también de mis reacciones frente a todo lo que sucede. Así, puedo estar en la mitad de un análisis estadístico y simultáneamente ser consciente de otras cosas. Claro está que algunas veces me concentro tanto en una determinada actividad, que olvido todo lo demás; pero, en general, mi consciencia no tiene ese grado de atención y exclusividad.

Joko: La esencia de la práctica Zen es ser totalmente lo que se está haciendo; pero no es muy frecuente que seamos así. Cuando no lo somos, debemos volver a concentrarnos en nuestro cuerpo. Al hacerlo, es más fácil entrar completamente en lo que estamos haciendo. Podemos estar totalmente concentrados en una actividad, o conscientes de muchas; pero el punto es sentir verdaderamente lo que sea que esté sucediendo. Un gran maestro de ajedrez, por ejemplo, posee muchos conocimientos y tiene un gran bagaje intelectual; en medio del juego, sin embargo, su consciencia está enteramente en el momento presente, y de allí surge la jugada correcta. El conocimiento técnico está ahí, pero subordinado a su intensa consciencia, que es el verdadero maestro.

Escuchar los mensajes
del cuerpo

La práctica no consiste en acomodar a la vida ese yo fenomenológico que creemos ser. En cierto sentido, somos entes fenomenológicos, pero en otro sentido no lo somos. Podríamos decir que somos ambas cosas, o ninguna. Mientras no comprendamos este punto, nuestra práctica fracasará.

El ejercicio de clasificar nuestros pensamientos es una práctica preliminar. Buena parte de nuestro yo psicológico se revela en el nivel fenomenológico cuando identificamos nuestros pensamientos. Comenzamos a ver dónde nos quedamos atascados en nuestros gustos y disgustos, en todos nuestros pensamientos habituales sobre nosotros y sobre la vida. Este trabajo preliminar *es* importante y necesario, pero no es el trabajo. Identificar los pensamientos es un primer paso, pero los frutos de la práctica se saborean únicamente cuando sabemos lo que significa quedarnos con nuestra experiencia. Si no saboreamos los frutos de la práctica, no podremos comprender de qué se trata y nos quejaremos: "No comprendo la práctica; no veo de qué se trata". La verdad es que yo no les puedo decir de qué se trata, porque lo que trato de explicarles es algo que no se puede expresar con palabras. Básicamente, la práctica es distinta del intento de mejorar una destreza, como en el tenis o el golf. Buena parte de ese aprendizaje se puede describir con palabras, pero nosotros, en cambio, no podemos explicar con palabras nuestra práctica de *zazen*.

La práctica puede naufragar en este dilema, a veces durante unos meses, otras veces durante años. Si se hunde seriamente, los estudiantes pueden abandonar la práctica —y seguir sufriendo— sin lograr entender lo que es su vida. Entonces, a pesar de que no es posible explicar verdaderamente la práctica con palabras, una mínima comprensión puede ayudarnos —aunque sea un conocimiento intelectual y confuso— y evitar en parte nuestra búsqueda errante e inútil. Y aun mejor que ese conocimiento confuso es la simple voluntad de persistir en la práctica, aunque no veamos su propósito.

Cuando identificamos nuestros pensamientos nos damos cuenta de que nosotros en realidad no deseamos abandonar nuestro drama psicológico personal: lo que pensamos de nosotros y de los demás, lo que sentimos acerca de lo que sucede. Realmente deseamos pasar el tiempo con nuestro drama personal hasta que, después de muchos meses de identificar nuestros pensamientos, nos damos cuenta de su naturaleza estéril. Cuando la etapa de identificación está bien avanzada, debemos comenzar una práctica que no parece traernos ninguna retribución: sentir las sensaciones de nuestro cuerpo, lo que oímos, vemos, sentimos, olemos, saboreamos.

Puesto que esta práctica parece aburrida y sin sentido, muchas veces nos mostramos renuentes a persistir en ella. Como consecuencia, nuestra práctica puede ser débil, intermitente e ineficaz (a veces durante mucho tiempo). Pensamos que tenemos cosas más importantes que hacer. ¿Cómo podemos gastar el tiempo en actividades aburridas y monótonas, como sentarnos a sentir, ver, oler y saborear?

Es cierto que mientras estamos "sentados" no parece suceder nada importante. Percibimos sensaciones en las piernas y en las rodillas, tensión en el rostro, rasquiña. ¿Cuál podría ser una razón valedera para querer hacer *semejante* cosa? Los practicantes suelen quejarse de que se aburren y no desean hacerlo. Pero si persistimos, en algún momento se producirá un cambio, y durante un segundo dejaremos de ser nosotros y el mundo, para ser sólo algo que no podemos expresar con palabras porque no es dualista. Es abierto, espacioso, creativo, compasivo y, desde el punto de vista de lo corriente, aburrido.

Cada segundo de esta vivencia no dualista transforma nuestra vida. Pero nosotros no podemos percibir esa transformación porque ella carece de drama. En todas nuestras creaciones mentales egocéntricas hay drama; pero no hay drama en una buena práctica. A nosotros no nos agrada esta ausencia de emoción, hasta que comenzamos realmente a saborearla. Mientras eso no sucede, confundimos la práctica con una especie de empresa psicológica. Aunque una práctica sólida incluye también elementos psicológicos, no se trata de eso.

Cuando digo a mis discípulos que sientan su cuerpo, la gente responde: "Sí, yo siento mi cuerpo. Identifico mis pensamientos y luego siento mi cuerpo. Pero con eso no resuelvo nada", "Sí, yo siento la tensión en el pecho y fijo mi atención en ella con la esperanza de que desaparezca". Estos comentarios reflejan un programa personal, una especie de ambición. En el fondo, el pensamiento es: "Haré esta práctica de tal manera que mi pequeño yo pueda sacar algún provecho de ella". En efecto, mientras nuestro pequeño yo piense así, no podremos sentir de verdad. La práctica se contamina con esos programas personales que todos tenemos en ocasiones.

Podemos acercarnos un poco más a la comprensión de esta experiencia utilizando la palabra *escuchar*. No es: "Yo voy a *tener* esta experiencia", sino "Voy sencillamente a *escuchar* las sensaciones de mi cuerpo". Si realmente escucho ese dolor de mi costado izquierdo, allí hay un elemento de curiosidad, de saber *qué* es. (Si no somos curiosos, permanecemos atrapados en nuestros pensamientos.) Como buenos científicos, debemos limitarnos a observar, a escuchar, sin aportar nociones preconcebidas.

Si nuestra mente está ocupada con preocupaciones personales, no podemos escuchar —o más bien, no *deseamos* escuchar; sólo queremos pensar. Por esta razón, muchas veces es necesario pasar un buen tiempo observando nuestra mente y sus actividades, antes de poder siquiera iniciar el segundo no-estado del simple hecho de sentir o ser. Este no-estado es lo que hace que nuestra práctica sea religiosa. El simple acto de sentir pertenece al ámbito del no tiempo, del no espacio, de la verdadera naturaleza.

Al principio nos seduce el deseo poderoso de pensar en nosotros mismos; esto parece contener una promesa infinita para nosotros. Es tan poderoso este deseo que, dependiendo del individuo, pueden pasar uno, cinco, diez o más años antes de que se debilite y podamos sencillamente "*sentarnos*". Ese "sentarse" es entregarse, porque no hay un yo en él. Es entregarse a lo que es, una práctica religiosa. Esta forma de práctica no se emprende con el propósito principal de beneficiarnos personalmente.

La buena práctica consiste sencillamente en "sentarnos" aquí; transcurre totalmente libre de novedades. Desde el punto de vista de lo ordinario, es aburrida. Sin embargo, con el tiempo aprendemos a través de nuestro cuerpo que lo que solíamos considerar "aburrido" es puro gozo; y ese gozo es la fuente, el semillero de nuestra vida y nuestros actos. Algunas veces se denomina *samadhi*; éste es el verdadero no-estado en el que debiéramos vivir toda nuestra vida: dictando una clase, atendiendo a un cliente, cuidando a un bebé, tocando un instrumento. Cuando vivimos en este *samadhi* no-dualista, no tenemos problemas porque no hay nada separado de nosotros.

Nuestra capacidad para permanecer en la no dualidad aumenta a medida que nuestra mente pierde parte de su obsesión por los pensamientos egocéntricos. Si somos pacientes y persistentes, con el tiempo aprenderemos mucho acerca de la no dualidad. Pero hasta que no saboreemos verdaderamente esa no dualidad, nuestra práctica seguirá siendo inmadura. Con las primeras etapas de la práctica podemos promover nuestra integración psicológica; pero mientras el puro sentir no se convierta en el fundamento de nuestra existencia, desconoceremos el verdadero significado de la práctica.

Esto es muy sutil, por esa razón la práctica es difícil; yo no puedo darles un mapa exacto y describirles hacia dónde van. Muchas personas abandonan la práctica después de cinco años o más. Esto es una lástima, porque la vida sigue siendo un misterio para ellas. Hasta tanto el valor de la pura experiencia no sea obvio y claro, será difícil permanecer con aquello con lo cual debemos permanecer. Sólo unas pocas personas lo harán en realidad.

Pero, por favor, no se den por vencidos. Cuando podamos "escuchar" los mensajes de nuestro cuerpo durante períodos cada vez más largos, la vida se transformará en dirección hacia la paz, la libertad y la compasión. Ningún libro puede enseñarnos esto, sólo nuestra práctica. Y sí puede hacerse; muchos lo han hecho.

VI

Libertad

Las seis etapas
de la práctica

El camino de la práctica es claro y simple; sin embargo, si no lo comprendemos puede parecer confuso e inútil. Es un poco como aprender a tocar el piano. Cuando apenas comenzaba mis lecciones de piano, un maestro me dijo que para tocar mejor debía repetir la secuencia Do-Mi-Sol hasta el cansancio, cinco mil veces. No me dio ninguna razón; sólo me dijo que lo hiciera.

Puesto que yo era una niña obediente, probablemente cumplí la tarea sin comprender la razón. Pero no todos somos niños dóciles. Por eso quiero hablarles del "por qué" de la práctica, y describirles las etapas del camino que debemos recorrer —por qué todo ese trabajo tedioso y repetitivo es necesario. Todas mis charlas se refieren a distintos aspectos del camino; pero ésta es una visión general cuyo objeto es poner las cosas dentro de esa perspectiva, de una manera ordenada.

La mayoría de las personas que no han emprendido ningún tipo de práctica (muchas practican a su modo, sean o no estudiantes de Zen) están en lo que yo denomino la etapa previa. Ése era mi caso antes de comenzar a practicar. Estar en la etapa previa significa estar totalmente inmerso en nuestras reacciones emocionales frente a la vida, creer que la vida *nos* está sucediendo a nosotros. Nos sentimos fuera de control, atrapados en lo que parece un caos abrumador. Esto también puede sucederles en ocasiones a quienes ya practican; la mayoría de nosotros volvemos de vez en cuando a esa confusión dolorosa. Las pinturas de "La domesticación del buey"* ilustran este punto; podemos estar en las etapas avanzadas de la práctica y, no obstante, caer de nuevo en una etapa anterior en cuanto surja una situación de tensión emocional. Algunas veces retrocedemos hasta la etapa previa, donde quedamos totalmente aprisionados en medio de nuestras reacciones. El retroceso no es bueno ni malo, es sólo algo que hacemos.

Sin embargo, estar atrapados en la etapa previa implica no tener la más mínima idea de que hay otra forma de ver la vida. Llegamos al camino de la práctica cuando comenzamos a reconocer nuestras reacciones emocionales; por ejemplo, que cuando comenzamos a enojarnos, comenzamos a crear un caos. Empezamos a descubrir cuánto miedo tenemos y con cuánta frecuencia tenemos pensamientos mezquinos o envidiosos.

La primera etapa de la práctica es este proceso de tomar consciencia de nuestros sentimientos y reacciones internas. El ejercicio de identificar nuestros pensamientos nos ayuda en esta tarea. Sin embargo, es

---

* Tradicional serie de dibujos que describen el progreso de la práctica desde la ilusión hasta la iluminación, ilustrado en la forma de un hombre que domestica a un buey salvaje.

importante que seamos constantes porque, de lo contrario, perdemos buena parte de lo que sucede en nuestros pensamientos y sentimientos. Necesitamos observarlo todo. Los primeros seis o doce meses de práctica pueden ser bastante dolorosos, porque comenzamos a vernos con mayor claridad y a reconocer lo que hacemos en realidad. Identificamos pensamientos tales como: "¡Cómo quisiera que él desapareciera!" "¡No soporto la forma como ella arregla las almohadas!" En un retiro intensivo, esos pensamientos pueden multiplicarse a medida que nos vamos fatigando y volviendo irritables. Durante los primeros seis o doce meses, el impacto de abrirnos hacia nosotros mismos puede ser enorme. Aunque ésta es la primera etapa de la práctica, algunos elementos de esta etapa persisten durante diez o quince años, a medida que continuamos descubriendo más cosas sobre nosotros mismos.

En la segunda etapa, que suele comenzar entre los primeros dos y cinco años de práctica, comenzamos a descomponer los estados emocionales en sus componentes físicos y mentales. A medida que continuamos identificando los pensamientos y aprendiendo lo que significa tener la pura experiencia de nosotros mismos, de nuestro cuerpo y de lo que denominamos mundo exterior, los estados emocionales comienzan a desvanecerse lentamente; aunque nunca desaparecen del todo. En cualquier momento podemos volver directamente a

la etapa anterior; cosa que sucede con frecuencia. Aun
así, estamos al principio de la etapa siguiente. Obviamente, la separación entre las etapas nunca es exacta;
cada una fluye y se mezcla con la siguiente. Es una
cuestión de énfasis.

La primera etapa consiste en reconocer lo que sucede
a nuestro alrededor y el daño que esto causa. En la
segunda etapa sentimos el deseo de descomponer las
reacciones emocionales. En la tercera etapa comenzamos a tener algunos momentos de experiencia pura sin
pensamientos egocéntricos: sólo experiencia pura en sí.
En algunos centros Zen, tales estados suelen denomi-
narse experiencias de "despertar".

La cuarta etapa es el paso lento pero constante hacia
un estado de vida no dualista, en el cual el fundamento
de la vida es la experiencia pura, liberada del dominio
del pensamiento falso. Es importante recordar que todas
estas etapas implican años y años de práctica.

Durante la quinta etapa, vivimos entre el ochenta y
el noventa por ciento de la vida a partir de la experiencia pura. La vida es bastante distinta de lo que solía
ser. Podríamos decir que es una vida de "no yo", porque
el pequeño yo —todo ese material emocional que hemos
venido examinando y descomponiendo— ha desaparecido en gran medida. En ese momento ya es imposible
vivir en la etapa previa, quedar atrapados en medio de
todo y atascados en nuestras reacciones emocionales.

Aunque quisiéramos retroceder desde la quinta etapa a la etapa previa, no podríamos hacerlo. En la quinta etapa la compasión y el aprecio por la vida y por las demás personas son mucho más fuertes. En la quinta etapa podemos ser maestros para ayudar a los demás a seguir el camino. Quienes han llegado a esta etapa probablemente ya son maestros, en una u otra forma. Las frases como "Soy nada" (y "Por lo tanto soy todo") ya no son expresiones sin sentido sacadas de algún libro, sino cosas que sabemos intuitivamente. Ese saber no es nada especial o extraño.

En teoría, existe una sexta etapa, la del estado de Buda, en la que el ciento por ciento de la vida es pura experiencia. No sé nada sobre esa etapa, y dudo que haya alguien que pueda lograrla plenamente.

El salto más difícil es, sin duda, pasar de la primera a la segunda etapa. Primero debemos tomar consciencia de nuestras reacciones emocionales, de la tensión de nuestro cuerpo y de la forma como realizamos todo en la vida, incluso cuando ocultamos nuestras reacciones. Debemos entrar en la consciencia transparente a través de la identificación de nuestros pensamientos y la percepción de la tensión del cuerpo. Éste es un trabajo que rehuimos, porque implica deshacer lo que creemos ser. En esta etapa es útil tomar consciencia de nuestro temperamento básico, de la estrategia que utilizamos para manejar las presiones de la vida. La terapia también puede ser útil en esta etapa, siempre y cuando que sea una terapia inteligente. La buena terapia nos ayuda a incrementar la consciencia; infortunadamente, los terapeutas verdaderamente buenos son escasos, y buena parte de las terapias no son inteligentes y fomentan la actitud de culpar a los demás.

En medio de la lucha para pasar de la primera a la segunda etapa, comenzamos a darnos cuenta de que tenemos dos opciones. ¿Cuáles son esas opciones? Una es negarse a continuar con la práctica: "No voy a observar mis pensamientos; eso es aburrido. Sencillamente me sentaré a soñar acerca de algo agradable". La decisión está entre quedarse atascado y seguir sufriendo (lo cual implica, infortunadamente, que hagamos sufrir a los demás también), o encontrar el valor para cambiar. De ¿dónde sacamos ese valor? El valor aumenta a medida que la práctica continúa y nosotros comenzamos a tomar consciencia de nuestro propio sufrimiento y, si en realidad persistimos, del sufrimiento que infligimos a los demás. Nos damos cuenta de que si nos negamos a dar la lucha aquí, le hacemos daño a la vida. Debemos escoger entre vivir una vida excitante pero egocéntrica, o una vida basada en la práctica. Para poder pasar con cierto grado de firmeza de la primera a la segunda etapa, debemos poner fin a nuestro drama gradualmente. Pero desde el punto de vista del pequeño yo, esto es un enorme sacrificio.

Durante la lucha entre la primera y la segunda etapa, lanzamos juicios emocionales como: "¡Ese hombre en realidad me enfurece!", "Me siento rechazada", "Me siento lastimado", "Me siento enojada y resentida", "Siento deseos de vengarme". Estas frases provienen de nuestras emociones, y resultan atractivas e, incluso, seductoras: estamos obteniendo un drama de primera clase al representar el papel de víctimas en esta vida, doliéndonos de todo lo que nos ha sucedido y de cuán terribles son las cosas. A pesar de nuestra desgracia, realmente nos encanta ser el centro de todo: "Estoy deprimida", "Estoy aburrido", "Estoy furioso". Ése es nuestro drama personal; todos tenemos nuestra propia versión de este drama y hacen falta muchos años de práctica para llegar al punto de estar seriamente dispuestos a considerar la posibilidad de dejarlo atrás. Cada quien marcha a una velocidad diferente, porque no todo el mundo tiene los mismos antecedentes, ni la misma fuerza o la misma determinación. Pero aun así, si persistimos, comenzaremos a pasar lentamente de una etapa a la otra.

A medida que avanzamos hacia la segunda etapa, cada vez son más frecuentes los períodos en que decimos: "Ah, no importa. No me explico por qué me parecía que eso fuera un problema". Cada vez vemos las cosas con mayor amplitud. El proceso nunca es completo y definitivo; en cualquier momento podemos regresar a la primera etapa. Sin embargo, en términos generales, nuestro criterio se amplía y vemos que podemos disfrutar de personas a quienes antes no soportábamos. En una buena práctica hay un movimiento casi inexorable, pero debemos estar dispuestos a dedicarle a cada paso el tiempo que sea necesario. No se puede apresurar el proceso.

Mientras insistamos en los juicios emocionales que mencioné antes (y hay un número infinito de variaciones), podemos estar seguros de que no hemos pasado totalmente a la segunda etapa. Si todavía creemos, por ejemplo, que otra persona nos produce enojo, debemos reconocer exactamente dónde está nuestro trabajo. Nuestro ego es muy poderoso e insistente.

A medida que avanzamos hacia la tercera etapa, salimos lentamente de un estado en el que nuestro juicio es siempre dualista —tenemos pensamientos, emociones y opiniones sobre nosotros y los demás, y también sobre todas las cosas del mundo— hacia una vida más satisfactoria y menos dualista. Los esposos riñen menos; comenzamos a soltar un poco más a nuestros hijos; nuestros problemas se resuelven a medida que vemos con mayor claridad lo que debemos hacer. Algo está cambiando realmente. ¿Cuánto tiempo tarda todo esto? ¿Cinco años? ¿Diez años? Depende de la persona.

El camino de la práctica podría dividirse de distintas formas. Podríamos simplificar el análisis con una analogía: primero está el suelo, que es lo que somos en este preciso momento del tiempo. Ese suelo puede ser de arcilla o de arena, o rico en tierra negra y abono. Puede no atraer ninguna lombriz, o atraer muchas, dependiendo de cuán fértil sea. El suelo no es bueno ni malo; es lo que se nos ha dado para trabajar. Prácticamente no tenemos control alguno sobre lo que recibimos de nuestros padres en herencia y condicionamiento. No podemos ser otra cosa que lo que somos en este mismo momento. Hay cosas que debemos aprender, por supuesto; pero en todo momento sólo somos lo que somos. Es ridículo pensar que deberíamos ser otra cosa. Sencillamente practicamos con lo que somos. Ése es el suelo.

El trabajo con el suelo, el trabajo de labranza, abarca desde la segunda hasta la cuarta etapa. Trabajamos con lo que el suelo es —las semillas, el abono, las lombrices— y cortamos la maleza, podamos y utilizamos métodos naturales para obtener una buena cosecha.

Del suelo y la labranza se obtiene la cosecha, que comienza a manifestarse con fuerza en la cuarta etapa y crece a partir de allí. La cosecha es dicha y paz. La gente se me queja porque no encuentra dicha en la práctica, como si yo debiera dársela. ¿Quién nos da esa dicha? Nos la damos nosotros mismos, a través de la práctica rigurosa. Esa dicha no es algo que podamos esperar o exigir; aparece sencillamente cuando aparece.

Una vida de dicha no es sinónimo de felicidad permanente; significa sencillamente que la vida es plena e interesante. Podemos incluso odiar ciertos aspectos de la vida, pero, en general, cada vez es más satisfactorio vivir. Dejamos de luchar contra la vida.

Para resumir, la primera etapa consiste en tomar consciencia de lo que somos desde el punto de vista emocional, incluyendo nuestro deseo de ejercer siempre el control. La segunda etapa consiste en descomponer las emociones en sus componentes físicos y mentales. Cuando este proceso avanza un poco, en la tercera etapa comenzamos a tener algunos momentos de experiencia pura. La primera etapa ya ha quedado lejos. En la cuarta etapa pasamos completamente del esfuerzo de la práctica a la vida de la experiencia. En la quinta etapa, la vida de la experiencia está firmemente establecida. Entre el ochenta y el noventa por ciento de la vida es experiencia pura. La vida de la etapa previa, cuando estábamos atrapados en nuestras emociones y las proyectábamos sobre los demás con la idea de que ellos eran los culpables de nuestros problemas, ya es imposible en esta etapa. Desde la segunda etapa en adelante comienzan a brotar el aprecio y la compasión.

ESTUDIANTE: Su descripción de las etapas de la práctica es útil. Es como un mapa: no nos indica cómo llegar, pero sí en qué punto del camino nos encontramos.

Joko: La forma de "llegar" depende de cada uno. Todos somos diferentes, y los patrones del ego varían de una persona a otra. De todas maneras, es útil tener una imagen del patrón general.

Lo que he descrito es semejante a los diez dibujos de "La domesticación del buey" del Zen clásico, pero expresado en términos más psicológicos, porque los enfoques psicológicos nos son más familiares en esta época. Sin embargo, la práctica es fundamentalmente práctica; requiere de todo lo que tenemos. Sencillamente debemos hacerlo: Do, Mi, Sol. Do, Mi, Sol. Do, Mi, Sol.

Curiosidad
y obsesión

Uno de mis discípulos me dijo hace poco que su motivación para sentarse era solamente la curiosidad. Él esperaba que yo me mostrara en desacuerdo y desaprobara su práctica; pero la verdad es que coincido totalmente con él. Buena parte de la vida la pasamos atrapados en nuestros pensamientos, obsesionados con esto o aquello, sin estar verdaderamente en el presente. Pero a veces nos sentimos intrigados por nuestras obsesiones y por lo que somos: "¿Por qué estoy tan angustiada, o deprimida, o abrumada?" De ese desconcierto emanan la curiosidad y la voluntad de observar nuestros pensamientos y observarnos a nosotros mismos, para ver cómo llegamos hasta ese grado de malestar. El círculo repetitivo de los pensamientos pasa a segundo plano y tomamos consciencia del momento presente. Por tanto, la curiosidad es, en cierta forma, la esencia de la práctica.

Si somos verdaderamente curiosos investigamos sin prejuicios. Congelamos nuestras creencias y nos limitamos a observar, sólo observar. Deseamos investigarnos a nosotros mismos, la forma como vivimos la vida. Si lo hacemos con inteligencia, sentimos la vida de una manera más directa y comenzamos a verla tal como es. Por ejemplo, estamos "sentados" aquí y supongamos que en lugar de estar preocupados por alguna cosa, fijamos la atención en nuestra experiencia inmediata: tomamos nota de lo que oímos, sentimos el dolor de las rodillas y las demás sensaciones corporales. Unos minutos después, perdemos el foco de atención y nuestros pensamientos comienzan a correr por un recoveco y por otro. Cuando nos damos cuenta de que nos hemos alejado, regresamos y fijamos nuestra atención nuevamente. Ésa es una práctica normal, el patrón usual. Lo que hacemos en realidad es investigarnos a nosotros mismos y estudiar nuestros pensamientos, nuestra experiencia: oímos cosas, sentimos cosas, olemos cosas. Nuestras sensaciones estimulan los pensamientos y la mente vuelve a perderse en otro recoveco. Pero, entonces, nosotros nos fijamos en ese recoveco. El foco de investigación cambia ligeramente y comenzamos a observar: "¿Qué es todo esto que estoy pensando?", "¿Qué es lo que hago?" "¿En qué estoy pensando?" "¿Por qué siempre estoy pensando en esto y no en aquello?"

Si observamos los pensamientos, en lugar de dejarnos arrastrar por ellos, con el tiempo nuestra mente se aquieta y podemos investigar el momento siguiente. La observación, entonces, podría ser: "He estado 'sentado' por varias horas y me comienza a doler todo el cuerpo". Enseguida investigamos eso. "¿Qué es lo que me duele? ¿Cómo lo siento en realidad?" Con el tiempo tomamos consciencia no solamente de las sensaciones físicas, sino de lo que pensamos sobre ellas. Notamos el hecho de no querer estar sentados; observamos los pensamientos de rebeldía: "¿Cuándo sonará la campana para que pueda moverme?" El proceso de observar es una forma de curiosidad, una investigación de cómo es el mundo. Sencillamente prestamos atención a aquello que forma parte de nuestra vida o de la experiencia de estar "sentados".

Este proceso puede ocurrir no sólo mientras estamos "sentados", sino en cualquier parte. Supongamos que estoy en el consultorio del odontólogo para una obturación. Yo observo mis pensamientos sobre el trabajo del odontólogo: "Detesto que me claven una aguja en la encía". Observo que me tensiono ligeramente cuando el odontólogo aparece en el consultorio. Mientras intercambiamos un saludo, observo la contracción de mi cuerpo. Entonces llega el momento de la aguja. Sencillamente la siento y me quedo con esa sensación. El odontólogo me ayuda con sus instrucciones: "Respire tranquilamente. Respire profundamente...". Es como entrenarse para un parto natural: cuando seguimos el ritmo de la respiración, no pensamos en el dolor. Sencillamente *somos* el dolor.

O, quizás, estamos en el trabajo, tenemos organizadas las labores de la mañana y de repente, nuestro jefe entra y dice: "Hay un plazo límite para entregar esto.

Suspenda lo que está haciendo y dedíquese a hacer esto. Lo necesito dentro de una hora". Si hemos practicado durante algún tiempo, inmediatamente podemos notar las reacciones de nuestro cuerpo ante esta orden, incluso cuando iniciamos la nueva tarea. Notamos que nuestro cuerpo se tensiona y que tenemos pensamientos de resentimiento. Observamos nuestros pensamientos y después los abandonamos para fijar nuestra atención en la tarea inmediata. Nos concentramos en ella.

Podemos investigar toda nuestra vida de esta forma. "¿Qué estoy sintiendo? ¿Qué me sucede a medida que la vida hace lo que hace?" Las exigencias súbitas de mi jefe son sólo algo que la vida hace; así mismo, necesitar que el odontólogo me obture una caries es algo que la vida hace. Pero yo tengo sentimientos y pensamientos acerca de cada uno de estos incidentes; y en la medida en que permanezco con esos sentimientos y pensamientos, me acostumbro a estar con las cosas tal y como suceden, y sencillamente hago lo que debo hacer.

Cuando tenemos la suerte de hacer un trabajo que en realidad nos agrada, también tomamos nota de ello. Notamos que el cuerpo está más relajado y que nos sumergimos en la tarea con mayor facilidad. Nos abstraemos, el tiempo pasa volando y pensamos menos porque disfrutamos de la tarea que mantiene ocupada nuestra atención. Sin embargo, esto no quiere decir que lo que nos agrada sea más importante que lo que nos desagrada. Cuanto más practicamos, mayor es el dominio que el flujo de la experiencia tiene sobre nuestra vida, independientemente de lo que nos agrada y lo que nos desagrada. Tomamos consciencia de las situaciones a medida que ellas pasan por nosotros. Sencillamente hacemos lo que hacemos, y estamos conscientes del flujo de la experiencia. Nada especial. Y cada vez más, ese fluir predomina y contribuye a que la vida sea mejor.

Esto no significa que todo se vuelva agradable en la vida. No es posible prever lo que la vida nos depara; al levantarnos por la mañana no sabemos que a las dos de la tarde nos romperemos una pierna. Nunca sabemos lo que nos espera, pero eso es parte de la dicha de estar vivos.

La práctica no es otra cosa que esta actitud de curiosidad: "¿Qué está sucediendo aquí y ahora? ¿Qué estoy pensando? ¿Qué estoy sintiendo? ¿Qué me está presentando la vida? ¿Qué estoy haciendo con esto? ¿Qué cosa inteligente puedo hacer con esto? ¿Qué puedo hacer con un jefe poco razonable y afanado? ¿Qué debo hacer cuando la obturación de la caries se convierte en un dolor insoportable?" La práctica tiene que ver con esta investigación. Cuanto más aceptamos nuestros pensamientos y reacciones personales, mayor es nuestra capacidad para quedarnos sencillamente con lo que debemos hacer. Ésa es la esencia de la práctica Zen: hacer lo que debemos hacer momento a momento.

Sin embargo, hay un escollo en el camino. El problema es que muchas veces no somos lo suficientemente curiosos o abiertos ante la vida. En lugar de estudiar con interés las situaciones, quedamos atrapados en la maraña de pensamientos y reacciones que éstas nos provocan. Nos perdemos en el laberinto de ideas y pensamientos. Si nunca hemos practicado, podemos permanecer enredados en estos pensamientos el noventa y cinco por ciento del tiempo. Pero si hemos practicado bien durante varios años, podemos pasar en la red solamente el cinco o diez por ciento del tiempo.

Cuando reaccionamos acaloradamente ante una situación, no dejamos espacio para la curiosidad investigativa. En lugar de observar con curiosidad, quedamos atrapados en un círculo vicioso de pensamientos, que se convierte en un ciclo obsesivo. No nos limitamos a observar nuestros pensamientos, sino que creemos que hay algo de validez en dejar fluir la ira durante horas y horas, en lugar de verla tal como es, sentir las contracciones físicas que nos produce y, hasta donde sea posible, fijar la atención en lo que podríamos hacer para arreglar el problema.

Eso es exactamente lo que hacemos cuando nos "sentamos": investigamos nuestra vida. Pero cuando nos dejamos arrastrar por un flujo de pensamientos egocéntricos, dejamos de investigar. Nos dedicamos a pensar en lo malo que es todo, o a culpar a alguien, o a culparnos a nosotros mismos. Cada persona tiene su propio estilo, que es la forma como justifica su existencia. Nos agrada que ese remolino de pensamientos crezca cada vez más. Realmente lo disfrutamos, hasta que empezamos a darnos cuenta de que destruye nuestra vida.

La gente se pierde en miles de recovecos diferentes. Para algunos, la entrada a su recoveco puede ser: "No puedo hacer nada hasta que entienda completamente este asunto". Entonces nos negamos a actuar hasta tanto no lo hayamos analizado todo. Otra persona puede responder ante un jefe quisquilloso diciendo: "Haré el trabajo, pero a mi manera. Y no lo haré a menos que pueda hacerlo perfectamente bien". Un perfeccionismo obsesivo puede ser la entrada al recoveco. El recoveco también puede ser filosófico cuando precisamos tener un cuadro completo de la manera como encajan las cosas. Este recoveco se relaciona con el esfuerzo por garantizar la seguridad de nuestra vida: pensamos que estaremos más seguros si comprendemos todo a cabalidad. Otro recoveco es el de la obsesión por el trabajo, o la compulsión a hacer demasiadas cosas al mismo tiempo. Nuestros recovecos son nuestro estilo personal y sólo descubrimos de qué se tratan cuando identificamos nuestros pensamientos. De ahí la gran importancia de clasificar los pensamientos. Debemos reconocer cómo y dónde nos agrada enredarnos; debemos conocer nuestro estilo particular de crear recovecos.

A medida que nos "sentamos", aprendemos a reconocer la manera como nos engañamos. Cuando estamos en el proceso de engañarnos, atrapados en nuestro recoveco, no actuamos con curiosidad sino mecánicamente, siguiendo una decisión fundamental inconsciente que tomamos hace mucho tiempo: "Debo ser así, y debo hacer las cosas de este modo". No podemos recibir ningún mensaje sensorial y no podemos ver lo que sucede realmente. No hay curiosidad auténtica sobre la forma como funcionamos, ni sobre las otras alternativas posibles. La red de pensamientos egocéntricos y obsesivos bloquea todo. Nuestra curiosidad y nuestra actitud abierta hacia la vida se han ido con el viento.

La práctica no se basa en la esperanza; se basa en el hecho de no saber, en una simple actitud de curiosidad y apertura: "No sé, pero puedo investigar". Todos tenemos nuestro estilo particular para no hacer esto. Nos agrada pensar en recovecos; nos agradan más nuestros recovecos que la vida. El recoveco es lo que nosotros creemos que somos: "Soy esta clase de persona". Nos agradan los pensamientos y las actividades que refuerzan esta noción, aunque carezcan de vida.

Cuanto más nos "sentamos" y llegamos a conocernos de verdad, más inclinados nos sentimos a observar nuestros recovecos y a dejarlos ser, a dejarlos ir. Comenzamos a pasar más tiempo en la parte esencial de la práctica, que es la de mantener la curiosidad y la apertura, y sencillamente dejar la vida quieta. Para el principiante, "sentarse" de esta forma es lo más aburrido del mundo. Al "sentarnos" no sucede nada, salvo que escuchamos el paso de un vehículo, sentimos un espasmo en el brazo izquierdo, y sentimos el aire. La persona aferrada a su recoveco personal naturalmente pregunta: "¿Para qué quieres hacer esto? ¿Para qué sirve?" Sin embargo, la importancia de esta práctica es enorme porque, en ese espacio, la vida asume el control. La vida —la inteligencia o el funcionamiento natural de las cosas— sabe lo que debe hacer.

ESTUDIANTE: Cuando me siento deprimido, prefiero crear una fantasía en la que me siento bien.

JOKO: Ése es un recoveco. Pensamos que no somos interesantes como somos, y que hay algo mal en la forma como nos sentimos. Entonces lo reemplazamos por algo "mejor", algo que hemos inventado. Si en lugar de eso nos dedicáramos a investigar la tristeza o la depresión que sentimos, y nos interesáramos por ese estado, descubriríamos ciertas sensaciones corporales y ciertos pensamientos que alimentan ese estado. Al hacer eso, la depresión tiende a desaparecer y ya no sentimos la necesidad de crear una fantasía sobre ser diferentes.

ESTUDIANTE: ¿No puede la investigación misma convertirse en un recoveco obsesivo?

JOKO: Una cosa es observar sencillamente nuestro proceso interior como un hecho, y otra quedar atrapados en el análisis del por qué y lo malo de él. Si tratamos de seguirle la pista a nuestro proceso interior como un detective que trata de dilucidar un crimen, seguimos en el recoveco.

ESTUDIANTE: ¿Hay algún peligro en observar nuestro recoveco y explorar todos sus rincones? ¿Podría ese proceso prolongarse eternamente?

JOKO: No; si verdaderamente observamos nuestras obsesiones sin dejarnos atrapar, éstas tienden a desvanecerse y a morir. Por lo general quedamos atrapados en nuestros recovecos porque en realidad deseamos volver a nuestros pensamientos egocéntricos. Pero tan pronto como nos limitamos sólo a observar nuestra forma de pensar, la conexión con el ego se rompe y el recoveco comienza a desvanecerse. No debe preocuparnos el proceso incesante de observar los pensamientos, pues cuando comenzamos a "sentarnos" los pensamientos obsesivos tienen mucha energía, pero ese impulso se disipa a medida que prologamos el tiempo que pasamos "sentados". Cada vez más los pensamientos mueren y nosotros nos quedamos simplemente con las sensaciones corporales, con la vida tal como es.

No deseo que ustedes se limiten a creer todo esto. Quisiera que lo investigaran por sí mismos. De eso se trata la práctica: es un proceso de descubrimiento personal acerca de la manera como funcionamos y pensamos.

ESTUDIANTE: Algunas actividades parecen exigir que se siga un flujo de pensamiento. Por ejemplo, escribir profesionalmente o estudiar filosofía. Estas actividades parecen depender de la capacidad para sostener una "red" o línea de ideas el mayor tiempo posible.

JOKO: Eso está bien, pues es muy distinto del pensamiento obsesivo y egocéntrico. La función creativa de un escritor o de un filósofo solamente puede ocurrir si la persona *no* está atrapada en sus ansiosos pensamientos personales. Al observar la forma como funciona la mente y reconocer los recovecos obsesivos como lo que son, nos liberamos y podemos empezar a utilizar nuestra mente de una manera más creativa, sin barreras.

ESTUDIANTE: ¿Existe alguna forma de pensamiento sobre nosotros mismos que no sea egocéntrico?

JOKO: Sí; muchas veces tenemos que pensar en nosotros mismos. Si, por ejemplo, tengo una caries, debo hacer los arreglos para ver al odontólogo. Ésa es una manera de pensar en mí misma, que no es necesariamente obsesiva o egocéntrica.

ESTUDIANTE: Algunas veces también el hecho de pensar en la práctica es un recoveco. Puedo desarrollar una fantasía de cuán hermosa será mi vida si tengo permanente consciencia de mis pensamientos y sentimientos.

JOKO: Sí; pero entonces no estaremos simplemente investigando nuestros pensamientos, sino que también estaremos agregando esperanza o expectativa. Ya no será una investigación curiosa y abierta. Como dijo el maestro Rinzai: "No pongas ninguna cabeza por encima de la tuya"; ésa sería una cabeza adicional. Al "sentarnos" con constancia y aplicación comenzamos a diferenciar esos recovecos y a reconocerlos tal como son.

ESTUDIANTE: Algunas personas dicen que el exceso de meditación deprime y debe equilibrarse con otras actividades más alegres, como las celebraciones. ¿Qué piensa usted de eso?

JOKO: En la vida no hay cosas buenas o malas en sí. Lo que es, sencillamente es. La depresión no es más que un complejo de sensaciones físicas acompañadas de pensamientos, y ambas cosas son susceptibles de investigarse. Lo único que necesitamos cuando nos sentimos deprimidos es observar las sensaciones y clasificar los pensamientos. Pero si dejamos de lado o excluimos la depresión, y tratamos de reemplazarla, por ejemplo, con una fiesta, esto muestra que no hemos investigado ni comprendido la depresión. La fiesta puede enmascarar la depresión durante un tiempo, pero ésta regresará. Encubrir nuestros sentimientos y pensamientos es sólo otro tipo de recoveco.

Estudiante: Uno de mis recovecos es la preocupación por el trabajo y las cuestiones económicas: "¿Tendré suficiente dinero para cubrir mis necesidades? ¿Podré dar lo necesario a mi familia? ¿Es seguro mi empleo?" Tiendo a quedarme atrapado en estos pensamientos ansiosos y generadores de preocupación.

Joko: Sí; es cierto que es difícil abandonar o desterrar estos pensamientos obsesivos a través de la observación. Sin embargo, ellos pierden lentamente el poder que ejercen sobre nosotros a medida que vemos cómo son y sentimos el temor que ocultan. Ellos simplemente se desvanecen poco a poco.

Estudiante: Yo me doy cuenta de que divido las actividades entre aburridas o alegres, olvidando que lo que denominamos depresión y alegría son sencillamente pensamientos y sentimientos que nosotros tenemos con respecto a las cosas. Muchas veces aquello que consideramos "alegre" es sólo un medio para escapar momentáneamente de lo que sucede dentro de nosotros; por eso nos da miedo parar para permitirnos sentir realmente.

JOKO: Así es. La verdadera dicha consiste en ser este momento, tal como es. Vivir el momento puede ser sentir la contracción que llamamos depresión, o sentir la contracción que llamamos alegría. Por lo tanto, la dicha auténtica está detrás de ambas cosas: de lo que llamamos depresión y de lo que llamamos alegría.

Transformación

Hoy en día describimos el crecimiento personal con palabras tales como *cambio* y *transformación*. Buena parte de ese discurso es tonto y refleja muy poca comprensión real del asunto. Muchas veces, el "crecimiento personal" no es más que un cambio superficial, como colocar un asiento más en la sala. Por otra parte, la verdadera transformación implica que algo verdaderamente nuevo ha nacido. Es como si lo que existía anteriormente hubiera desaparecido para dar paso a algo enteramente distinto. Cuando oigo la palabra *transformación* me vienen a la mente esos dibujos de línea que inicialmente parecen, por ejemplo, un florero y de repente se convierten en un rostro. Eso es transformación.

A la práctica Zen se la describe a veces como el camino de la transformación. Sin embargo, muchas de las personas que llegan a la práctica no buscan otra cosa que aumentar o mejorar algo que ya tienen o creen tener: "Deseo ser más feliz", "Deseo ser menos ansioso". Aspiramos a que la práctica Zen nos aporte esos sentimientos. Pero ser transformados implica que nuestra vida cambie radicalmente. Es como si pudiera suceder cualquier cosa —que un rosal se transformara en lirio, o una persona de mal carácter o naturaleza brusca y dura se transformara en una persona suave. Eso no se logra con cirugía plástica. La verdadera transformación implica que incluso la meta de ese "yo" que desea ser feliz se transforme. Supongamos, por ejemplo, que me considero como una persona depresiva, temerosa o lo que sea. La transformación no consiste en que yo logre manejar aquello que denomino tristeza; significa que ese "yo", todo el individuo, todo ese síndrome que denomino "yo", se transforme. Ésta es una forma de ver la práctica muy distinta de la de la mayoría de los estudiantes de Zen. No nos agrada ver la práctica de esta forma porque significa que si en realidad deseamos ser dichosos, debemos estar dispuestos a ser cualquier cosa. Debemos abrirnos a la transformación por la que la vida desea que pasemos. Debo estar preparada para la posibilidad de convertirme en una mendiga, por ejemplo. Ahora bien, en realidad yo no deseo ser mendiga. Cuando practicamos tenemos la fantasía de que todo va a ser tranquilidad y que nuestra vida será muy fácil. Creemos que nos convertiremos en versiones maravillosas de lo que somos ahora. Sin embargo, la verdadera transformación implica que quizás el siguiente paso sea convertirnos en mendigos.

Ciertamente eso no es lo que atrae a las personas a la práctica del Zen. Estamos aquí para retocar ligeramente nuestro modelo actual; si el vehículo de nuestra vida es gris oscuro, buscamos pintarlo de color lila o rosa. Pero la transformación implica que el vehículo pueda desaparecer del todo; o quizás en lugar de un vehículo sea una tortuga. Sin embargo, no deseamos siquiera oír hablar de semejantes posibilidades; tenemos la esperanza de que el maestro nos diga algo para arreglar el modelo actual. Muchas terapias ofrecen solamente técnicas para mejorar el modelo; lo arreglan aquí y allá, dejándolo a veces mucho mejor. Pero aun así, no es una transformación; la transformación emana de una voluntad que se desarrolla lentamente a través del tiempo, y que quiere ser lo que la vida nos pide que seamos.

La mayoría de nosotros (incluida yo misma en ocasiones) parecemos niños: deseamos que algo o alguien nos dé todo lo que un pequeño desea de sus padres; deseamos paz, atención, consuelo, comprensión. Si la vida no nos da todo esto, pensamos que la forma de conseguirlo es dedicarnos unos años a la práctica del Zen. Pero nos engañamos; no es de eso que se trata la práctica. El objeto de la práctica es abrirnos para que ese pequeño "yo" que desea, desea, desea y desea —que desea realmente que el mundo entero sea como sus padres— pueda crecer. Pero crecer es algo que no nos interesa mucho.

Muchos de mis discípulos tratan de ver en mí el reemplazo de sus padres; pero ésa no es mi función. Los que tienen problemas suelen correr a mí y, hasta donde me es posible, trato de lograr que manejen su problema ellos mismos. Una vez que tienen una ligera

idea de cómo podrían encarar el problema, lo mejor
es dejarlos luchar solos. Sólo así tienen alguna posibilidad de transformarse.

La transformación es permitirnos participar en nuestra vida en este mismo segundo; pero éste es un asunto
que nos atemoriza. No hay garantía de consuelo, ni de
paz, ni de dinero, ni de nada; debemos ser lo que somos.
Sin embargo, la mayoría de nosotros tenemos otras ideas.
Es como si fuéramos un árbol que produce hojas y
frutos de un cierto tipo; deseamos producir sólo eso
porque es más cómodo. Sin embargo, la transformación
consiste en producir lo que la vida desea producir a
través de nosotros. No podemos saber lo que eso será;
podría implicar cualquier clase de transformación —en
el trabajo que realizamos, en la forma como vivimos,
en nuestra salud (que podría empeorar, no mejorar).

Aun así, la transformación es gozo. La transformación
significa que, sin importar cómo sea la vida —difícil,
fácil, consoladora o no— de todas maneras es gozo.
Cuando digo gozo no me refiero a felicidad; el gozo
tiene que ver más con la curiosidad. Piensen en un niño
de nueve meses o un año que gatea por todas partes,
descubriendo toda clase de maravillas; su cara refleja
curiosidad y asombro. Él no anda gateando por ahí para
obtener información, para ser un mejor bebé, o para
encontrar una manera más eficiente de gatear; en realidad, no tiene ninguna razón para gatear. Gatea sen-

cillamente por curiosidad, por la mera dicha de hacerlo. Es necesario que recuperemos la capacidad de sentir curiosidad por todo lo que nos rodea, incluso los desastres.

Hace años, cuando estuve asociada con un científico muy sobresaliente, le pregunté lo que significaba ser científico. Él contestó: "Si hay un plato sobre una mesa y usted sabe que debajo del plato hay algo —pero no sabe qué es— ser científico significa no poder dormir ni estar tranquilo hasta no descubrir lo que hay debajo del plato. Uno *necesita* saber". La práctica debe servir para cultivar este tipo de actitud; sin embargo, nuestros esfuerzos por protegernos nos han llevado a perder la mayor parte de la curiosidad por la vida. Cuando estamos deprimidos, lo único que buscamos es la forma de detener esa depresión; lo mismo sucede cuando nos sentimos preocupados, solos o confundidos. Pero en lugar de eso, lo que debemos hacer es estudiar ese estado mental con curiosidad y asombro. Tal actitud abierta y curiosa para escuchar la vida es gozo, independientemente de nuestro estado de ánimo.

Éste es el camino de la transformación. Nos liberamos lentamente de nuestra forma protegida de ver la vida —desear lo que deseamos— y nos separamos de las imágenes o fantasías sobre la forma como debe desarrollarse la vida. La práctica, el camino de la transformación, es un cambio lento hacia una nueva forma de estar en el mundo. Este camino puede ser terapéutico, claro está, pero ése no es su propósito. Una persona verdaderamente curiosa no es feliz o infeliz. Un bebé gateador que descubre un pocillo que hemos dejado en el piso no es feliz o infeliz. En lugar de estar "feliz", ese bebé está absorto. No ambiciona nada; no es ni bueno ni malo; sencillamente es un bebé absorto en la maravilla de lo que ve.

Como dice Carlos Castañeda, nuestra práctica debe ser "impecable". Esto significa estar tan conscientes como sea posible en cada momento, de manera que nuestra "personalidad", que está conformada por las estrategias de protección, comience a desbaratarse y nosotros podamos responder, cada vez más, simplemente al momento presente. Una práctica impecable significa, por ejemplo, trabajar en la práctica con uno o dos proyectos, e insistir e insistir en ellos sin tregua. Supongamos que tenemos el hábito de creer en pensamientos como: "No sirvo para nada". Una práctica impecable significa que casi nunca dejemos pasar ese pensamiento; y aunque éste se deslice por ahí de vez en cuando, una práctica impecable implica mantener la presión en todo momento. No se trata de tratar de ser mejores o de considerarnos malos cuando fallamos; pero debemos ser meticulosos. La práctica impecable implica no cesar jamás en el intento. El camino de la transformación no consiste en pensar: "Ya he practicado suficiente por hoy;

ya es hora de divertirme". La diversión no es mala, pero una práctica impecable significa ser conscientes de eso también. De lo contrario, nos engañaríamos.

Aunque es meticulosa, la práctica madura no implica lucha. Sin embargo, durante los primeros años no hay forma de evitar la lucha. Con el tiempo, ésta disminuye gradualmente. La práctica tampoco es algo que debamos abandonar cuando llegan las épocas difíciles. En lugar de decir: "Las cosas son muy complicadas ahora, dejaré la práctica para la próxima semana", debemos continuar practicando precisamente ahora, con la lucha misma; de lo contrario, la práctica será sólo un juguete más y una pérdida de tiempo.

Para avanzar por el camino de la transformación hay que ser un guerrero impecable, lo que no equivale a ser un guerrero perfecto. Lo importante es hacer siempre lo mejor que podamos y trabajar con cuidado cosa por cosa. En lugar de decidir: "Voy a ser consciente", debemos decir: "Voy a ser consciente cuando haga concretamente tal o cual cosa". En lugar de tratar de trabajar con todo a la vez, trabajamos incansablemente con una o dos cosas, quizás durante dos o tres meses. Si dejamos pasar tan sólo un pensamiento como: "En realidad no tengo remedio", sin tomar consciencia de él sino hasta después, entonces debemos "sentarnos" un poco más rectos y tratar de nuevo. Debemos aplicarnos con firmeza, a fin de desarrollar músculos fuertes para la larga y ardua travesía. Al final, nos damos cuenta de que no es una travesía larga y ardua, aunque eso es algo que no vemos sino hasta que lo vemos.

Cuando estoy lejos del centro Zen de San Diego, la gente organiza sesiones de dos días y las cumple. Eso está bien, aunque no todo el mundo puede participar; algunas personas tienen hijos pequeños, por ejemplo. Sin embargo, es a eso a lo que me refiero: a "sentarse" durante dos días, luchando por mantener la consciencia. En una práctica seria no hay forma de omitir este tipo de lucha. La lucha debe prolongarse durante mucho tiempo; no hay forma de evitarla. Cuando nos quejamos, cuando estamos amargados por lo que alguien nos hizo, nos comportamos como niños; tratamos de aferrarnos a un gran seno. La práctica Zen significa crecer. No debemos iniciar una práctica como ésta mientras no estemos listos y dispuestos a hacerlo. Debemos desear realmente una vida que se haya transformado.

El hombre natural

Todos tendemos a interpretar equivocadamente la naturaleza de la práctica, sin importar cuánto tiempo llevemos practicando. De una u otra forma, suponemos que el objeto de la práctica es corregir un error. Imaginamos que haciendo esto o perfeccionando alguna habilidad, podremos llegar a corregir el error que hay en nosotros. Nuestra vida se "arreglará" y, de alguna manera, todo será mejor.

Muchas formas de terapia parten del supuesto de que la persona que busca la terapia tiene un problema que es necesario corregir. Esta actitud —tan generalizada en nuestra cultura— es la que proyectamos sobre la práctica espiritual. Suponemos que hay un problema en nuestra vida porque no nos sentimos a gusto con nosotros mismos. Desde nuestra perspectiva, algo *anda* mal. ¿Qué debemos aprender sobre este dilema?

Pensemos en un huracán. Desde el punto de vista del huracán, la destrucción de miles de árboles, líneas de energía, personas, playas y demás, no es un problema. Eso es lo que hace un huracán. Sin embargo, desde nuestro punto de vista —especialmente si el huracán ha hecho pedazos nuestra casa— algo anda muy mal. Si pudiéramos, arreglaríamos los huracanes; pero todavía no hemos encontrado la forma de hacerlo.

Por desgracia, cuando tratamos de arreglar las cosas, muchas veces creamos toda una serie de nuevos problemas. El automóvil es un buen invento que nos ha facilitado la vida de muchas maneras; sin embargo, todos sabemos que ha generado un cúmulo de problemas nuevos. Por sí misma, la naturaleza crea toda clase de desórdenes, pero éstos parecen resolverse y el proceso natural se restablece por sí solo. En cambio, cuando nosotros pensamos que debemos solucionar todos los problemas de la vida, el resultado no es tan bueno. La razón de este fracaso es que nuestro punto de vista se limita a las necesidades de nuestro ego, a lo que "yo deseo". Si estuviéramos de acuerdo con lo que sucede en nuestra vida, nada nos perturbaría.

Entonces, ¿deberíamos asumir una actitud pasiva y dejar que todo sea como es, sin hacer nada al respecto? No, pero el problema radica en el contexto emocional que nosotros adicionamos a las cosas; es decir, la actitud de que hay algo que debe corregirse.

En general, deseamos que nuestro yo sea diferente. Buscamos, por ejemplo, ser "iluminados". Nos imaginamos como seres iluminados, rodeados de un aura de gloria, diferentes y separados del resto de los mortales. Creemos que la iluminación es un logro enorme, la realización última del ego. Ese anhelo por conseguir la iluminación está presente en muchos centros espirituales como un trasfondo de emoción relacionado con la práctica espiritual. La verdad es que esto es ridículo.

Aun así, cuando nos sentimos desgraciados preferimos imaginar que encontraremos algo para arreglar las cosas, de manera que nuestras relaciones sean maravillosas en todo momento. Nos imaginamos sintiéndonos siempre bien, y realizando un trabajo que nos agrade y refuerce.

Veamos ahora cómo sería ese ser al que podríamos llamar el "hombre natural". (Podríamos hablar también de la "mujer natural", pero para efectos de este ejemplo utilizaremos el término masculino.) En la Biblia, el hombre natural sería Adán antes de ser expulsado del Paraíso —es decir, antes de que tomara consciencia de sí mismo como un ser separado. ¿Cómo sería ese hombre natural? ¿Cómo sería ese estado natural?

ESTUDIANTE: Un hombre natural estaría lleno de asombro.

JOKO: Eso es cierto, aunque él no tendría consciencia de estar lleno de asombro.

ESTUDIANTE: No tendría ninguna noción de separación entre él y el mundo que lo rodea.

JOKO: Eso también es correcto. Pero, nuevamente, él no sería consciente de eso.

ESTUDIANTE: Se limitaría a ser.

JOKO: Sí; sencillamente sería. ¿Cómo se comportaría?

ESTUDIANTE: Haría lo necesario para pasar la vida.

JOKO: Haría lo necesario para sobrevivir.

ESTUDIANTE: ¿Tendría guerras con los demás integrantes de la tribu?

JOKO: Posiblemente, aunque dudo que fuera cruel. Quizás tendría algunos desacuerdos aquí y allá.

ESTUDIANTE: Pienso que el hombre natural podría ser como mi gato, que se pasa la vida comiendo, durmiendo y haciendo lo que se presenta a cada momento, sin consciencia alguna y sin pensar en ello.

JOKO: Esa descripción es bastante acertada. Los perros no serían un buen ejemplo, porque nosotros los convertimos en lo que deseamos. Pero los gatos son más independientes, más parecidos al hombre natural.

La práctica consiste en volver a ese estado natural. Ser una persona natural no significa convertirse en una especie de santo. No obstante, al no tener esa noción de ser entes separados del mundo, hay siempre una bondad y una corrección innata en todos nuestros actos. Nuestras dos manos, por ejemplo, no se comportan de manera inadecuada entre sí porque son parte de un mismo cuerpo.

Un hombre natural disfruta de los alimentos. Disfruta del amor. Se enoja de vez en cuando, pero no durante mucho tiempo. Puede sentir temor cuando ve amenazada su supervivencia.

Nuestra vida, en contraste, es muy antinatural. Nos sentimos separados del mundo, y eso nos expulsa del Jardín del Edén. Al separarnos del mundo, también lo dividimos en bueno y malo, satisfactorio e insatisfactorio, agradable y doloroso. Y una vez hemos dividido el mundo de esta forma, nos pasamos la vida tratando de virar hacia un lado para evitar el otro y encontrar solamente los aspectos de la vida que nos convienen.

La naturaleza es como un huracán; lo que sucede, sencillamente sucede. Pero eso no es lo que deseamos para nosotros; esperamos que haya huracanes que destruyan otras casas, pero no la nuestra. Vivimos siempre a la expectativa de encontrar un refugio seguro en medio del huracán de la vida. Pero no hay tal sitio. La vida, en realidad, consiste simplemente en vivir y disfrutar cualquier cosa que surja. Sin embargo, como nuestra mente permanece centrada en el ego, creemos que el propósito de la vida es protegernos. Y eso nos mantiene atrapados. La mente que vive en función del ego pasa su tiempo pensando en la forma de sobrevivir y garantizar su seguridad, su comodidad, su diversión, su placer y una existencia sin sobresaltos. Cuando vivimos de esa forma, estamos perdidos; hemos perdido el centro. Cuanto más nos apartamos del centro, nos volvemos más ansiosos y excéntricos, esto es, alejados del centro.

Desde los primeros momentos de nuestra vida desarrollamos una mente egocéntrica. Vivir a partir de una mente centrada en el ego es simplemente mirar la vida desde una cierta perspectiva. Esto no es malo en sí, pero significa que vemos la vida únicamente desde nuestro punto de vista. Nuestra naturaleza esencial permanece inalterada en todo momento; sin embargo, no nos damos cuenta de esto porque siempre vemos las cosas desde una perspectiva unilateral y restringida.

Estamos muy lejos de "sólo vivir", como lo harían el hombre o la mujer natural. Nosotros estamos pensando acerca de la vida todo el tiempo; nos pasamos quizás un ochenta o noventa por ciento del tiempo haciendo eso. Y nos preguntamos por qué nada nos parece correcto ni es correcto. Desde nuestro punto de vista, estamos muy incómodos.

Abandonado a sus propios medios, el hombre natural es esencialmente bueno. Caza sólo cuando necesita, y hace sólo lo que necesita hacer. Puesto que no se siente separado, hace muy poco daño. Basta sólo con mirar lo que somos para darnos cuenta de cuán lejos estamos de esa forma de vida.

La tarea esencial de la práctica *no* es tratar de lograr algo. Nuestra verdadera naturaleza —la naturaleza de

Buda— siempre está ahí; permanece inalterada; está presente. Sólo cuando entramos en contacto con ella nos damos cuenta de que estamos bien. Pero no estamos en contacto con ella porque estamos marginados, y esto nos genera problemas.

Suele decirse que la esencia de toda práctica religiosa es la renunciación. Eso es cierto, siempre y cuando que interpretemos correctamente esa palabra. ¿A qué debemos renunciar?

ESTUDIANTE: Al apego a las cosas.

JOKO: Sí. ¿Y cuál es la raíz del apego?

ESTUDIANTE: ¿El pensamiento egocéntrico?

JOKO: Sí, el pensamiento egocéntrico. Supongamos que alguien me trata de estúpida. Eso es sólo una opinión, pero yo respondo con mi propia opinión diciendo: "No soy estúpida. Es usted quien no sabe lo que hace". Y así continuamos indefinidamente. Caemos en estos juegos a causa de nuestra mente egocéntrica y egoísta. Visto desde ese ángulo, el mundo siempre tiene algo malo. Sin embargo, la verdad es que la vida en sí es bastante buena, casi imperturbable. Nuestras opiniones son las que producen la perturbación.

La práctica no tiene por objeto encontrar algo. No tenemos que lograr la iluminación; no tenemos que encontrar nuestra naturaleza de Buda. La práctica es lo que somos. Lo que debemos hacer es superar nuestra ceguera para ver de nuevo. ¿De qué manera podemos superar la ceguera?

ESTUDIANTE: Identificando nuestros pensamientos.

JOKO: Sí, podemos identificar los pensamientos para verlos como tales, como algo que nosotros mismos creamos. Debemos ver que ellos no poseen realidad intrínseca.

ESTUDIANTE: Pienso que debemos aceptar el hecho de que estamos ciegos. No puedo identificar algo, si no estoy dispuesto a verlo.

JOKO: Eso es cierto. Por lo general, no estamos dispuestos a cumplir con el trabajo de ver sino hasta cuando sufrimos. Eso ocurre necesariamente en una vida egocéntrica: sufrimos nosotros y también quienes nos rodean.

Nuestra pequeña mente produce quejas. Produce amargura y la sensación de ser víctimas. Produce mala salud —aunque no es la única causa de la enfermedad, un cuerpo que permanece tenso debe librar una batalla doble. La pequeña mente produce presunción y arrogancia. También nos impide entrar en contacto con las sensaciones de nuestro cuerpo y con la vida misma. Cuando estamos en contacto, en cambio, nuestra vida se parece más a la del hombre natural. ¿Qué significa eso?

Estudiante: Significa tener la noción de lo que es correcto.

Joko: Sí. ¿Qué más?

Estudiante: Una actitud más abierta. La inteligencia natural absorbe la información a través de los sentidos y funciona como parte de todo lo demás.

Joko: Sí. Tendemos a ver con claridad. Tendemos a saber cómo equilibrar las cosas y qué hacer en una determinada situación. Tendemos a conservar la calma, porque las cosas pequeñas no nos alteran. Tendemos a ser más juguetones; a ser espontáneos. Tendemos a querer cooperar. Tendemos a ver a los demás desde una perspectiva integral y no como cosas para manipular.

Estos resultados no se obtienen con facilidad. Algunas veces, el trabajo que hacemos al "sentarnos" es bastante tedioso. Nos cansamos de identificar los pensamientos y de fijar la atención en las sensaciones físicas. No es un trabajo sin sentido, pero se prolonga durante años. Como somos obstinados, no deseamos realizar el trabajo necesario. Pero si no lo hacemos, la vida se vuelve difícil para nosotros y para las personas que nos rodean. A pesar de eso, con frecuencia insistimos en no realizar el trabajo necesario.

La idea de la renunciación al yo suena exótica; nos trae a la mente la imagen de Cristo en la cruz o algún otro acto notable. Pero, en general, la renunciación es bastante simple y elemental. La renunciación sucede cada vez que tomamos nota de nuestra actividad mental, clasificamos nuestros pensamientos y renunciamos al pequeño yo —encarnado en los pensamientos— para fijar la atención en lo que está sucediendo en este momento. Volvemos a absorber las sensaciones del cuerpo, el sonido del tránsito, los aromas del almuerzo. Eso es lo que significa renunciar al yo. Cuando nos "sentamos" durante un retiro de una semana, hacemos esto diez mil veces: identificar los pensamientos, tomar nota de la fantasía y regresar a la consciencia de lo que es, renunciando al pequeño yo para beneficio del gran yo. El resultado es el simple flujo de la vida misma.

No hay nada fuera de lo común en esto. Es algo que hacemos quizás diez veces siempre que nos "sentamos"; y si estamos verdaderamente alerta, quizás lo hacemos veinte o treinta veces. Si nos dejamos arrastrar por los pensamientos durante quince minutos, bloqueamos parte del trabajo.

Nadie viene corriendo a entregarnos una estrella de oro por hacer este tipo de trabajo; nadie. Para emprenderlo debemos comprender todo lo que está de por medio. Todo —toda nuestra vida— está de por medio. Todo lo que en realidad deseamos está de por medio en este trabajo tedioso que realizamos incesantemente.

Pero hay períodos durante los cuales sencillamente no estamos dispuestos a hacer el trabajo. "Sin importar lo que diga Joko, prefiero soñar despierta". Entonces dejamos correr nuestra pequeña fantasía y luego volvemos al trabajo. Nuestra mente sale de su fantasía egocéntrica y vuelve a fijarse de nuevo en las rodillas, en la tensión del cuerpo, sólo dejándola ser. En ese segundo, renunciamos a nuestro yo. Ése el estado del "despertar": sólo estar aquí.

Siempre volvemos, por supuesto, al pequeño yo. Pero a medida que nos "sentamos", los intervalos durante los cuales permanecemos con la vida tal como es van haciéndose más largos, mientras que las interrupciones producidas por nuestro egocentrismo se acortan. Las interrupciones ya no son tan largas, y no las tomamos con la misma seriedad. Poco a poco se convierten en una especie de nubes que flotan en el cielo: las vemos, pero su control sobre nosotros es menor. Con el tiempo, este proceso marca una diferencia en nuestra vida. Nos sentimos mejor; funcionamos mejor. Después de un retiro intensivo, por ejemplo, la mayoría de la gente se da cuenta de que aquello que le parecía un problema, se ha convertido en un asunto trivial, casi gracioso. El "problema" no ha cambiado, pero la mente sí. El objeto de mis charlas —y de la *sesshin* en sí— radica en este regreso a la vida cotidiana. Cuando nos enfrentamos de nuevo a las exigencias complejas de la vida diaria, sin embargo, nos olvidamos de continuar con la práctica. Pero en lugar de permitir que la mente se pierda en un recoveco, debemos continuar vigilantes, observan-

do. Si no lo hacemos, la claridad adquirida comenzará
a desvanecerse. Eso es algo que no tiene por qué suceder;
no tenemos que salir a pelear con alguien al día siguiente de la *sesshin*.

Cuanto más practicamos y los hábitos de la práctica
se convierten en algo inherente a nuestro ser, más duran
los beneficios de la *sesshin*. Con el tiempo, llegamos a
un punto en el cual no hay diferencia entre la *sesshin*
y la vida cotidiana.

Es importante recordar que no estamos tratando de
arreglar nada. No se trata de cambiar lo que somos. De
hecho, la práctica consiste simplemente en volver a lo
que siempre hemos sido. No hacemos nada especial;
no tratamos de ser iluminados. Sencillamente regresamos, una y otra vez, renunciando repetidamente al
pequeño yo.

A medida que hacemos este trabajo, comenzamos a
sentir la vida de una manera diferente; y esto es lo único
que puede enseñarnos algo. Las palabras como éstas
van y vienen; pero si no hacemos el trabajo, las palabras
no significan nada. Leer un libro o escuchar una con-
ferencia no basta. Sólo el trabajo nos permite saborear
una forma diferente de sentir la vida. Y a medida que
ese sabor se hace más fuerte, descubrimos que no
podemos regresar a casa, aunque quisiéramos. Al tras-
formarnos cada vez más en lo que somos realmente,
los efectos se afianzan y nuestra vida cambia.

VII

Asombro

La caída

Hubo una vez un hombre que se lanzó desde el décimo piso de un edificio. Cuando iba por el quinto piso se le oyó exclamar: "¡Hasta ahora no ha pasado nada!" Nosotros reímos porque sabemos lo que le espera a este hombre en unos segundos más. Pero, ¿cómo puede él decir que por ahora todo va bien? ¿Cuál es la diferencia entre el segundo en el cual él va pasando por el quinto piso y el segundo justo antes de que caiga sobre el pavimento? Este último segundo es lo que la mayoría de nosotros llamaríamos una crisis. Si pensamos que nos quedan apenas unos días o minutos de vida, la mayoría de nosotros diríamos: "Esto es una crisis". Por otra parte, si nuestros días transcurren normalmente (el mismo trabajo, la misma gente, las tareas de siempre), la vida quizás no parezca maravillosa, pero al menos estamos acostumbrados a ella. En esos momentos, no nos sentimos en crisis y no vemos la necesidad imperiosa de practicar diligentemente. Veamos esta supuesta diferencia entre la crisis y la ausencia de crisis.

La *sesshin* es una crisis artificial. Cuando nos comprometemos en un retiro, debemos cumplir y luchar con una situación difícil. Al final del retiro, la mayoría de nosotros habremos salido de la crisis —lo suficiente, al menos, como para ver la vida de una manera ligeramente distinta. Es triste que no comprendamos que

cada instante de la vida —beber una taza de café, aga-
charse en la calle para recoger un papel— *es* la vida
misma. ¿Por qué no comprendemos esa verdad? Porque
nuestra pequeña mente piensa que ese segundo de vida
que estamos viviendo está precedido por cientos de
miles de segundos y será seguido por otros tantos; de
manera que nos apartamos de la experiencia de vivir
verdaderamente nuestra vida. Y en cambio, hacemos lo
que los seres humanos hacen durante toda la vida, y
que es una verdadera pérdida de tiempo: tratamos de
diseñar estrategias mentales para no tener que sufrir
nunca una crisis. Gastamos toda nuestra energía tratando de agradar a los demás, de tener éxito, de ser acep-
tados, de actuar con seguridad (o inseguridad), dependiendo de lo que creamos que podemos lograr con eso.
Tenemos estrategias, y la mayor parte de nuestra energía
se va en ellas, tratando de manejar la vida para que
nunca caigamos y lleguemos al fondo. Por eso es tan
maravilloso acercarse al fondo. Por eso los enfermos
graves o las personas que sufren una desgracia
devastadora con frecuencia despiertan. ¿Despiertan a
qué? ¿A qué despertamos?

ESTUDIANTE: ¿Al presente?

JOKO: Sí. ¿Y a qué más?

ESTUDIANTE: A la transitoriedad.

Estudiante: A la sensaciones de nuestro cuerpo.

Joko: Sí, y además de eso, ¿a qué despertamos?

Estudiante: Al milagro de todo.

Joko: Al milagro de este segundo. Cuando este segundo no soy yo, ni cosa alguna, sino solamente un asombro. Y esto no implica una gran emoción, sino, simplemente, un asombro. Entonces, todas nuestras preocupaciones desaparecen. Pero por lo general ese "despertar" sólo nos llega cuando estamos tan presionados que nuestra mente se ve obligada a saltar al momento presente. En ese momento podemos olvidar todas nuestras estrategias para arreglarnos a nosotros mismos, a los demás y a las circunstancias que nos rodean. La mayoría de la gente pasa entre un cincuenta y un noventa por ciento de sus horas de vigilia tratando de evitar el fondo. Pero la verdad es que no podemos evitarlo. Todos, sin excepción, vamos en descenso. No podemos evitar el fondo y, no obstante, pasamos la mayor parte de la vida tratando de evitarlo.

Despertar significa darse cuenta de que nuestra situación no tiene remedio, y que es maravillosa. No podemos hacer otra cosa que vivir cada segundo. Cuando estamos en crisis, o en una *sesshin*, podemos no despertar totalmente, pero sí lo suficiente como para cambiar la forma en que vemos nuestra vida. Nos damos cuenta de que las maniobras usuales —preocuparse por el pasado y proyectar un futuro imaginario— no tienen sentido; sólo son una pérdida de preciosos segundos.

Desde cierto punto de vista, siempre estamos en crisis: constantemente estamos cayendo. Pero desde otra perspectiva, no hay crisis. ¿Hay crisis si vamos a morir en un segundo? No, lo único que existe es ese segundo. Estamos vivos en un segundo y al siguiente estamos muertos. No hay crisis; sólo hay lo que es. Pero la urgencia del ser humano por hacer lo imposible nos mantiene amarrados. Nos pasamos la vida tratando de evitar lo inevitable. Nuestras energías, nuestras emociones y nuestros proyectos se invierten en cosas tales como hacer dinero, tener éxito, agradarle a todo el mundo, porque creemos que esas cosas nos protegen. Una de las ilusiones más fuertes es la de creer que el hecho de estar enamorados nos protege. Pero en realidad no hay protección, no hay respuesta. Nuestra vida no tiene remedio, y por eso es maravillosa.

El despertar consiste simplemente en conocer la verdad, no con la cabeza sino con todo nuestro ser: saber que "esto es todo". Es maravilloso. ¿Tengo dolor de muela? Eso también es todo, y es maravilloso. Claro está que cuando pensamos en el dolor de muela, no lo vemos como algo maravilloso; pero es maravilloso ser sencillamente lo que es la vida en este segundo, con todo y el dolor de muela.

Por desgracia, nuestra mente humana nos traiciona. La mayoría de los animales, en cambio, no manipulan tanto la vida, aunque algunas veces pueden intentar un truco. Una vez tuve un perro que no quería volver a casa cuando lo llamaba, y se paraba detrás de una cerca de arbustos del otro lado de la calle. El truco era eficaz en verano: se quedaba detrás de la cerca, sin hacer el más mínimo ruido. Pero cuando caían las hojas en otoño, el animal insistía en esconderse detrás de los arbustos, aunque quedaba a la vista de todos. Aun así, los perros y demás animales no se confunden tanto como nosotros con respecto al propósito de la vida; a diferencia de nosotros, se limitan a vivir.

La mayoría de nosotros estamos en medio de algún "desastre"; otras personas no lo están. Y aunque, por supuesto, no permanecemos atrapados en medio de un gran desastre, cuando estamos en medio de uno practicamos con constancia, vamos con mayor frecuencia al *dojo* y hacemos lo posible por hacerle frente a la situación. Después, cuando la vida se calma, bajamos la intensidad de la práctica. Una de las señales de la práctica madura es ver que la vida es siempre una crisis total y una total ausencia de crisis: ambas cosas son lo mismo. En una práctica madura, practicamos con la misma intensidad ya sea que haya crisis o no.

No es posible resolver nada hasta tanto no comprendamos que *no hay solución*. Estamos cayendo, y para eso no hay respuesta. No podemos hacer nada al respecto. Nos pasamos la vida tratando de detener la caída y, no obstante, ésta nunca se detiene. No hay solución, no existe una persona maravillosa que logre frenar la caída. Ningún éxito, ningún sueño, nada puede frenar la caída. Nuestro cuerpo sencillamente va en descenso. Pero la caída es una gran bendición.

Todos somos conscientes del envejecimiento: de las canas, las arrugas, los dolores punzantes. Desde el momento mismo de la concepción, comenzamos a morir. No piensen que me siento dichosa cuando veo esas señales de envejecimiento, no me agradan más que a ustedes; pero aun así, hay una diferencia muy grande entre no estar a gusto con el cambio y empeñarse en frenarlo a toda costa.

Tarde o temprano nos damos cuenta de que la verdad de la vida es cada segundo que vivimos, independientemente de que ese segundo ocurra en el noveno piso o en el primero. En cierto sentido, nuestra vida no tiene duración: siempre vivimos el mismo segundo. No hay otra cosa que este segundo, el momento presente atemporal. Ya sea que vivamos este segundo en el quinto piso o en el pavimento, siempre es el mismo segundo. Cuando reconocemos este hecho, cada segundo se convierte en un manantial de dicha. Pero sin ese reconocimiento, cada segundo es una desgracia. (De hecho, algunas veces tenemos el deseo secreto de ser infelices; nos *gusta* ser el centro del melodrama.)

La mayor parte del tiempo, no pensamos que haya una crisis ("¡Hasta ahora no ha pasado nada!"). O pensamos que la crisis es el hecho de que no nos sentimos felices. Pero ésa no es una crisis, es una ilusión. De manera que pasamos la mayor parte de la vida tratando de arreglar esa entidad inexistente que creemos ser. En realidad somos este segundo. ¿Qué otra cosa podríamos ser? Y este segundo no tiene tiempo ni espacio. No puedo ser el mismo segundo de hace cinco minutos. ¿Cómo podría serlo? Soy el aquí. Soy el ahora. No puedo ser el segundo que llegará dentro de diez minutos. Lo único que puedo ser es la consciencia de estar sentado sobre el cojín, sintiendo el dolor de mi rodilla izquierda, sintiendo lo que está sucediendo en este momento. Eso es lo que soy. No puedo ser otra cosa. Puedo imaginar que dentro de diez minutos no sentiré el dolor de la rodilla izquierda, pero ésa es una mera fantasía.

Recuerdo la época en que era joven y bella. Ésa también es una mera fantasía. La mayoría de nuestras dificultades, esperanzas y preocupaciones son simples fantasías. Nada ha existido aparte de este momento presente. Es lo único que existe; es lo único que somos. Sin embargo, la mayoría de los seres humanos pasan entre el cincuenta y el noventa por ciento de sus vidas en el ámbito de la imaginación, viviendo una fantasía. Pensamos en lo que nos ha sucedido, en lo que podría haber sucedido, en lo que sentimos, en la forma como debiéramos ser, en la forma como debieran ser los otros, en lo terrible que es todo, etc. Todo es fantasía, imaginación. El recuerdo es imaginación. Cada uno de los recuerdos a los cuales nos aferramos destruye la vida.

El pensamiento práctico —cuando no estamos flotando en medio de una fantasía sino haciendo algo— es distinto. Si me duele la rodilla, quizás debiera averiguar si hay algún tratamiento. Los pensamientos que nos destruyen son aquellos con los cuales tratamos de frenar la caída para no llegar al fondo: "Yo lo cambiaré", "Yo cambiaré", o "Trataré de comprenderme a mí mismo y, cuando lo logre, estaré en paz y la vida será perfecta". No, no será perfecta. Será como quiera que es en este segundo. Sólo asombro.

¿Podemos percibir el asombro mientras estamos "sentados"? ¿Podemos sentir el asombro de estar aquí, de que como seres humanos podamos conocer esta vida? En este sentido, somos más afortunados que los animales; dudo que un gato o un escarabajo tengan esta capacidad de conocimiento, aunque podría equivocarme. Pero yo puedo perder la capacidad de conocimiento y asombro si me aparto de este momento. Si alguien me grita: "¡Joko, eres un desastre!", y yo me dejo arrastrar por mis reacciones (mis pensamientos sobre la forma de protegerme o desquitarme), me alejo del asombro. Pero si permanezco con el momento, lo único que hay es un grito. No es nada. Sin embargo, todos nos quedamos atrapados en nuestras reacciones.

Como seres humanos, tenemos una maravillosa capacidad para ver lo que es la vida. Yo no sé si algún animal tenga esta misma capacidad. Pero si la desperdiciamos y no practicamos de verdad, todas las personas con quienes nos encontremos en la vida sentirán los efectos. Me refiero a nuestros compañeros, nuestros hijos, nuestros socios o amigos. La práctica no es algo que hacemos sólo para nosotros mismos. Si fuera así, en cierta forma sería inútil. A medida que comenzamos a vivir en la realidad, la vida de todos los que nos rodean también cambia. Si hay algo que pueda ayudar en este universo de sufrimiento, es precisamente eso.

El aleteo de la paloma
y la voz crítica

Hace poco recibí una llamada telefónica de una practicante de Zen que me dijo: "Esta mañana, mientras
estaba 'sentada', todo estaba quieto y callado y de repente
se escuchó sólo el aleteo de una paloma. No había
ninguna paloma, no había ningún yo, era sólo *eso*". Ella
esperó mi comentario, y yo dije: "¡Eso es maravilloso!
Pero suponga que en lugar de oír el aleteo de una paloma,
usted oye una voz crítica que le censura algo. ¿Cuál
es la diferencia entre el sonido de la paloma y el sonido
de una voz crítica?" Imaginen que están "sentados" en
medio de la quietud del amanecer y de repente oyen
un "pío, pío, pío" que entra por la ventana. Un momento así puede ser encantador. (A veces pensamos que
eso es el Zen.) Pero supongan que su jefe entra corriendo y grita: "Usted debió entregar ese informe ayer.
¿Dónde está?" ¿Qué tienen en común estos dos sonidos?

ESTUDIANTE: Los dos son sólo la experiencia de oír.

JOKO: Sí, son sólo la experiencia de *oír*. Todo lo que nos
sucede en el día es simplemente un impulso de información que nos llega a través de los sentidos: sólo oír,
ver, oler, tocar, saborear. Ya hemos dicho qué tienen
en común los dos sonidos; pero, entonces, ¿cuál es la
diferencia? ¿Hay alguna diferencia?

ESTUDIANTE: Uno nos gusta y el otro no.

JOKO: Es cierto, ¿por qué? Después de todo, ambos son sonidos. ¿Por qué no nos gusta la voz crítica tanto como el aleteo de la paloma?

ESTUDIANTE: Porque no nos limitamos a escuchar la voz; nosotros agregamos una opinión a lo que oímos.

JOKO: Correcto. Tenemos una opinión sobre esa crítica; de hecho, tenemos fuertes pensamientos y reacciones al respecto.

En una charla anterior referí la historia del hombre que saltó de un décimo piso y al pasar por el quinto gritó: "¡Hasta ahora no ha pasado nada!" Él esperaba seguir flotando en el aire eternamente. Así es como vivimos nuestra vida: con la esperanza de evitar la voz crítica, de desafiar la gravedad y flotar para siempre.

Hay algunas personas que sí parecen desafiar la gravedad. Es el caso de Greg Louganis, quizás el clavadista más grande que haya existido jamás. Un clavadista extraordinario como Louganis tiene la fuerza para alcanzar una altura increíble al saltar, de manera que tiene un mayor despliegue en su caída. Esa altura le brinda espacio para maniobrar. Otro atleta sorprendente que parece desafiar la gravedad es el jugador de baloncesto Michael Jordan, quien, a veces, parece quedarse suspendido en el aire. Sorprendente. También nos maravillamos al ver a Baryshnikov, el gran bailarín.

Pero aunque todos ellos alcanzan a elevarse a una altura asombrosa, todos caen en algún momento. Tal como nos lo indica el sentido común, la gravedad siempre prevalece.

Pero nosotros no vivimos de acuerdo con el sentido común. No nos agrada la voz crítica; no deseamos aterrizar. Eso no nos gusta para nada. Pero gústenos o no, la vida está hecha de una gran cantidad de cosas desagradables. Rara vez la vida nos da únicamente lo que deseamos; de manera que pasamos todo el tiempo tratando de hacer lo que ningún ser humano está en capacidad de hacer: tratamos de permanecer suspendidos de alguna manera para no descender nunca y estrellarnos contra el suelo. Tratamos de evitar lo inevitable.

No hay forma de vivir la vida humana y evitar la información desagradable. Siempre habrá censura, dolor, heridas, enfermedades, desilusiones. La pequeña mente nos dice que no podemos confiar en la vida y que es mejor conseguir pólizas de seguros; por eso nosotros hacemos lo posible por evitar entrar en contacto con la realidad dolorosa.

Sentados en *zazen*, nuestra mente se pierde incesantemente en sus fantasías, tratando de "permanecer suspendidos". Pero es imposible. Sin embargo, como seres humanos insistimos en hacer lo imposible: evitar el dolor. "Trazaré mis planes. Encontraré la mejor forma.

Averiguaré qué puedo hacer para sobrevivir y estar protegido". Tratamos de transformar la realidad a través del pensamiento, para que ésta no se nos acerque jamás.

Ya les he contado la historia sobre la vez que estaba sentada en el *dojo* al lado de una joven que no dejaba de moverse. Ella jugaba con su tobillo todo el tiempo. Lo estiraba, lo bajaba, lo ponía detrás; no dejaba de mover ese tobillo. El instructor se acercó a ella y le dijo al oído: "Debe quedarse quieta. Debe dejar de mover el tobillo". Ella le respondió: "Pero es que me *duele*". Él le dijo: "Bueno, en este salón hay muchos tobillos que duelen". Y ella replicó: "Sí, pero éste es *mi* tobillo". Cuando hemos conocido el dolor, comprendemos por lo que está pasando una persona que tiene una pena. Pero cuando otro siente dolor, sencillamente no es lo mismo que cuando *nosotros* lo sentimos. Cuando una persona dice: "Lo siento por usted", la verdad es que no es así, no en la forma en que uno siente lo que a uno le pasa. Nosotros tenemos un objetivo primordial: mantener alejado el dolor para que ni siquiera nos enteremos de su existencia. Deseamos permanecer suspendidos en la nube de nuestros pensamientos, embebidos en los planes y las estrategias para mejorar.

El esfuerzo de mejorar no es malo en sí. Es bueno decidir, por ejemplo, no consumir alimentos procesados, dormir más horas o hacer más ejercicio. El error está en sumar a ese esfuerzo la esperanza de que al mejorar podremos aislarnos de lo desagradable: de la voz crítica, de la desilusión, de la enfermedad, del envejecimiento.

Mientras creamos que el sonido de la paloma es diferente del sonido de la voz crítica, habrá lucha. Si no deseamos oír la voz crítica en nuestra vida, y no logramos manejar nuestras reacciones hacia ella, habrá lucha. ¿De qué se trata la lucha que todos libramos?

Estudiante: La lucha surge de la diferencia entre lo que sucede realmente y lo que hay en nuestra mente.

Joko: Correcto. A su manera, nuestra mente siempre está agregando sutilmente a las situaciones su gusto o su disgusto con respecto a ellas. Siempre tenemos una opinión.

Cuando nos limitamos a oír, en cambio, no hay opinión. Cuando el sonido llega a nuestro tímpano, no hay opinión; sólo la experiencia de oír. En la práctica, la lucha ocurre exactamente en este punto. Recibimos la información sensorial a lo largo de todo el día; pero desde el punto de vista humano, sólo parte de ella es aceptable.

¿Quiere eso decir que me deben agradar por igual una caricia y un pinchazo en la mano? No, siempre tendré una preferencia; todos sabemos que preferimos las sensaciones placenteras. Pero las preferencias no son malas en sí; el problema radica en las emociones que les agregamos. Las emociones hacen que las preferencias se conviertan en exigencias. La práctica nos ayuda a revertir este proceso, a devolver las exigencias a su estado inicial de preferencias sin carga emocional. Si, por ejemplo, hemos planeado un almuerzo en el campo, la preferencia sería que hiciera un día soleado. Pero esta preferencia se convierte en una exigencia si nos molestamos cuando comienza a llover.

El ejercicio de "sentarnos" nos ayuda a ver de manera más objetiva las creaciones mentales con las cuales tratamos de protegernos para poder permanecer "suspendidos". Aprendemos a observar simplemente nuestras creaciones mentales y a regresar a la experiencia abierta de la información sensorial. "Sentarse" es una empresa simple.

Sin embargo, si somos sinceros cuando nos "sentamos", nos daremos cuenta de que no deseamos escuchar nuestro cuerpo. En lugar de eso, deseamos *pensar*. Deseamos pensar acerca de todas esas ideas que nos hacen esperar que la vida "permanecerá suspendida allá arriba". No deseamos abandonar esa esperanza.

Por lo tanto, el primer paso es ser sinceros. Eso implica observar nuestros pensamientos tanto como sea posible, y escuchar el cuerpo. Mientras tengamos esperanzas, no podremos pasar mucho tiempo prestando atención al cuerpo. No cabe duda de que no *deseamos* oír. Sin embargo, tras años de "sentarnos", esa renuencia cambia lentamente. No nos "sentamos" para sentirnos dichosos o felices, sino para ver finalmente que no hay diferencia entre escuchar el sonido de una paloma y escuchar la crítica de alguien. La "diferencia" está sólo en nuestra mente. Esta lucha es el objeto de la práctica. No se trata de sentarse en paz todas las mañanas, sino de enfrentar la vida directamente para ver lo que hacemos en realidad. En general, lo que hacemos es tratar de manipular nuestra vida o la de los demás; por lo tanto, debemos observar simplemente ese hecho: nuestro intento por manipular los sucesos y la gente para que el "yo" —esa ilusión fabricada a partir de pensamientos egocéntricos— no salga lastimado.

Sinceridad: reconocer mis opiniones sobre la práctica, mi persona, la persona que está a mi lado. Sinceridad: "En realidad soy bastante irritable, bastante desagradable". Esa sinceridad nos permite fijar la atención en el cuerpo cada vez más: por dos segundos, por veinte segundos, o por más. Cuanto menor sea la esperanza de poder arreglar las cosas a través del pensamiento, mayor será el tiempo que podremos pasar observando lo que es real. Y finalmente podremos empezar a darnos cuenta de que no hay solución. Sólo el ego tiene soluciones, aunque en realidad éstas no existen. En algún momento, podremos incluso ver que si no hay solución, no hay problema.

Estas charlas no son sólo palabras para reflexionar; tomamos algo de ellas y luego las desechamos para volver a la práctica simple y directa. ¿Llegaremos a ser maravillosos y perfectos algún día? No. No llegaremos a ninguna parte. No hay un destino al cual llegar. Ya estamos en el sitio donde no hay diferencia entre el sonido de una paloma y una voz de crítica. Nuestra tarea es reconocer que ya llegamos.

El gozo

Con frecuencia la gente me acusa de hacer demasiado énfasis en las dificultades de la práctica. La acusación es válida; pero créanme, las dificultades son reales. Si no las reconocemos y tampoco vemos la razón por la cual surgen, tendemos a engañarnos. Aun así, la realidad última —no solamente de la práctica, sino de la vida— es el gozo. Cuando digo gozo, no estoy hablando de felicidad; porque no son la misma cosa. La felicidad tiene un contrario; el gozo no. Así, mientras persigamos la felicidad seremos infelices, porque siempre pasamos de un polo al otro.

Ocasionalmente conocemos el gozo. Éste puede surgir accidentalmente, o mientras estamos "sentados", o en cualquier otro momento de la vida. Después de una *sesshin*, podemos experimentar el gozo transitoriamente. A través de los años de práctica, se hace más profunda esta experiencia del gozo; esto es, si comprendemos la práctica y estamos dispuestos a hacerla. Pero la mayoría de la gente no lo está.

El gozo no es algo que debamos buscar. Es lo que somos cuando no estamos preocupados por alguna otra cosa. Cuando nos esforzamos por encontrar el gozo, sencillamente estamos agregando un pensamiento —uno que no ayuda— al hecho básico de lo que somos. No necesitamos salir a buscar el gozo, pero sí debemos

hacer algo. La pregunta es ¿qué? No nos sentimos dichosos y por eso tratamos de encontrar un remedio.

Nuestra vida se compone básicamente de percepciones; y cuando hablo de percepción, me refiero a todo
lo que nos llega a través de los sentidos. Vemos, oímos,
tocamos, olemos, etc.; eso es lo que la vida es realmente. Sin embargo, la mayoría de las veces reemplazamos
nuestras percepciones por alguna otra actividad; las
cubrimos con otra cosa, a la cual denominaré "evaluación". Con evaluación no me refiero a un análisis frío
y objetivo, como cuando miramos una sala desordenada
y pensamos, o evaluamos, la forma de arreglarla. La
evaluación a la cual me refiero gira alrededor del yo:
"¿Me traerá algo bueno este siguiente episodio de mi
vida? ¿Me lastimará? ¿Será agradable o desagradable?
¿Me dejará algo material?" Está en nuestra naturaleza
evaluar las cosas de esta forma; y en la medida en que
nos entreguemos a esta forma de evaluación, el gozo
estará ausente de nuestra vida.

La rapidez con la cual podemos pasar a la modalidad
evaluativa es sorprendente. Puede suceder que estemos
funcionando bastante bien y, de repente, alguien critica
lo que estamos haciendo. En una fracción de segundo,
saltamos al ámbito de los pensamientos. En realidad
siempre estamos bastante dispuestos a entrar en ese
interesante espacio donde nos juzgamos y juzgamos a
los demás. Hay mucho drama en todo eso, y a nosotros

nos gusta más de lo que creemos. A menos que el drama se alargue y se convierta en sufrimiento, siempre estamos dispuestos a estar en medio de él, porque, como seres humanos, tenemos una inclinación natural hacia el drama. En general, nos parece que estar en el mundo de la percepción pura es bastante aburrido.

Supongamos que estamos regresando de unas vacaciones de ocho días, en las que nos hemos divertido o creemos que lo hemos hecho. Al regresar al trabajo, la pila de cosas pendientes es enorme y por todo el escritorio hay mensajes que se recibieron en nuestra ausencia. Lo más seguro es que todas esas llamadas telefónicas fueran para pedir algo; quizás el trabajo que le encargamos a alguien no salió bien. Inmediatamente evaluamos la situación: "¿Quién falló?" "¿Quién dejó de hacer su trabajo?" "¿Por qué me llamó ella? Apuesto a que es el mismo problema de siempre" "Eso es responsabilidad de ellos. ¿Por qué me llaman a mí?" Así mismo, al terminar una *sesshin* experimentamos el flujo de una vida de gozo, pero inmediatamente después nos preguntamos a dónde se ha ido. Aunque no va a ninguna parte, la verdad es que algo sucede: una nube oscurece la claridad.

Hasta tanto no reconozcamos que el gozo es exactamente lo que sucede cada segundo, pero sin la carga de nuestra opinión, sólo podremos disfrutar de pequeñas porciones de gozo. No obstante, cuando nos que-

damos con la percepción en lugar de dejarnos arrastrar
por la evaluación, el gozo puede ser la persona que no
cumplió con su trabajo mientras estábamos fuera; o
puede ser el encuentro con todas las personas a quienes
debemos llamar, independientemente de lo que deseen.
El gozo puede ser un dolor de garganta; puede ser perder
el trabajo; puede ser tener que quedarse a trabajar una
noche. Puede ser tener que presentar un examen de
matemáticas o enfrentar un problema familiar. Éstas son
cosas que normalmente no asociamos con el gozo.

La práctica consiste en tratar con el sufrimiento; no
porque éste sea importante o valioso en sí mismo, sino
porque el sufrimiento es nuestro maestro. Es el otro
lado de la vida, y para que haya gozo es preciso que
veamos la vida en su totalidad. A decir verdad, la *sesshin*
es un sufrimiento controlado. Es una oportunidad de
enfrentar el sufrimiento en una situación de práctica.
Al "sentarnos", ponemos a prueba todos los atributos
tradicionales de un buen practicante de Zen: la resistencia, la humildad, la paciencia, la compasión. Todo
esto suena maravilloso en los libros, pero no es tan
atractivo cuando nos duele todo. Por eso las *sesshines*
no deben ser fáciles: debemos aprender a estar con
nuestro sufrimiento y a actuar debidamente al mismo
tiempo. Cuando aprendemos a permanecer con nuestra
experiencia, independientemente de cuál sea, tomamos
mayor consciencia del gozo que es nuestra vida. Las

sesshines son buenas oportunidades para aprender esta lección. Cuando estamos preparados para la práctica, el sufrimiento puede ser una coyuntura afortunada. Nadie desea aceptar este hecho. No cabe duda de que también yo trato de evitar el sufrimiento; hay muchas cosas que no deseo que me sucedan. Pero aun así, si no logramos aprender a ser nuestra experiencia, aunque duela, nunca conoceremos el gozo. El gozo es, precisamente, ser las circunstancias de nuestra vida tal como son. Si alguien ha sido injusto con nosotros o si alguien dice mentiras sobre nosotros, eso también es gozo.

La riqueza material dificulta en cierta forma el descubrimiento de esa dicha esencial que es nuestra vida. Quienes han visitado la India cuentan que junto a la inmensa pobreza, se percibe una extraordinaria sensación de gozo. Por estar enfrentados a la vida y a la muerte en todo momento, los hindúes han aprendido una lección que resulta difícil para la mayoría de nosotros. Ellos han aprendido a apreciar cada momento. Eso es algo que nosotros no hacemos muy bien; la prosperidad —todo aquello que damos por hecho y todas las cosas que deseamos— son, hasta cierto punto, una barrera. También existen otras barreras más básicas, pero no cabe duda de que la riqueza es parte del problema.

En la práctica, regresamos una y otra vez a la percepción, al simple hecho de estar "sentados". La práctica consiste solamente en oír, ver, sentir. Esto es lo que los cristianos denominan el "rostro de Dios": sencillamente absorber el mundo tal como se manifiesta. Sentimos nuestro cuerpo, oímos el ruido de los automóviles y el trinar de los pájaros; eso es todo lo que hay. Pero no deseamos permanecer en ese espacio sino por unos pocos segundos. Salimos volando a recordar lo que nos sucedió la semana pasada o a pensar en lo que nos va a suceder la próxima. Nos obsesionamos con las personas que nos causan dificultades, o con el trabajo, o con cualquier otra cosa. El ir y venir de todas esas ideas no es malo; el problema está en que al dejarnos arrastrar por ellas, entramos al mundo egocéntrico de la evaluación. La mayoría de nosotros vivimos gran parte de la vida desde ese punto de vista.

Es natural pensar: "Si mi esposo (o mi compañero de cuarto, o cualquier otra cosa) no fuera tan difícil, sé que mi vida sería mucho más tranquila. Podría entender mejor mi vida". Eso puede ser cierto durante un tiempo; pero esa tranquilidad no es tan valiosa como observar las cosas que nos molestan, porque es precisamente ese malestar (la tendencia a aferrarnos al drama, a dejarnos envolver por él y a dejar volar la mente y avivar el fuego de las emociones) el que constituye una barrera. En una vida así no hay gozo verdadero, no hay ninguna posibilidad de gozo. Nosotros huimos de las dificultades, tratamos de deshacernos de algo —el esposo, el compañero de

cuarto, o lo que sea— para encontrar el sitio perfecto
donde nada nos moleste. Pero ¿alguien tiene un lugar
así? ¿dónde podría estar ese lugar? ¿a qué podría pare-
cerse? Hace años solía permitirme diez minutos al día
para soñar con una isla tropical, y todos los días amoblaba
una casita que tenía en la isla. Mi vida de fantasía mejoraba
cada vez más. Finalmente llegó el día en que tenía todas
las comodidades: las comidas más deliciosas y el océano,
y una laguna apenas perfecta para nadar al lado de la
casa. Es bueno soñar despierto siempre y cuando que
pongamos un límite de tiempo. Porque ese sueño sólo
podía existir en mi mente; no hay ningún sitio en el
mundo donde podamos ocultarnos de nosotros mismos.
Aunque estuviéramos meditando en una cueva, de todas
maneras estaríamos pensando en algo: "¡Cuánta nobleza
la mía por meditar en esta cueva!" Y al cabo de un rato:
"¿Qué disculpa invento para salir de aquí sin quedar
mal?" Si nos detenemos por un momento para averiguar
lo que sentimos y pensamos realmente, observaremos
—aunque estemos trabajando intensamente— un tenue
velo de interés egoísta en todo lo que hacemos. El
"despertar" es sencillamente abstenerse de hacer eso. El
"despertar" no es otra cosa que hacer totalmente lo que
hacemos, respondiendo a las cosas a medida que se
presentan. El término moderno es "estar en la corriente".
El gozo es eso: si algo se presenta, lo percibo; si es necesario hacer algo, lo hago, y luego lo siguiente y lo que

venga después. Es fácil vivir la vida de esta forma. El gozo no termina jamás, a menos que lo interrumpamos con la evaluación: si reaccionamos ante los sucesos como si fueran problemas, culpando, rechazando, tensionándonos. Cuando surge algo que no concuerda con mi idea de lo que deseo hacer, tengo un problema. Podría incluso privar de dicha a una actividad que me agrada. ¿Les viene a la mente algún ejemplo?

ESTUDIANTE: Cuando trato de hacer todo perfecto.

ESTUDIANTE: Cuando pienso que al hacer algo me vuelvo importante.

ESTUDIANTE: Cuando dejo de prestar atención a lo que estoy haciendo y comienzo a pensar sólo en terminarlo.

ESTUDIANTE: Cuando comienzo a compararme con los demás y a competir.

ESTUDIANTE: Cuando me preocupo de si lo estoy haciendo bien o no.

ESTUDIANTE: Cuando empiezo a preocuparme porque va a terminar.

JOKO: Muy bien. Y debajo del nivel consciente está nuestro condicionamiento firmemente arraigado, los motivos inconscientes que nos empujan a hacer lo que hacemos. Todo eso sale a flote con el tiempo. Incluso cuando hacemos una actividad que nos agrada, o tenemos un compañero que nos agrada, tratamos por naturaleza de cambiar las cosas, de arreglarlas, y eso ahuyenta el gozo. Toda evaluación egocéntrica de una situación obscurece la pura percepción, que es el gozo. Cuando surgen esos pensamientos, debemos ver a través de ellos y dejarlos ir, para regresar inmediatamente a la experiencia. Así descubriremos el gozo.

Una buena práctica no significa que lleguemos de repente a un espacio vacío, en el cual no suceda nada. Aunque eso puede ocurrir ocasionalmente, no es importante. Lo que sí es necesario para una buena práctica es que cada vez estemos más dispuestos a tomar consciencia de lo que sucede. Dispuestos a darnos cuenta de que "Sí, lo único que hago es pensar en Tahití" o "Rompí con mi novio hace seis meses y todavía sigo pensando en eso". Esa clase de pensamientos engendran emociones —depresión, preocupación, angustia— y nos aprisionan en nuestras obsesiones. Y entonces, ¿dónde está la dicha?

Para la mayoría de nosotros, estar en el momento presente y recordar constantemente que para eso estamos aquí, equivale a sufrir. Debemos estar dispuestos a realizar esta práctica no sólo cuando estamos "sentados", sino en todos los momentos de la vida. Al hacerlo, el porcentaje de la vida durante el cual experimentamos el gozo aumenta. Sin embargo, eso tiene un precio. Hay quienes están dispuestos a pagarlo, mientras que otros no. A veces la gente piensa que yo puedo darles la dicha, que poseo alguna especie de atributo mágico. Pero lo único que puedo hacer por los demás es decirles lo que deben hacer. No puedo darle dicha a nadie, sólo a mí misma. Por eso si la práctica es demasiado fácil y no cuesta nada, jamás podremos poner la llave en la cerradura de la puerta. Si insistimos en huir de aquello que nos desagrada en la vida, la llave jamás dará la vuelta.

No debemos forzarnos en exceso. Quizás debamos dar marcha atrás o retirarnos, dependiendo de nuestra capacidad. Pero debemos saber que al retirarnos, los problemas se quedarán con nosotros. Cuando "huimos" de los problemas, éstos no se despegan. Ellos se sienten a gusto con nosotros y no nos abandonan si no les prestamos verdadera atención. Decimos que queremos ser uno con el mundo, cuando lo que deseamos en realidad es que el mundo nos complazca. Para ser "uno con el mundo" debemos pasar por años de práctica meticulosa, de trabajo permanente. No hay atajos, ningún camino hacia una vida de placidez y gozo, si no pagamos un precio. Debemos observar cómo nos enredamos en nuestros asuntos personales y volver a este mundo de percepción pura que, en general, no nos interesa para nada. Suzuki Roshi dijo una vez: "Desde un punto de vista común, ser iluminado parecería un asunto bastante aburrido". No hay ningún tipo de drama en el "despertar", se trata solamente de estar aquí.

Cada uno de nosotros tiene la capacidad para permanecer con la percepción, pero en distintos grados. Como seres humanos, podemos estar despiertos y aumentar el tiempo durante el cual permanecemos despiertos. Cuando estamos despiertos, el momento se transforma: nos sentimos bien y sentimos el poder de hacer lo que venga después. Siempre es posible aumentar esa capacidad. Debemos ser conscientes de lo que somos en cada momento: si estamos furiosos, debemos saberlo, debemos sentirlo. Debemos tomar nota de los pensamientos que hay de por medio. Si estamos aburridos, eso es algo que definitivamente debemos investigar. Si nos sentimos desalentados, debemos tomar nota de ello. Si estamos atrapados en una actitud de crítica y rigor, debemos observarla. Si no identificamos estas cosas, ellas se adueñarán de la situación.

En resumen, cuando nos "sentamos" ocurren dos cosas: una es la percepción pura, el simple hecho de estar "sentados", y el contenido de esa percepción puede ser cualquier cosa. La otra actividad es la evaluación: el constante ir y venir entre la percepción pura y el ámbito de los juicios personales sobre todo lo que sucede. Al "sentarnos", manejamos esa tensión, ese esfuerzo, ese pensamiento repetitivo. Debemos tratar con nuestro condicionamiento residual; ése es el único camino hacia el gozo. Debemos enfrentar lo que sucede aquí y ahora.

Caos y asombro

Cuando hablo con mis discípulos, oigo muchas explicaciones acerca de sus motivos para practicar: "Deseo conocerme mejor", "Deseo tener una vida más integrada", "Deseo ser más sano", "Quiero conocer el universo", "Quiero saber de qué se trata la vida", "Me siento sola", "Deseo tener una relación", "Deseo que mi relación mejore". Son incontables las variaciones de éstas y otras motivaciones para practicar. Todas están muy bien, no hay nada malo en ellas; pero si pensamos que el propósito de la práctica es lograr esas cosas, aún no hemos entendido lo que estamos haciendo. Es cierto que debemos conocernos, comprender nuestras emociones y la forma como funcionan; debemos ver la relación que existe entre nuestras emociones y nuestra salud física; debemos tomar nota de nuestra falta de integración y de todo lo que ella implica. Al "sentarnos" tocamos todos los aspectos de la vida; pero cuando olvidamos una cosa, lo olvidamos todo. Sin ella, nada funciona. Es difícil darle un nombre a esta cosa; podríamos llamarla asombro. Cuando perdemos la capacidad de asombrarnos ante todo lo que encontramos, tenemos dificultades; la vida no funciona.

A través de la práctica debemos establecer un buen contacto con las cosas que mencioné anteriormente: emociones, tensión, salud y otros factores. Hasta que no nos acostumbremos a establecer estas conexiones, no surgirá el asombro. La conexión no tiene que ser completa, pero sólo cuando dejemos de preocuparnos por todos esos factores, llegaremos al asombro. Si, por ejemplo, estoy con una persona que sólo me irrita, es porque he perdido mi capacidad de asombro frente a esa persona. Lo mismo sucede cuando, por ejemplo, hacemos un trabajo que no deseamos hacer. Ayer decidí arreglar el espacio que está debajo del lavaplatos. Ése es un oficio que tendemos a olvidar, pero también me produjo asombro: la sorpresa de encontrar las cosas que encontré. El asombro no es algo aparte y distinto de lo que hacemos. Pensamos en el asombro como un estado de éxtasis, y en realidad puede serlo. Las montañas Rocallosas y el Gran Cañón son, por ejemplo, paisajes tan espectaculares que por un momento vemos un milagro. Esas experiencias pueden tener una dimensión emocional fuerte; pero el asombro no siempre es emocional y tampoco podríamos pasar todo el tiempo en ese estado.

Podemos suponer que el asombro sólo se encuentra en ciertas actividades especiales. "Quizás sea fácil para los artistas y los músicos sentir el asombro. Pero si yo soy contador, ¿qué hay de maravilloso en eso?". Aunque los artistas y los músicos entren en contacto con el milagro en sus áreas concretas de trabajo, es probable que no lo vean en otras áreas. Podría decirse, por

ejemplo, que los físicos y otros científicos permanecen
apartados del milagro de la vida. Sin embargo, yo he
tenido vínculos con muchos físicos y he descubierto
que para ellos es muy importante que una solución sea
elegante. Es interesante que semejante término surja en
medio de las matemáticas y los computadores. Una vez
le pregunté a un físico por qué utilizaba esa palabra.
La respuesta fue muy simple: "Cualquier solución buena
debe ser elegante". Cuando le pregunté qué quería decir
con eso, me respondió que elegancia significaba eliminar las capas superficiales hasta llegar a lo esencial, para
no tener gran cantidad de sobrantes. Eso es asombroso.
La solución puede, incluso, no ser cierta; recordemos
que los físicos trabajan con teorías. En cierto sentido,
ninguna fórmula es verdad. Tampoco hay nada "cierto"
en una relación; pero en este momento, una relación
puede ser sencillamente asombro. Si no nos damos
cuenta de esto, no entendemos nuestra práctica.

La práctica no consiste simplemente en integrarse,
o estar saludable, o ser una buena persona, aunque
todos estos elementos formen parte de ella. La práctica
trabaja con el asombro. Si ustedes desean verificar su
práctica, la próxima vez que les suceda algo que no
puedan soportar, pregúntense: "¿Dónde está el milagro
en esto?" Con la práctica aumenta la capacidad para ver
el milagro de la vida, independientemente de lo que
sea y de si nos gusta o no. Cuando, por ejemplo,

abordamos una relación de esa manera, estamos en capacidad de decir: "Te amo por lo que eres y te amo también por lo que no eres". En lugar de buscar las fallas: "Hablas demasiado. No hablas jamás. Eres muy desordenado. Nunca limpias el mesón de la cocina. Me criticas a toda hora", el asombro ocupa el centro del escenario: "Te amo por lo que eres y te amo también por lo que no eres".

¿Cómo sabemos si nuestra práctica es real? Sólo por una cosa: porque vemos el milagro de la vida cada vez más. ¿Qué es el milagro? No sé. Esas cosas no se pueden llegar a conocer a través del pensamiento; pero cuando se presentan, las reconocemos.

Algunas veces yo pierdo mi capacidad de asombro, aunque la tengo más desarrollada que hace cinco años. Una práctica verdadera nos lleva a través de un camino que nos aproxima cada vez más a la consciencia de lo maravilloso. Y no me refiero a estar en un estado de arrobamiento; puede ser sencillamente el asombro que nos causa el hecho de ver a alguien que nos desagrada. O podemos asombrarnos también cuando vemos a alguien que sufre una enfermedad grave; la presencia de esta persona puede ser tan poderosa que ilumina todo el espacio que la rodea.

A medida que vivimos, enfrentando todos los pequeños problemas y dificultades de nuestra vida cotidiana, debemos preguntarnos: "¿Dónde está el milagro?" Siempre está ahí; por naturaleza la vida es milagro. Si no sentimos el asombro, sólo tenemos que continuar con la práctica; no podemos obligarnos a sentirlo. Sólo podemos trabajar con la barrera que nos impide sentirlo. La barrera ha sido creada por nosotros mismos; no es el resultado de algo que nos ha sucedido. Eso también es parte del asombro. Si comprenden lo que trato de decir, perfecto. Si no, también está bien. Ambas cosas son parte del asombro: saber o no saber; de cualquier forma, está bien.

ESTUDIANTE: He estado pensando en las guerras. Me es imposible ver el milagro de la vidad en una guerra.

JOKO: Sí. Como persona, veo un conflicto con horror. Pero el caos es interesante en sí mismo. En física hay un campo relativamente nuevo denominado teoría del caos. La guerra genera un caos, y el caos trae consigo nuevas posibilidades. Se produce una gran sacudida, y el mundo cambia. Nuestras relaciones con todos los que nos rodean cambian. Las relaciones de ellos con todo lo demás también cambian. No podemos ver el orden en medio del caos porque somos humanos. Pero el caos no es malo necesariamente; hasta en el horror hay asombro. El asombro surge precisamente de lo que sucede. Y eso es algo que no podemos juzgar ni evaluar. Claro está que si pudiese prevenir una matanza, lo haría. Nada de esto tiene lógica alguna; es sólo caos y, no obstante, ese caos no es caos —es milagro. Del caos surge un nuevo orden, el cual, a su vez, se vuelve caos. Eso es la vida. La paz consiste en estar dispuestos a estar con el caos. Eso no significa que aceptemos todo pasivamente, pero también nuestros actos son parte del caos. Siempre tenemos dos puntos de vista: el nuestro personal y el que desarrollamos a través de la práctica, es decir, el del asombro. La vida en la tierra no puede mantenerse en una posición estática. Cada uno es una pieza en el tablero de ajedrez; cuando se mueve, todos se mueven y se produce un caos. ¿Es eso bueno o malo? Ni una cosa ni otra; es sólo lo que es.

ESTUDIANTE: A menudo, todo este caos que nos rodea me produce fascinación. Observo los conflictos de mi mente, oigo a los demás hablar de sus dificultades y después miro a la gente que se dirige al trabajo apresuradamente. La confusión es enorme y, sin embargo, la mayoría de la gente llega al trabajo. ¡Es casi increíble! La presión sobre todo parece llegar hasta el último extremo. Sin embargo, debido a esa presión, la gente se acomoda y todo fluye. El simple hecho de que funcione es fascinante.

JOKO: Hace algún tiempo, en un viaje de regreso a Los Ángeles, conocí a un planificador urbano que, mirando las autopistas y los edificios desde el aire, me dijo: "¡Eso no aguantará mucho tiempo!" Pero las cosas resisten porque se produce un ajuste. De alguna manera, las personas se adaptan.

ESTUDIANTE: Me doy cuenta de que la inevitabilidad del caos me produce tranquilidad, y quizás lo mismo les suceda a otros. Probablemente sea por eso que la ciudad no es más desquiciada de lo que ya es. Precisamente en medio del frenesí de la ciudad, la gente debe dejar que las cosas sean como son y no tratar de controlar lo que sucede. Es una especie de juego espiritual.

JOKO: Los conflictos del mundo son el resultado final de la violencia que todos llevamos dentro. Imaginamos que podemos solucionar nuestros problemas a través de las luchas y las guerras externas. Gastamos sumas exorbitantes en armamento y, no obstante, la tasa de mortalidad infantil es todavía muy alta. Eso también es parte del caos. Está bien asumir un punto de vista personal y tratar de cambiar las cosas. Pero ese punto de vista personal debe equilibrarse con el reconocimiento de que hay millones de cosas —muchas más de las que podemos imaginar— que se encuentran, cambian y se transforman todo el tiempo.

Mientras no enfrentemos nuestra propia situación, con todo el caos de nuestra vida, no podremos ser eficaces para nada. El caos existirá siempre, pero cuando lo enfrentamos lo vemos de una manera diferente. Aunque, en verdad, no deseamos enfrentarlo. Deseamos vivir dentro de las cajas que nos hemos fabricado, y pasar el tiempo redecorando los muros una y otra vez, en lugar de abrir la puerta para salir. En realidad nos gustan nuestras prisiones, y ésa es una de las razones por las cuales la práctica es tan difícil. La resistencia es la naturaleza misma del ser humano.

Los dictadores y los locos no salen de la nada, sin razón alguna. Ellos son el resultado de un sinnúmero de circunstancias, tal como lo fue Hitler. Sin embargo, no debemos pensar que si todo el mundo hiciera *zazen*, no habría caos. No se trata de eso. El caos continuará y no debemos preocuparnos por él. Pero si practicamos, con el tiempo nos sentiremos más dispuestos a aceptar las cosas tal y como son. Continuaremos teniendo preferencias personales sobre la manera como debieran suceder las cosas, pero éstas ya no serán exigencias. Preferir y exigir son cosas muy distintas. Cuando las cosas no sucedan de acuerdo con nuestra preferencia, nos adaptaremos con mayor facilidad. Eso es lo que sucede después de practicar por muchos años. Si ustedes buscan otra cosa, lo lamento...

Paradójicamente, el ejercicio de aprender a estar con el caos nos trae una profunda paz. Pero eso no es lo que generalmente nos imaginamos.

ESTUDIANTE: ¿Es ese el asombro?

JOKO: Sí; ése es el asombro.

VIII

Simplicidad

Del drama al
no drama

A través de la práctica del Zen pasamos de una vida
de drama —una especie de telenovela— a una vida sin
drama. A pesar de lo que digamos, la verdad es que
nos agradan mucho nuestros dramas personales. ¿Por
qué? Porque independientemente de cuál sea nuestro
drama personal, siempre somos el centro —que es lo
que deseamos ser. A través de la práctica nos alejamos
gradualmente de esa preocupación por nosotros mismos. Por lo tanto, y aunque suene terriblemente aburrido, la práctica del Zen tiene por objeto pasar de una
vida de drama a una vida sin drama. Analicemos más
de cerca este proceso.

Cuando nos "sentamos", primero conviene respirar
profundamente varias veces, llenando inicialmente la
cavidad abdominal, después la parte inferior del tórax
y finalmente la parte alta del tórax, hasta quedar llenos
de aire. Luego debemos retener la respiración durante
unos segundos, y exhalar lentamente. Esto debe hacerse
tres o cuatro veces. De alguna manera es artificial, pero
ayuda a crear un cierto equilibrio y establece una buena
base para la práctica. Después de respirar profundamente, el siguiente paso es olvidarse de la respiración:
olvidarse de controlarla. Claro está que no es posible
olvidarse del todo, pero es inútil tratar de controlar la

respiración. En lugar de eso, debemos sentirla, lo cual es muy distinto. No se trata de que la respiración sea larga, lenta o pareja, como sugieren muchos libros. Se trata de que la respiración asuma el mando, para que sea ella la que respire a través de nosotros. Si la respiración es superficial, no se preocupen. A medida que nos fundimos con nuestra respiración, ésta se hace por sí misma más lenta y profunda. La respiración es superficial porque nosotros queremos pensar, en lugar de vivir la vida. Cuando obramos así, toda la vida se vuelve más superficial y controlada. La palabra *rigidez* es muy apropiada para describir esta condición. Estamos atorados dentro de nuestra cabeza, garganta y hombros; nos sentimos atemorizados y también la respiración se contrae. Una respiración que permanece lenta y profunda (como sucede tras años de práctica) corresponde, en cambio, a una mente que ha perdido la esperanza. Lentamente renunciamos a todo aquello que esperamos, y la respiración se aquieta. No es algo que debamos esforzarnos por lograr. La práctica consiste simplemente en sentir la respiración tal como es.

También pensamos que debemos tener una mente tranquila. Muchos libros dicen que el estado de iluminación es sinónimo de una mente silenciosa. Es cierto: cuando no tenemos esperanza, nuestra mente calla. Mientras tengamos esperanza, nuestra mente buscará la forma de hacer realidad todas esas maravillas que deseamos que nos sucedan, o la forma de protegernos de todo aquello que no debe sucedernos. Y así, la mente está lejos de estar tranquila. Ahora, ¿qué podemos hacer en lugar de obligar a la mente a callar? Podemos tomar consciencia de lo que hace. En eso consiste el ejercicio de identificar y clasificar los pensamientos. En lugar de dejarnos arrastrar por la esperanza, comenzamos a ver: "Por vigésima vez hoy, estoy otra vez esperando recibir alivio". Después de una buena *sesshin*, probablemente habremos dicho quinientas veces: "Espero que él me llame cuando termine la *sesshin*". Entonces identificamos este pensamiento: "Estoy sosteniendo la esperanza de que él me llame cuando termine la *sesshin*". ¿Qué le pasará a ese pensamiento después de que repitamos esta frase quinientas veces? Lo veremos tal como es: como una tontería. Después de todo, la verdad es que él puede llamar o no. A medida que observamos la mente a través de los años, las esperanzas se desvanecen lentamente. ¿Y qué nos queda? Sé que puede parecer macabro, pero nos quedamos con la vida *tal como es*.

Es útil pasar por este proceso con una actitud de investigación. En lugar de considerar la práctica como buena o mala, o como algo que debe mejorar constantemente; debemos limitarnos a investigar, a observar lo que hacemos realmente. No hay buena ni mala práctica; solamente hay consciencia o falta de consciencia de lo que nos sucede en la vida. Y en la medida en que mantenemos la consciencia por más tiempo, vemos los interrogantes de la vida bajo una nueva luz. No adoptamos un nuevo punto de vista, sino una forma diferente de ver las cosas. A medida que este proceso se desarrolla a través del tiempo, la mente va callando lentamente, aunque no por completo. No son los pensamientos los que callan, puesto que podemos pasar "sentados" veinte años y de todas maneras percibir el paso incesante de los pensamientos por la mente. Lo que disminuye es nuestro *apego* a los pensamientos. Cada vez los vemos más como una especie de espectáculo, como si viéramos a unos niños jugando. Nuestro *apego* a los pensamientos es lo que bloquea el estado de *samadhi*. Podemos tener muchos pensamientos y aun así estar en un estado profundo de *samadhi*, pero siempre y cuando que no nos apeguemos a ellos y nos limitemos sólo a observarlos. Es cierto que cuanto más larga sea la práctica, menor será nuestra tendencia a pensar porque habrá menos obsesión. Así la mente se aquieta, pero no porque nos hayamos dicho a nosotros mismos: "*Tengo* que acallar mi mente".

Cuando nos "sentamos", de vez en cuando hacemos pequeños descubrimientos sobre algún aspecto de nuestra vida. Estos descubrimientos no son buenos ni malos, y tampoco tienen una importancia especial desde el punto de vista de la práctica Zen. Aunque tales descubrimientos pueden ser útiles, no son el objeto del *zazen*. Pero se presentan: súbitamente vemos con claridad algo que hacemos inconscientemente. Estos repentinos instantes de lucidez van y vienen a través de nuestra mente. Nosotros nos convertimos en científicos que viven ese experimento llamado vida. Tenemos ante nosotros la película de lo que somos y lo que pensamos; observamos ese espectáculo con interés, pero no lo asumimos como un drama personal. Cuanto más desarrollamos esta perspectiva, mejor es nuestra vida.

A medida que se fortalece nuestra habilidad para mirar, observar y sentir nuestra vida, la realidad (que es sólo consciencia) se encuentra con la irrealidad, con nuestro pequeño drama de pensamientos. Y cuando la luz comienza a iluminar la oscuridad, vemos con mayor claridad qué es real y qué es irreal. Cuando incorporamos más realidad a nuestra vida (más consciencia), aquello que antes parecía oscuro y tenebroso comienza a cambiar. Y al traer todavía más consciencia a la vida, nuestros dramas personales comienzan a desaparecer. Pero esto es algo que realmente no deseamos hacer.

A menos que exista un poco de voluntad para abandonar las creencias personales, no hay nada que yo o cualquier otra persona pueda hacer. Muchas veces, un sufrimiento suficientemente intenso puede abrir la rendija a través de la cual puede penetrar la consciencia. Pero mientras no se abra ese pequeño espacio, no hay nada que alguien pueda hacer. Además, las personas realmente tercas pueden conservar sus historias personales hasta la muerte. La vida de esas personas es realmente dura. Creerse víctima, por ejemplo, es como estar en un armario oscuro. Si preferimos permanecer encerrados, será imposible que algo pueda penetrar. Infortunadamente, mientras nos obstinemos en quedarnos sentados dentro del armario (y todos lo hacemos de vez en cuando), no habrá persona alguna que desee entrar a compartir el espacio con nosotros. La verdad es que a nadie le interesa en realidad el drama de los demás. El único que nos interesa es el nuestro. Es probable que desee encerrarme en mi armario, pero con toda seguridad, no voy a sentarme en el de otro.

Todos nos encerramos en nuestro propio armario. Él es nuestro drama personal y deseamos estar solos en él, para sentir que somos el centro de todo. Es una desgracia deliciosa. Y ya sea que lo reconozcamos o no, nos encanta. Pero una vez que tenemos la experiencia de abrir un poco la puerta y dejar pasar un poco de luz; una vez que reconocemos lo que significa tener luz verdadera dentro del armario, ya no podemos permanecer indefinidamente en él. Aunque tardemos años, llegará el día en que abramos la puerta. Una forma de ver la *sesshin* es tomarla como un instrumento que nos ayuda a abrir la puerta. Ésa es la razón por la cual la práctica puede ser incómoda.

En algún momento comenzamos a ver que el problema no radica en lo que nos sucede en la vida, porque siempre estará sucediendo algo, y además lo que suceda siempre será una mezcla de lo que nos agrada y lo que no nos agrada (eso jamás cesa). Sin embargo, a medida que somos más científicos, desarrollamos la habilidad para no caer en la red de los sucesos, y nos volvemos más capaces de observar simplemente lo que sucede. La capacidad y la voluntad para hacer este tipo de observación aumentan con los años de práctica. En un principio pueden ser mínimas, pero nuestra labor consiste en agrandarlas.

Al final, no importa cómo nos sintamos. No importa si estamos deprimidos, inquietos, distraídos o alegres. La tarea del practicante de Zen es observar, sentir, tomar consciencia. Cuando, por ejemplo, la depresión es vivida de una manera absoluta, deja de ser depresión y se convierte en *samadhi*. La ansiedad también se puede vivir de esta forma, y a medida que la sentimos realmente, va cambiando hasta el punto de no preocuparnos más. El punto no está en la circunstancia o el sentimiento específico, sino en la capacidad de vivirlo realmente.

A veces suponemos que debemos desenterrar sentimientos y recuerdos escondidos para trabajar con ellos. Pero eso no es completamente cierto. Después de todo, ¿dónde están escondidas esas cosas? No es exacto suponer que debajo de la consciencia haya cosas ocultas que pueden aflorar en cualquier momento, aunque nos parezca que así es. Durante la *sesshin* pueden surgir distintas emociones, tristeza, desesperación; pero estas emociones no son misterios ocultos que aparecen súbitamente. Estas emociones son precisamente lo que somos, y la práctica se trata de sentir lo que somos. Tratar de sacar esas cosas supuestamente ocultas es sólo otra técnica de superación personal que no funciona. La práctica no se trata de "sentarse" para permitir que salgan a flote una serie de cosas ocultas con las cuales podamos trabajar para ser mejores. La verdad es que estamos bien como somos, y no se trata de llegar a ninguna parte.

Nosotros bloqueamos la consciencia con nuestro sentimiento de culpa y nuestros ideales. Supongamos, por ejemplo, que le digo a alguien que no soy buena maestra porque no manejo todas las situaciones perfectamente. Al aferrarme a ese pensamiento, bloqueo toda posibilidad de aprender. La culpabilidad y los ideales acerca de cómo *debiera* ser obstaculizan lo único que importa, es decir, tener una consciencia clara: "Veo lo que sucedió, y en realidad cometí un error. Pero, entonces ¿cuál es la lección?" Otro ejemplo puede ser el del cocinero que se preocupa porque la cena se ha quemado, y piensa que es el fin del mundo. ¿Qué puede hacer el cocinero en ese momento? Pues, sencillamente, buscar hasta la última tajada de pan para ofrecerla como alimento a la gente.

Lo único que importa es la consciencia de lo que está sucediendo. Cuando entramos en el terreno de los ideales y la culpabilidad, las decisiones se complican porque no logramos entender cómo nos dejamos enredar por nuestras preocupaciones: "¿Me beneficiará? ¿Qué sucederá? ¿Realmente es una buena decisión? ¿Será mi vida más segura, más maravillosa, más perfecta?" Esas preguntas son incorrectas. ¿Cuáles son, entonces, las preguntas correctas? ¿Y cuáles son las decisiones correctas? No podemos saberlo de antemano, pero en algún momento lo sabremos, siempre y cuando que no quedemos atrapados en medio de la culpabilidad, los ideales y el perfeccionismo que normalmente asociamos a nuestras decisiones. La práctica tiene por objeto lograr ese tipo de claridad.

Todas las técnicas son útiles, pero todas tienen limitaciones. Cualquier técnica que utilicemos como parte de la práctica será útil durante un tiempo, hasta que comencemos a no utilizarla de verdad, o a dejarnos arrastrar por ella, o a soñar. Por lo tanto, lo importante es nuestro intento de usar cualquier técnica. Debemos intentar estar presentes, estar conscientes y practicar. Nadie mantiene esa intención todo el tiempo; ella es intermitente. También esperamos encontrar un maestro que se ocupe de todo eso por nosotros; todos queremos siempre ser salvados y protegidos. Pero el intento de practicar es lo más importante. No hay técnica, ni maestro, ni centro que pueda salvarnos. No hay nada que pueda salvarnos; ése es el más cruel de todos los golpes.

Convertir una vida de drama en una vida sin drama significa transformar una vida en la cual siempre estamos buscando, analizando, esperando y soñando; en una vida en la cual sencillamente vivimos la vida tal como se presenta, aquí y ahora. El factor clave es la consciencia, sentir el dolor tal como es. Aunque parezca paradójico, eso es el gozo. No hay otra dicha en la tierra salvo ésta.

Este tipo de práctica tiene un efecto contundente: elimina el drama. No suprime nuestra personalidad; todos somos diferentes y continuaremos siendo diferentes. Pero el drama no es real; es una barrera que obstaculiza una vida funcional y llena de compasión.

La mente simple

Sólo una mente simple puede percibir la vida de una manera distinta. Según el diccionario, la definición de la palabra *simple* es "algo que está compuesto de una sola parte". La consciencia puede absorber una multiplicidad de cosas, de la misma manera que el ojo puede captar muchos detalles a la vez. Pero la consciencia misma es una sola cosa. Permanece inalterada, sin adiciones ni modificaciones. La consciencia es completamente simple; no tenemos que agregarle ni cambiarle nada. No es pretenciosa ni soberbia; no puede ser distinta. La consciencia no es una cosa que pueda verse afectada por esto o aquello. Cuando vivimos a partir de la consciencia pura, ni el pasado, ni el presente, ni el futuro nos afectan. Como la consciencia no tiene nada de qué presumir, es humilde. Es modesta. Es simple.

El objeto de la práctica es desarrollar y descubrir una mente simple. Muchas personas se quejan, por ejemplo, de que se sienten abrumadas por la vida. Sentirse abrumado significa estar en las garras de todos los objetos, los pensamientos, los sucesos de la vida, y dejarse afectar emocionalmente por ellos, de tal manera que es imposible escapar de una sensación permanente de ira y malestar. A diferencia de la mente simple de la consciencia pura, nos sentimos confundidos frente a la mutiplicidad de factores externos. No podemos ver que todas esas cosas externas son también parte de nosotros mismos. Hasta que no vivamos el ochenta o noventa por ciento de la vida a partir de la mente simple, no podremos ver que todo existe en nosotros. De eso se trata la práctica: de desarrollar ese tipo de mente. Pero no es fácil; se necesita una cantidad infinita de paciencia, aplicación y determinación.

Dentro de esta simplicidad, dentro de esta consciencia, comprendemos el pasado, el presente y el futuro, y comenzamos a sentirnos menos afectados por la permanente descarga de vivencias. Podemos vivir la vida con aprecio y algo de compasión.

En ocasiones la gente me dice que después de una *sesshin* la vida simplemente fluye sin problema. Aunque los problemas siguen existiendo, parecen menos difíciles. Esto se debe a que, durante una *sesshin*, la mente se torna más simple. Infortunadamente, esta simplicidad tiende a desaparecer cuando nos enredamos nuevamente en lo que parece una vida demasiado compleja. Sentimos que las cosas no son como desearíamos y nos lanzamos a la lucha, sucumbiendo a nuestras emociones. Cuando esto sucede, nuestro comportamiento se torna destructivo.

A medida que nos "sentamos", aumenta el número de períodos —primero breves y luego más largos— durante los cuales sentimos que no necesitamos opo-

nernos a los demás, aunque ellos nos causen problemas. En lugar de ver a las personas como problemas,
comenzamos a disfrutar de sus defectos, sin desear
arreglarlos. Una vida plena es aquella en la que podemos disfrutar del mundo sin juzgarlo. Para eso se
necesitan años y años de práctica. Esto no significa, por
supuesto, que podamos enfrentar todos los problemas
sin reaccionar; sin embargo, algo ha cambiado y nosotros podemos apartarnos de una vida puramente
reactiva, en la cual todo lo que sucede estimula nuestros
mecanismos de defensa.

No hay misterio alguno en una mente simple. En
ella, la consciencia sencillamente es. Es abierta, transparente. No hay nada complicado en ella. No obstante,
la mayoría de las veces es difícil acceder a ella. Pero
cuanto mayor sea nuestro contacto con la mente simple,
mayor será nuestra percepción de que todo está en
nosotros y, en consecuencia, nos sentiremos más responsables por todo. Una vez percibimos nuestra conexión con todo, necesariamente actuamos de manera
diferente.

Cuando nos dejamos arrastrar por los pensamientos,
dejamos de hacer nuestro trabajo: sentir el pasado y el
futuro, todo en el presente. Incluso imaginamos que
está bien permanecer aislados en una habitación, sintiéndonos molestos. Sin embargo, la verdad es que
cuando nos permitimos esta distracción, suspendemos

nuestro trabajo y esto afecta a toda nuestra vida. Cuando mantenemos la consciencia, lo reconozcamos o no, las cosas empiezan a mejorar. Si practicamos durante el tiempo suficiente, empezamos a percibir la verdad: comprendemos que en el "ahora" están el pasado, el futuro y el presente. Cuando podemos "sentarnos" con una mente simple, sin dejarnos llevar por nuestros pensamientos, una luz comienza a nacer lentamente y la puerta que permanecía cerrada empieza a abrirse. Para que eso ocurra, debemos trabajar con nuestra ira, nuestro malestar, nuestros juicios, nuestra autocompasión y nuestra noción de que el pasado determina el presente. A medida que la puerta se abre, vemos que el presente es absoluto y que, en cierto sentido, todo el universo comienza en este preciso instante, en cada segundo. Y la curación de la vida está en ese segundo de simple consciencia.

Curarse es simplemente estar siempre aquí, con una mente simple.

Dorotea
y la puerta cerrada

Todos estamos en busca de algo. La mayoría de los seres humanos sienten un cierto vacío, sienten que les falta algo y buscan algo que llene ese vacío. Incluso quienes afirman que no están buscando nada y que están satisfechos con su vida, también desarrollan una búsqueda a su manera. Y entonces la gente asiste a una u otra iglesia, a centros de Zen o de yoga, o a talleres de crecimiento personal, con la esperanza de encontrar la pieza faltante.

Voy a contarles la historia de una niña llamada Dorotea, que vivía en una vieja mansión de estilo victoriano. La familia de Dorotea había habitado esta casa durante generaciones. Cada quien tenía su propia alcoba y además había otras habitaciones y cuartos por todas partes, sin contar la buhardilla y el sótano. Siendo muy niña, Dorotea se percató de que había algo muy extraño en la casa: en el último piso de la mansión había un cuarto cerrado. Hasta donde la memoria permitía recordar, ese cuarto siempre había estado cerrado con llave. Existía el rumor de que alguna vez lo habían abierto, pero nadie sabía qué contenía el cuarto. La cerradura era extraña y nadie había logrado descifrar la forma de abrirla. También las ventanas estaban bloqueadas. Dorotea había trepado una vez por una escalera colocada en el exterior de la casa para mirar por la ventana, pero no había visto nada.

La mayoría de los miembros de la familia sencillamente se habían acostumbrado al cuarto cerrado. Sabían que existía, pero no deseaban ocuparse del asunto. Entonces, jamás se mencionaba. Pero Dorotea era diferente. Desde muy pequeña, había vivido obsesionada con ese cuarto y su contenido. Sentía la *necesidad* de abrirlo.

La vida de Dorotea transcurría, en general, como la de cualquier niña normal: creció, pasó por la edad de la cola de caballo, llegó a la adolescencia, se mandó hacer el peinado de moda, tuvo su mejor amiga y su novio; se interesó por la última moda del maquillaje y por los éxitos musicales. Era bastante normal, pero no podía abandonar su obsesión por el cuarto cerrado. En cierta forma, esta obsesión dominaba su vida. Algunas veces subía hasta el último piso de la casa, y se sentaba al frente de la puerta a mirarla y a pensar en lo que ocultaba.

Cuando creció un poco más, Dorotea comenzó a sentir que había una relación entre el cuarto cerrado y el vacío que ella sentía en su vida. Entonces se vinculó a distintas prácticas y entrenamientos, con la esperanza de encontrar el secreto para abrir la puerta. Ensayó miles de cosas: acudió a muchos centros, buscó maestros aquí y allá, siempre con la esperanza de encontrar la fórmula para abrir la puerta. Asistió a talleres, realizó distintos ritos, ensayó la hipnosis. Hizo de todo pero, aun así, no descifró el enigma. Continuó con la búsqueda durante muchos años, hasta terminar la universidad. Desarrolló técnicas para entrar en distintos estados mentales, pero nunca pudo abrir la puerta.

Un día llegó a la casa y la encontró desierta. Subió hasta el último piso y se sentó frente a la puerta cerrada. Recurriendo a una de sus técnicas esotéricas, entró en un profundo estado de meditación. Sintió el impulso de estirar la mano y empujar la puerta y, para su gran sorpresa, ésta se abrió. Dorotea sintió pánico. Durante todos esos años de esfuerzo por abrir la puerta, jamás había sucedido algo así. Sentía miedo y a la vez emoción. Temblando, atravesó el umbral y encontró...

Sólo desilusión y confusión. No se encontró en un sitio extraño, nuevo y maravilloso, sino de regreso en el primer piso de la vieja mansión, rodeada de todos los objetos que le eran familiares desde niña. Vio lo mismo de siempre: estaba en el mismo sitio, con los muebles de siempre; todo estaba como siempre había estado. Desilusionada y perpleja al mismo tiempo, subió unas horas más tarde hasta el último piso y se dirigió hacia el cuarto misterioso. La puerta continuaba cerrada con llave. Dorotea la había abierto... y no la había abierto.

La vida siguió su curso. Dorotea se casó y tuvo dos hijos. Continuó viviendo en la mansión victoriana con su familia. Era una buena esposa y una buena madre;

pero jamás abandonó su obsesión. En realidad, la experiencia de haber abierto la puerta la motivó aun más. Pasaba mucho tiempo en el último piso de la casa, al frente de la puerta cerrada, sentada con las piernas cruzadas tratando de abrirla. Si lo había hecho una vez, podría hacerlo de nuevo. Y así fue. Tras años de insistir, lo hizo de nuevo: empujó la puerta y ésta se abrió. Ella pensó emocionada: "¡Ahora sí!" Cruzó el umbral y se encontró de nuevo en el primer piso de la mansión victoriana, viviendo con su esposo y sus hijos. Subió corriendo hasta el cuarto misterioso y, ¿qué encontró? Que la puerta continuaba cerrada con llave.

¿Qué se puede hacer? Una puerta cerrada es una puerta cerrada. Dorotea siguió adelante con su vida. Sus hijos crecieron y comenzaron a aparecer algunas canas en su cabello. Pero ella todavía pasaba mucho tiempo al frente de la puerta cerrada. Era una madre y esposa bastante buena, pero tenía la mayor parte de su atención puesta sobre el cuarto cerrado. Como era una persona diligente y persistente, no se daba por vencida con facilidad. De vez en cuando lograba abrir la puerta y cruzar el umbral, pero siempre terminaba en el primer piso, de regreso a la casa donde vivía.

Durante todo ese tiempo, la casa se había ido llenando de cosas lentamente. Los miembros de la familia acumulaban cada vez más objetos y los cuartos adicionales se fueron convirtiendo en bodegas que guardaban basura.

La casa se llenó hasta tal punto que no había espacio para los huéspedes y casi tampoco para los miembros de la familia. Había apenas espacio para Dorotea, su esposo y sus hijos; lo cual estaba bien porque todos estaban tan inmersos en sus preocupaciones, que escasamente podían pensar en ocuparse de alguna otra cosa.

Poco a poco, la obsesión de Dorotea comenzó a ceder. Su lucha por abrir la puerta adquirió un sabor añejo. En lugar de pasar mucho tiempo sentada al frente de la puerta, comenzó a pasar más tiempo con sus hijos y nietos, y a cuidar de la casa: pulir los pisos, cambiar las cortinas, etc. La casa no estaba en mal estado, pero sí un poco descuidada, porque Dorotea se había pasado el tiempo sentada frente a la puerta cerrada. Lentamente, Dorotea fijó de nuevo su atención en las cosas cotidianas a las que debía atender. Ocasionalmente subía al último piso y miraba la puerta, pero si la abriera, ella sabía lo que encontraría. Poco a poco la desilusión y el desaliento se fueron afirmando. Dorotea fue olvidando cada vez más todo lo que no era vivir su vida, ocupándose de las cosas, momento a momento. Y entonces un día, estando en el último piso, miró hacia la puerta cerrada. ¡Oh sorpresa! la puerta estaba abierta de par en par. Adentro, plenamente visible, había una acogedora habitación para huéspedes. Había una cama elegante, un tocador y todos los detalles necesarios para hacer sentir a gusto al huésped más exigente.

Al ver esa habitación maravillosa y espaciosa, Dorotea se dio cuenta de lo que había pasado con el resto de la casa. Vio cuán congestionadas y apretadas estaban las cosas y cuán difícil era moverse libremente por ella. Con ese descubrimiento se inició el cambio. Sin tener que hacer mayor cosa, las habitaciones de la vieja mansión victoriana comenzaron a descongestionarse. Comenzó a haber más espacio para las personas y las cosas. Era como si todas esas cosas acumuladas hubieran sido una basura fantasma, sin substancia alguna. Después de todo, ya no estaban ahí. La casa volvió a ser lo que había sido siempre. En realidad siempre había habido espacio suficiente para los huéspedes y Dorotea comprendió que la puerta nunca había estado cerrada. Siempre había estado abierta, y sólo su rígida imaginación la había mantenido cerrada.

Ésa es la ilusión básica de toda práctica: creemos que la puerta está cerrada. Es una ilusión inevitable: todos la tenemos hasta cierto punto. Mientras creamos que la puerta está cerrada, *estará* cerrada. Hacemos todo lo posible por abrirla, acudimos a distintos centros, asistimos a talleres, ensayamos esto y aquello. Pero al final descubrimos que la puerta nunca estuvo cerrada.

Sin embargo, esa vida de esfuerzos vanos era perfecta para Dorotea. Era lo que ella debía hacer. En realidad, es lo que todos debemos hacer. Debemos entregarle a la práctica todo lo que tenemos, a fin de darnos cuenta de que, desde el principio, no ha habido otra cosa que perfección. El cuarto estará abierto, la casa será espaciosa, si no la llenamos de basura inmaterial. Pero no tenemos forma de saber eso si no hasta cuando lo sabemos.

Una forma de la disciplina espiritual cristiana es la práctica de la presencia de Dios. Como cristianos, buscamos en todas las cosas ese resplandor que los místicos denominan el rostro de Dios. Ese resplandor no está oculto en algún lugar distante, sino que está aquí y ahora, frente a nosotros. Así mismo, Dorotea se dio cuenta de que lo que había buscado durante toda la vida era simplemente su propia vida: las personas, la casa, los cuartos. Todo eso era el rostro de Dios.

Pero nosotros no vemos eso. Si lo viéramos, no nos torturaríamos ni torturaríamos a los demás como lo hacemos. Somos crueles, somos manipuladores, somos deshonestos. Si reconociéramos que esta vida que vivimos es el rostro mismo de Dios, no podríamos comportarnos así; no por temor a algún mandamiento o prohibición, sino porque veríamos lo que es la vida.

Esto no quiere decir que la práctica —sentarse frente a la puerta— sea inútil. Pero buena parte de lo que consideramos práctica —perseguir la iluminación o algún ideal— es ilusión. Eso no abre la puerta. Mientras no veamos ese hecho con la claridad de una mañana soleada, tendremos que tomar muchos desvíos, dar muchos rodeos y sufrir desilusiones y enfermedades —los maestros de nuestra vida. Todas estas luchas forman parte del proceso de aprendizaje sobre la puerta. Si practicamos bien, tarde o temprano el enigma se aclara y la puerta permanece abierta por más tiempo.

ESTUDIANTE: Al parecer Dorotea habría desperdiciado menos tiempo si hubiera realizado su práctica en la cocina, en el seno de su familia o en medio de sus oficios diarios, en lugar de retirarse al último piso de la casa, alejada de todo.

JOKO: Nosotros siempre buscamos donde *pensamos* que está la respuesta, hasta que estamos listos para ver la luz. Hacemos lo que hacemos hasta que no lo hacemos más. Eso no es bueno ni malo; es sencillamente como son las cosas. Debemos desgastar nuestras ilusiones. Si pensamos que la mejor forma de abrir la puerta es dedicando más tiempo a nuestros hijos, también esa idea se volverá obsesiva. En todo caso, pasar más tiempo con nuestros hijos para llegar a la iluminación probablemente no sea la respuesta para ser mejores padres.

ESTUDIANTE: ¿Podríamos decir que la práctica es abrir el corazón? ¿No era eso lo que estaba tratando de hacer Dorotea realmente?

JOKO: Sí, ésa es una forma de describirlo. Pero ¿qué fue lo que ella descubrió?

Estudiante: Que su corazón siempre estuvo abierto.

Estudiante: Si la historia se refiere a un cuarto de huéspedes, entonces Dorotea nunca pensó en invitar a nadie a su casa.

Joko: Eso es cierto. Ella ni siquiera se permitió pensar en eso. Creemos que debemos ser más agradables, más amables, más hospitalarios. Pero si estamos atrapados en nuestras ilusiones, no podemos acoger verdaderamente a nadie. Podemos hacer la mímica, pero no podemos ser verdaderamente hospitalarios si no somos sencillamente como somos. No podemos acoger a nadie sin antes acogernos nosotros mismos.

Estudiante: Cuando estamos atrapados en medio de nuestro propio melodrama, como lo estaba Dorotea, no estamos realmente disponibles para nadie. Cuando vemos más allá de nuestro drama personal, podemos ver y responder a las necesidades de los demás con mayor objetividad.

Joko: Sí. Todos hemos tenido la experiencia de estar tan disgustados que sencillamente no podemos escuchar los problemas de los demás. No tenemos espacio para eso; todo nuestro espacio está ocupado con nuestras propias cosas. No contamos con un "cuarto de huéspedes".

Sin embargo, no podemos sencillamente ordenar que la obsesión desaparezca. Continuaremos pensando que tenemos un vacío en la vida y que debemos abrir la puerta para descubrir lo que hay del otro lado.

ESTUDIANTE: Siento que he perdido mucho tiempo y energía, quejándome de mis padres o de las circunstancias de mi vida; todo en un esfuerzo por abrir la puerta.

JOKO: De nada sirve mirar atrás y decir: "Debí ser diferente". En todo momento somos lo que somos y vemos lo que podemos ver. Por esa razón, no hay lugar para la culpabilidad.

ESTUDIANTE: ¿Pudo Dorotea disfrutar su vida? Me molesta que alguien deba luchar durante tanto tiempo.

JOKO: Sí, imagino que algunas veces disfrutó la vida, incluso antes de reconocer lo que era. Todos disfrutamos de la vida en ocasiones. Pero debajo de la alegría y la gratificación siempre hay una sensación de angustia. Todavía estamos buscando algo detrás de la puerta y tememos no encontrarlo jamás. Pensamos que si tuviéramos esto o aquello seríamos felices. El gozo momentáneo no elimina está inquietud subyacente. No hay atajos. Finalmente, debemos ver lo que somos y la realidad de ese cuarto oculto detrás de la puerta.

ESTUDIANTE: En mi caso, el sentimiento subyacente es de temor. Es una especie de tenue corriente subterránea que está presente en todo lo que hago. He pasado la mayor parte de mi vida sin tomar consciencia de ella; pero ella estaba sencillamente allí, manejando mi vida.

Joko: Al "sentarnos", llevamos nuestra atención a esa tenue corriente subterránea. Esto significa tomar nota de nuestros pensamientos y de la sutil contracción del cuerpo. Eso le sucedió a Dorotea cuando su obsesión por la puerta cerrada comenzó a debilitarse, y pudo prestar más atención a la condición del resto de la casa. Sus esperanzas comenzaron a desvanecerse.

Estudiante: Sencillamente debemos ocuparnos de nuestras tareas inmediatas.

Joko: Correcto. Y al ocuparnos de aquello que debemos hacer, descubrimos lo que somos en este momento.

En la historia de Dorotea, ¿qué creen que representan las habitaciones atestadas?

Estudiante: Apegos. Pensamientos sobre muchas cosas. Recuerdos.

Joko: Recuerdos, fantasías, esperanzas.

Estudiante: Parece que cuando tenemos tareas inmediatas, en lugar de realizarlas concentramos nuestra atención en el temor, la ansiedad o cualquier otra cosa —la puerta cerrada— y olvidamos prestar atención a la actividad del momento. En cierta forma, el temor (o lo que sea) es irrelevante. Antes está la actividad que debemos realizar; y sólo tenemos que emprenderla, con temor o sin él. Yo lucho con mi vida porque en lugar de hacer lo que debo hacer, me dedico a luchar contra el miedo subyacente; trato de abrir la puerta.

JOKO: Correcto. Paradójicamente, la única forma de abrir la puerta es olvidándola.

Los alumnos se quejan con frecuencia de que cuando están "sentados", algo interfiere siempre con su consciencia: "Me estoy perdiendo", "Me siento tan nerviosa, que no puedo quedarme quieta". Detrás de estas quejas está la idea de que, a fin de que la meditación sea eficaz, debemos eliminar toda sombra de desagrado; debemos abrir la puerta cerrada para poder acercarnos a todas las cosas buenas.

Si nos perdemos, nos perdemos. Si estamos nerviosos, estamos nerviosos. Ésa es la realidad de la vida en este momento. "Sentarse" bien sólo significa estar presente para eso: para ser lo que somos —perdidos o nerviosos— en este momento.

La gente hace hasta lo imposible por eliminar los sentimientos problemáticos. "Me siento tensa; debo asistir a una terapia para relajarme". Entonces asiste a una terapia y se relaja; pero ¿por cuánto tiempo? Desear que la tensión desaparezca es como mirar la puerta cerrada, tratando de encontrar la forma de abrirla. La obsesión por abrir la puerta puede llevarnos a encontrar técnicas para abrirla durante unos instantes; pero después regresamos a la vida tal y como ha sido siempre, a la misma vieja casa. En lugar de obsesionarnos con abrir la puerta, debemos ocuparnos de nuestra vida, es decir, de asear la casa, cuidar del bebé, trabajar, o lo que sea.

ESTUDIANTE: Hace poco estaba hablando con un amigo sobre cuán difícil ha sido este año para los dos. Cuando teníamos veinte y treinta años, ambos esperábamos que las cosas mejorarían. Ahora que tenemos cuarenta años, hemos tenido que aceptar que eso no va a suceder: ¡nuestras vidas no mejorarán!

JOKO: Paradójicamente, ese desengaño doloroso acerca del futuro nos ayuda a apreciar la vida tal como es. Sólo cuando abandonamos la esperanza de que las cosas se arreglarán, nos damos cuenta de que la vida está bien como está.

Para terminar, preguntémonos qué estamos haciendo para tratar de abrir la puerta, en lugar de vivir nuestra vida. Todos estamos tratando de abrir la puerta, de encontrar la llave o la fórmula. Buscamos el maestro perfecto, el compañero perfecto, el trabajo perfecto, y así sucesivamente. Es de vital importancia que nos demos cuenta de nuestro esfuerzo por abrir la puerta; eso nos ayuda a ver de qué se trata realmente nuestra vida.

Vagando
por el desierto

Nuestra vida es un permanente vagar por el desierto en busca de la Tierra Prometida. La disciplina de la *sesshin* intensifica esta impresión de vagabundeo. La práctica nos parece confusa, desalentadora, desilusionante. Seguramente todos hemos leído libros que dibujan una imagen hermosa de la Tierra Prometida, que hablan de la maravillosa experiencia que es alcanzar la naturaleza de Buda, la iluminación, etc. Sin embargo, nosotros seguimos vagando. Lo único que podemos hacer es ser el acto mismo de vagar. Y esto significa ser cada momento de la *sesshin,* independientemente de lo que sea. A medida que sobrevivimos, superando la sed y el calor, podemos llegar a descubrir que vagar por el desierto es la Tierra Prometida.

Eso es algo muy difícil de comprender. Conocemos el dolor y el sufrimiento, y deseamos que el sufrimiento termine. Queremos llegar a una Tierra Prometida donde no exista el sufrimiento.

En su trabajo con personas que están muriendo o que tienen problemas muy severos, Stephen Levine ha observado que la curación ocurre cuando nos sumergimos tan profundamente en el dolor, que vemos que no se trata sólo de *nuestro* dolor, sino del dolor de *todo el mundo*. Es muy conmovedor y consolador descubrir que el dolor no es algo exclusivamente nuestro. La práctica nos ayuda a ver que todo el universo sufre.

Podemos decir algo semejante sobre nuestras relaciones personales. Tendemos a considerarlas como hechos aislados en el tiempo: comienzan, duran un poco y terminan. Sin embargo, siempre estamos en alguna relación; siempre conectados los unos con los otros. En un determinado momento, una relación puede manifestarse de una forma específica, pero la verdad es que ya existía antes de manifestarse de esa forma; y una vez que "termina", también continúa. Seguimos conectados a los demás, incluso a aquellos que han muerto. Los antiguos amigos, amantes y parientes continúan siendo parte de nuestra vida y son parte de lo que somos. Quizás sea necesario que la manifestación visible termine, pero la relación real jamás termina. No estamos verdaderamente separados los unos de los otros. Nuestras vidas están unidas; el sufrimiento es uno solo, la dicha es una sola, y nos pertenece. Una vez que enfrentamos nuestro dolor y nos disponemos a sentirlo en lugar de ocultarlo, evitarlo o racionalizarlo, comenzamos a ver la vida y las personas bajo otra luz.

Según Stephen Levine, cada momento que pasamos con nuestras dificultades y nuestro sufrimiento es una pequeña victoria. Al quedarnos con el dolor y la irritabilidad, abrimos nuestra relación con la vida y con los demás. El proceso es lento, pues nuestro patrón de vida no cambia de la noche a la mañana. Luchamos una batalla incesante entre lo que deseamos y lo que es, lo que el universo nos presenta. Durante una sesshin vemos la batalla con mayor claridad. Vemos nuestras fantasías, nuestros esfuerzos por entender las cosas y por validar nuestras teorías predilectas; vemos nuestras esperanzas de encontrar la puerta hacia la Tierra Prometida, donde han de cesar la batalla y el sufrimiento. Deseamos, deseamos, deseamos: una cierta persona, un cierto tipo de relación, un cierto tipo de trabajo. Pero como ninguno de esos deseos se puede realizar plenamente, la tensión y la angustia inherentes al deseo jamás ceden. Ellos son gemelos inseparables.

Algunas veces es útil intensificar la angustia hasta llegar al punto de no poder soportarla. En ese momento, podremos estar dispuestos a dar marcha atrás para ver lo que está sucediendo. En lugar de preocuparnos incesantemente por aquello que anda mal allá afuera —nuestro compañero, nuestro trabajo o lo que sea— podremos comenzar a transformar nuestra relación con las cosas. Aprenderemos a ser lo que somos en este momento de esta relación, o en un aspecto tedioso de nuestro trabajo. Comenzaremos a ver la conexión entre nosotros y los demás. Veremos que nuestro dolor es el mismo de los demás, y que el dolor de otros es el nuestro. Si un médico, por ejemplo, no establece una conexión con sus pacientes, sólo verá en ellos una sucesión de problemas que debe olvidar tan pronto como dejen su consultorio. Pero el médico que ve que su malestar y enojo son los mismos de sus pacientes, podrá apoyarse en este sentido de empatía y trabajar con mayor precisión y eficacia.

El tedio de la vida cotidiana es el desierto por el cual andamos errabundos, buscando la Tierra Prometida. Nuestras relaciones personales, nuestro trabajo y todas esas pequeñas actividades indispensables que no queremos realizar son el regalo. Debemos cepillarnos los dientes, comprar alimentos, lavar la ropa, revisar la chequera. Este tedio —este vagar por el desierto— es en realidad el rostro de Dios. Nuestras luchas, el compañero que nos saca de quicio, el informe que no deseamos escribir... todos ellos son la Tierra Prometida.

Somos expertos en producir ideas sobre la vida. Pero no somos expertos en ser sencillamente la vida, el dolor, el placer, las victorias y las derrotas. Hasta la felicidad puede ser dolorosa, porque sabemos que podemos perderla.

La vida es muy corta. Los momentos que vivimos ahora desaparecen rápidamente y para siempre; jamás los veremos de nuevo. Cada día que pasa arrastra consigo miles y miles de esos momentos. ¿Cómo utilizar el pequeño intervalo que nos queda? ¿Devanando pensamientos acerca de lo terrible que es la vida? Semejantes pensamientos ni siquiera son reales. Podemos tener esos pensamientos, pero a sabiendas de que los estamos pensando y sin dejarnos arrastrar por ellos. Cuando nos "sentamos" con las sensaciones físicas y los pensamientos que forman el dolor, el sufrimiento se transforma en lo universal, que es el gozo.

El objeto de nuestra vida, como dice Stephen Levine, es cumplir con el objetivo para el cual nacimos: curarnos y entrar en la vida. Eso significa salir del dolor de nuestro deseo personal, separado y limitado, y entrar en lo abierto. La esencia de la vida es ser la apertura misma, la cual es gozo. En el gozo hay sufrimiento, felicidad y todo lo que es. Este tipo de curación es el objeto de nuestra vida. Cuando sano mi dolor, sin un solo pensamiento, también sano el dolor de los demás. La práctica tiene por objeto descubrir que *mi* dolor es *nuestro* dolor.

Por lo tanto, no podemos poner fin a nuestras relaciones. Podemos irnos, divorciarnos, pero no acabar con ellas. Cuando creemos que podemos terminarlas, todo el mundo sufre. No podemos terminar la relación con nuestros hijos; ni siquiera podemos poner fin a la relación con alguien que nos desagrada. Para que esas relaciones terminaran tendríamos que ser algo que no somos y jamás seremos; es decir, entes separados los unos de los otros. Cuando tratamos de separarnos, el sufrimiento comienza de nuevo.

Tal como dice Stephen Levine, nacemos para curarnos y entrar en la vida. Eso significa curarnos y entrar en nuestro dolor y en el dolor del mundo. Esa curación es distinta para cada uno, aunque el propósito esencial es el mismo. Debemos escuchar esta verdad y recordarla una y otra vez. Para hacer el trabajo, debemos ir contra la corriente de nuestra sociedad, que nos induce a ser el número uno: cada quien para sí mismo. La práctica diaria, las *sesshines* y mantener el contacto permanente cuando vivimos lejos, son de gran valor si en realidad queremos hacer este trabajo y reconocer que, incluso ahora, estamos en la Tierra Prometida.

La práctica
es dar

La práctica se trata en realidad de dar, aunque eso es algo que puede interpretarse equivocadamente, y por lo tanto debemos tener cuidado. Hace poco leí un libro de una mujer a quien llamaban Peace Pilgrim, la "peregrina de la paz". Durante treinta años, ella caminó más de cuarenta mil kilómetros llevando todas sus posesiones encima, como testigo de la paz. Su libro demuestra que ella realmente comprendía la práctica, la cual describe en términos muy sencillos. Ella dice que si deseamos ser felices, debemos dar, dar y dar. Pero en lugar de eso, la mayoría de nosotros espera recibir, recibir y recibir. Ésa es la naturaleza del ser humano.

Peace Pilgrim necesitó de muchos años de arduo entrenamiento para transformar su vida. Para ella, el entrenamiento consistía solamente en dar. Eso es maravilloso, siempre y cuando que lo comprendamos correctamente. Los nuevos practicantes suelen tener ideas egocéntricas sobre la práctica: "Practicaré para lograr la integración total", "Practicaré para lograr la iluminación", "Practicaré para alcanzar la serenidad". Pero al contrario, la práctica consiste en dar, dar y dar. Sin embargo, cometemos un error si adoptamos eso sencillamente como otro ideal. Dar no es pensar, y tampoco debemos dar para conseguir los resultados que deseamos. Sin embargo, la mayoría de nosotros confundimos el acto de dar con motivos egocéntricos, y esa confusión persiste hasta cuando la práctica llega a ser muy sólida.

Debemos preguntarnos qué significa dar. Ésa es una pregunta que nos puede mantener ocupados durante muchos años. Por ejemplo: ¿debemos dar a los otros todo lo que desean? A veces sí, y a veces no. En ocasiones debemos decir no, o sencillamente abstenernos de intervenir.

No hay una fórmula, y por eso necesariamente cometemos errores; está bien. Practicamos con los resultados de nuestros actos, y eso toma tiempo. Quizás al cabo de muchos años, comenzamos a comprender la naturaleza real del acto de dar. Un maestro Zen en el Japón pide a sus estudiantes que practiquen durante diez años, antes de que puedan trabajar personalmente con él. Cuando los alumnos regresan, al cabo de los diez años, él les dice que deben sentarse otros diez. Aunque ésa no es mi forma de enseñar, ese maestro tiene razón. Se necesita tiempo para descubrir lo que es la vida.

La semana pasada recibí dos llamadas de personas que buscaban consejo sobre la práctica. Una de ellas me dijo que tenía una amiga cuya realización espiritual estaba un poco fuera de curso, y necesitaba el libro preciso para enderezar a su amiga. La otra persona llamó a la 1:30 de la madrugada para decir que había leído

un libro maravilloso sobre la "iluminación", y consideraraba que su práctica no era muy "iluminada". Deseaba
ayuda para comprender lo que sucedía. Yo le dije que
no era una buena idea llamar a la gente a media noche.
Entonces dijo: "Ah, ¿es media noche?" Yo le dije: "La
iluminación se trata de despertar; y si desea despertar,
usted necesita saber qué hora es". Ella respondió que
nunca había pensado en eso.

La iluminación, el despertar, es la capacidad de dar
totalmente en cada segundo. No se trata de tener una
experiencia extraordinaria; esos momentos pueden
ocurrir, pero no transforman la vida. Debemos preguntarnos: "¿Qué significa dar en este momento?" Por
ejemplo, ¿cómo podemos dar cuando suena el teléfono?
o ¿qué significa dar totalmente cuando realizamos un
trabajo físico?

Aunque no podemos convertirnos en personas que
damos totalmente, sólo a través del pensamiento, sí
podemos tomar nota de las ocasiones en que no lo
hacemos. Solemos esconder nuestras motivaciones
egocéntricas de nosotros mismos; la práctica nos ayuda
a reconocer la magnitud de nuestro egocentrismo. La
verdad es que somos lo que somos en todo momento.
Eso es lo que debemos sentir y vivir para conocer
nuestros pensamientos y sensaciones físicas, y permitir
que nuestra vida cambie lentamente. No tenemos que
hacerlo nosotros. No podemos obligarnos a ser de cierta

forma. Imaginar lo contrario es una de las trampas más grandes de la práctica. Pero podemos tomar nota de nuestra intolerancia, de nuestra crueldad, de nuestra pereza y demás juegos que nos gusta jugar. A medida que reconocemos cómo somos en realidad, las cosas comienzan a cambiar lentamente; así ocurre con muchos de mis discípulos. Esto es algo maravilloso. Cuando el cambio ocurre, la bondad o generosidad se difunde. De eso trata la práctica. En lugar de un nuevo ideal, sencillamente actuamos y vivimos lo que somos.

Por lo tanto, les ruego que den, den y den; y practiquen, practiquen, practiquen. Ése es el camino.